障害者排除の論理を超えて

津久井やまゆり園殺傷事件の深層を探る

阿部芳久
Yoshihisa Abe

批評社

はじめに

　筆者は大学院を修了後、宮城県の光明養護学校において知的障害児の教育に携わり、その後、仙台市立荒町小学校で自閉症の子どもたちの教育に携わった経験をもつ。教育現場の経験を生かして、東北福祉大学において31年間、特別支援教育の教員養成の仕事に携わることになる。筆者が特別支援教育についての勉強をはじめ、障害のある子どもたちと関わるようになってちょうど50年の歳月が経過した。

　東北福祉大学では知的障害児教育と自閉症児の教育に関する講義を担当した。それらの講義の初回の授業の時に、毎年、学生たちにある課題を出した。その課題とは、障害のある子どもたち、障害のある人たちがこの社会に存在する意義や普遍的価値について考察を深めよ、という課題だ。もし、障害児・者にこの社会に存在する意義や普遍的価値がなければ、これからその人たちを教育しようとするあなたたち（学生）の行おうとする仕事も意義や価値のないものになってしまう。自分の仕事の価値、あるいは意義を問うためにも、障害児・者がこの社会に存在する意義や普遍的価値について考察するように、と伝えていた。

　そのように長年にわたり学生たちに課題を与えていたのだが、気がついてみると、その課題について筆者自身が深く考察することがないまま退職を迎えることになっていた。自分の頭の中にはおぼろげながら、障害児・者の存在する意義や普遍的価値について考えていたつもりであった。

　筆者のゼミの卒業生から、2018（平成30）年2月11日に筆者の最終講義の機会を設定するので、講義の準備をしておくように命ぜられた。折しも、2016（平成28）年7月26日に戦後最悪の障害者殺傷事件が起きていた。津久井やまゆり園殺傷事件である。この事件の植松聖被告は「障害者って、生きていても無駄だ」と主張し犯行を実行した。また、2018（平成30）年1月に、宮城県の60代の女性が、旧優生保護法に基づき、国が知

的障害などを理由に不妊手術を強制したのは個人の尊厳や自己決定権を保障する憲法に違反するとして、国に損害賠償と謝罪を求める全国初の訴訟を仙台地方裁判所に起こした。そして、過去に行われた強制不妊手術の実態が次々と明らかにされていった。筆者が最終講義を行う機会に、津久井やまゆり園殺傷事件、及び障害者の強制不妊手術の問題と関連させて、障害児・者がこの社会に存在する意義や普遍的価値について考察しようと考えた。実は「障害者って、生きていても無駄だ」と考える人は植松容疑者だけとは限らない。現在の我が国の社会の根底にこのような考えをもつ人が少なからずいる、潜伏しているということが、さまざまな事件を通して顕在化することがある。障害児・者がこの社会に存在する普遍的価値について明示することは障害児・者の存在を否定する人たちへの反論でもある。

　障害児・者の存在を否定する人たちへの反論として、その人たちが抱く考えがいかに不合理なものであり、社会を劣悪なものに導いていくかということを主張する方法がとられることがある。しかし、最も効果的な方法は、障害児・者がこの社会に存在する積極的な価値を、実際に具体例をもって示すことであると考える。障害児・者の存在は、私たちの健全な社会を構築するために一定の役割を果たしており、その存在は社会にとって不可欠の普遍的価値をもつということを示すことであると考える。

　最終講義の時、筆者のゼミの卒業生を中心に150名の人たちが参加してくれた。この著書の第三章「障害者の存在が健全で安らかな社会をつくる」の内容を話す前に、聴講者に、自分の生活の中で障害のある子どもたち、大人の人たちと接して、自分の価値観や人生観を変えさせてもらった経験のある人は挙手するよう求めた。すると、ほぼ全員が挙手するという光景を眼にすることができた。筆者自身も、障害のある子どもたちや大人の人たちと接するさまざまな機会を通して、自身の価値観や人生観を変革してもらった一人である。感動的な心に残る経験を数多く与えてもらった。そのような経験をベースにして児童文学を執筆することもあった。

　筆者は自分の専門領域である知的障害児の教育や自閉症児・者の教育に

関する著書を、過去に幾冊か上梓してきた。しかし、本著に示した内容の著書を執筆するのは初めてである。従って、一から勉強することを強いられた。社会福祉学、法学（憲法学）、遺伝学、生命倫理学、哲学、教育学、宗教学、それらの学問領域の論文や著書、および障害児・者に関わる手記などを手当たり次第探索した。そして、それらの資料の中から自分の主張を論拠づけてくれるものを抽出して、論を展開していった。その論を展開する際に筆者が重視したのは、自身の本能的、あるいは生理的ともいえる感情である。

過去に、そして現在も障害児・者に関係するさまざまなことがらが起きている。例えば、過去にはナチス・ドイツの障害児安楽死作戦や、現在では津久井やまゆり園殺傷事件などである。そのようなことがらには本能的、あるいは生理的な忌避感を抱く。また、社会的費用を考えると、延命が無利益だとして障害新生児に積極的治療を差し控えることがあるが、そのようなことには違和感をもつ。一方、障害児・者と一緒に行動をしているときに、言葉では表現できない共感や安らぎ感を抱くことがある。これらの感情を大事にして、本著の論を展開していった。

障害児・者の問題に関わる過去に出版された著書のほとんどは、一つの領域からの主張によって展開されている。本著は、筆者の専門領域以外の領域にまで足を踏み入れ、文献を探索した。結果的にそうならざるを得なかったのだが、それは障害児・者に関わる問題の性格を反映しているからだと思われる。というのは、障害児・者に関わる問題は、哲学、社会学、遺伝学、生命倫理学、法学（憲法学）、宗教学等のさまざまな領域から俯瞰的に問題を把握する必要があるからである。

本書の構成は以下に示すとおりである。

第一章では、津久井やまゆり園殺傷事件、及び障害者を対象とした強制不妊手術が行われた経緯やその背景について詳述していく。それらを探っていくと、現在のわが国の障害者をめぐる問題点が浮き上がってくる。

第二章では、津久井やまゆり園殺傷事件や障害者強制不妊手術において

示されている障害児・者の存在を否定し排除する考え方が歴史的にどのような視点から形成されてきたのか、その背景、および問題点について述べる。また、植松被告の「障害者は不幸を作ることしかできない」という主張が本当にそうであるのかを検証する。

　第三章では、障害者は一人ひとり、固有の価値を持っていること、そして、健全で安らかな社会を構築するために一定の役割を果たしており、その存在は社会にとって不可欠な普遍的価値をもつということを、さまざまな具体例をもって示している。

　本来であるなら、障害児・者の存在する意義や普遍的価値をことさら強調することは不自然なことである。特に、障害当事者、及び障害のある人と日常的に関わっている人たちには違和感をもたれるかもしれない。しかし、我が国では、いまだ障害者の存在を否定し、排除しようとする考えをもつ人たちが少なからず存在することも事実だ。障害者が存在することによって健全で安らかな社会が構築されていることを多くの人に認識してもらうためにも障害児・者の存在する普遍的価値を強調することが必要であると思われる。

　なお、本著では、障害や疾病、障害児福祉・教育関する用語については、当時使用されていたものをそのまま使用する。

障害者排除の論理を超えて
──津久井やまゆり園殺傷事件の深層を探る──

目次

はじめに……3

I 障害者の存在を否定する二つの出来事
1 津久井やまゆり園殺傷事件……16
1) 殺傷事件の概要……16
　　殺傷現場の状況……16
　　障害者の存在を否定する植松被告の一連の言動……17

2) 事件に対する社会の反応……19
　　障害当事者の反応……19
　　行政の反応……21
　　識者らの反応……22

3) 事件によって顕在化した障害者に関わる問題……24
　　（1）障害者の施設収容に関わる問題……24
　　施設入所でなかったら、殺傷規模はもっと小さかった……24
　　入所施設の防犯強化の動きとその問題……25
　　入所施設の閉鎖性の問題……26
　　障害者を隔離する意図が含まれていた……27
　　植松被告の考えは施設で育まれたのではないのか……28
　　入所施設における職員の入所者に対する反応……29

　　（2）施設入所を選択する家族が抱える問題……30
　　家族の入所施設に対する反応……30
　　施設への入所の理由……31
　　障害者自身の高齢化・重症化……32
　　施設入所に至るまでの親の介護負担……33
　　施設入所させる親の自責の念……35
　　施設入所者の地域生活移行の動向……37
　　今後の障害者入所施設に求められる機能……38
　　施設職員のモラルを高めるための取り組み……39

新しい生活の場への移行についての障害のある子どもの意志の把握
　　　……40
　　　親の介護負担を軽減させるには……41
　　　子どもの自立に向けての介護を担わない選択……42

4）津久井やまゆり園殺傷事件をめぐる匿名報道について……44
　　　被害者の匿名報道は障害者差別ではないか……44
　　　匿名報道が本当に家族の希望だったのか……45

2　障害者の強制不妊手術をめぐる問題……48
1）旧優生保護法下での強制不妊手術の実態……48
　　　強制不妊手術の被害者が訴訟を起こした……48
　　　旧優生保護法下における優生手術が行われた件数……50
　　　強制不妊手術を受けさせられた人たちの声……51
　　　女性障害者に子宮摘出手術まで行われていた……53
　　　優生保護審査会のずさんな審査……55
　　　障害児の発生予防を怠った人への攻撃……57

2）強制不妊手術が違憲であることの法的根拠……59

3）旧優生保護法の展開……60
　　　旧優生保護法の法案段階で問題が指摘されていた……60
　　　強制不妊手術はなぜ拡大したか……62
　　　旧優生保護法の優生条項をもっと早い時期に削除できなかったのか
　　　……67

　　参考・引用文献……70

Ⅱ 障害者の存在価値を否定する視点及びその問題点

1 社会・国家に役に立つかどうかという視点……78
1) 障害者にかかわる経済的負担を軽減する施策……78
ナチス・ドイツの障害児安楽死「T4作戦」……78
障害者殺戮計画の根拠となった論文……80

2) 障害者が産まれないようにして財政負担を軽減する施策……83
デンマークにおける不妊化による施策……84
出生前診断によって障害児の数を減らす……86
カリフォルニア州における出生診断の拡大……86
イギリスにおけるダウン症のある胎児のスクリーニングプログラム……87
出生前診断が抱える問題……90
我が国における障害者にかかる経済的負担軽減を求める考え……92

3) 社会・国家に役に立つかどうかという視点とその問題点……95
排除される対象の判断は恣意的な基準によって決められる……95
排除の対象が拡大する危険性は現代の社会にも潜んでいる……97
生命を危うくする事態に発展することを抑止する……101

2 障害者は次の世代に悪い資質を遺伝させるという視点……106
1) 優生学に基づく障害者の排除……106
社会ダーウィニズムが想定した「社会の進化」……107
優生学が誕生した時代のイギリスの社会的背景……108
劣った人間を排除しようとする動き……109
優生学の誕生と普及……111

2) アメリカにおける優生思想の実践——断種法の実施——……113
1900年前後のアメリカの社会的背景……114
知的障害者が社会不安の元凶とされた……115
断種法の成立と拡大……117

3) スウェーデンにおける不妊化による施策——福祉を充実させるために——……120

4) 日本における優生思想の実践……122
   外国の影響を受けての「国民優生法」の制定……123
   戦後、さらに優生思想が強化された……125
   優生手術の対象の拡大……127
   「人口の資質向上」のため優生政策が継続される……129
   福祉の充実とともに障害児の発生防止が叫ばれる……130
   旧優生保護法が廃止されるまで……131

5) 障害者は次の世代に悪い資質を遺伝させるという視点とその問題点……135
   未熟な遺伝学を根拠とした優生学……135
   障害者が少なくなる社会が現在の我が国で可能であろうか……138
   医師は国家の中でも最も危険な人物となるであろう……140

3　障害者の存在が本人や周囲の人を不幸にするという視点
……144

1) 障害者は不幸だという考え方を示す過去の事例……144
   腸閉塞を合併して誕生したダウン症の子どもの手術を親が拒否した事例……144
   兵庫県の「不幸な子どもの生まれない県民運動」……145

2) 本人、親は、障害は不幸であると思っているのか……146

3) さまざまな言葉で幸福感を表現……147
   この子を生んで良かった……148
   この子と一緒にいられることが幸せ……149
   この子に感謝……150
   幸福とは定義が不可能で主観的なもの……153
   家族とのつながり……154
   地域とのつながり……155
   重度障害者の幸福感は……157
   参考・引用文献……159

Ⅲ 障害者の存在が健全で安らかな社会をつくる
1 「個人の尊重」という理念を定着させるために ……168
1)「個人」をどのように捉えるか ……169

2)「人間の尊厳」をどのように捉えるか ……172
　「人間の尊厳」についての従来の考え方 ……172
　脳に器質的・機能的な障害を持つ人たちは「人間の尊厳」を持たないことになる ……174
　すべての人に「人間の尊厳」があるとする考え ……175
　すべての人に適用される「人間の尊厳」の概念の構築を ……177

2 生命が存在することそのものに価値があるという視点 ……180
1) 人間は奇跡的存在　それだけでも価値がある ……180
　仏教の教え「人身受け難し」 ……180
　生命誕生の奇跡 ……182

2) シュヴァイツァー「生命への畏敬」 ……183
　「生命への畏敬」の理念が形成される時代的背景 ……183
　「生命への畏敬」の倫理の誕生 ……184
　「生命への畏敬」の倫理が抱える矛盾 ……185
　「生命への畏敬」の今日的意義 ……186

3)「いる」ことだけで尊い ……186

3 人間の価値に線引きはできないという視点 ……189
1) 人間の価値に線引きできないとする根拠 ……189
　「生」こそがあらゆる価値判断の基盤 ……189
　人間の存在への懐疑 ……189
　現代の若者に見られる「生きる意味」の喪失 ……190
　障害児・者も障害のない人も生きる価値をもって生まれてきたわけではない ……191

2） 人間の存在の価値は自分自身で創造する ……191
　　生きたいという本能を人間はもっている ……191
　　人間一人ひとりの存在理由、存在する価値を自ら見出す ……193
　　価値観は多様であり、優劣は付けられない ……193

4　障害児・者から発信される価値 ……195
1） 周囲の人たちの人生観、価値観を変える ……196
　　ボランティアの「報酬」……196
　　父親が障害のある子どもからもらう「報酬」……197
　　障害のある姉から妹がもらう「報酬」……198
　　母親が障害のある娘からもらう「報酬」……199
　　医師が障害のある子どもからもらう「報酬」……200
　　障害当事者自らが与えたと感じる「報酬」……202

2） 思想的な視点を創出する契機を提供する ……203
　　糸賀の問題意識 ……203
　　差別の解消のために知的障害者の生産性を高めることの問題点 ……205
　　精神薄弱者を世の光に ……205
　　重度心身障害児の自己実現の姿にふれて ……206
　　重症心身障害児・者と療育者との「共感の世界」……208
　　この子らを世の光に ……209

3） 障害児・者に触発された人が社会に影響を与える ……211
　　下呂市　特別支援学校設立の訴えを契機として ……211
　　医療的ケア児への支援体制の整備へ ……212

4） 障害者の存在が会社を活性化させる ……215
　　調査結果に見られる障害者雇用への社内効果 ……217
　　障害者雇用がなぜ会社全体を活性化させるのか ……220

5） 障害のない人の生活へプラスの影響を及ぼす ……224
　　ユニバーサル・デザインはどのようにして生まれたか ……224
　　障害児への教育方法が障害のない子どもの教育の質を高める ……228

5　障害者は、健全で安らかな人間社会を存続させるために必要な存在 ……233

1) 障害者は人間社会を構成する一単位として機能を果たしている
……233
　　人間社会と類似した森の構造 ……233
　　社会を構成する「関係の網」の重要な網目 ……234

2) 基本的人権がその社会で尊重されているかどうかを評価する試金石 ……239
　　憲法第九十七条が意図していること ……239
　　第九十七条が基本的人権の尊重をなぜ現在の私たちに信託したのか ……240
　　基本的人権が尊重されているかどうか障害児・者が教えてくれる ……242

　　参考・引用文献 ……246

おわりに ……253

I
障害者の存在を否定する二つの出来事

障害者に関わる大きな出来事が起きている。まず、2016（平成28）年7月に起きた津久井やまゆり園殺傷事件だ。元職員だった植松被告は施設に入所していた知的障害者19名を殺害し、26人を負傷させ、人々を震撼させた。もうひとつの出来事は、過去に障害者に行われた強制不妊手術への国家賠償を求める訴訟が2018（平成30）年1月に起こされたことだ。その後、強制不妊手術の対象となった人々が次々と国家賠償請求の訴訟を起こした。この二つの出来事に共通することは、どのような人でも社会関係の中で生きている限り社会的負担をかけているにもかかわらず、障害者の存在を社会的負担の増大としてことさら強調して否定していることだ。前者は障害者を抹殺することによって、後者は断種や中絶によって障害者が生まれないようにして障害者を排除しようとする。この二つの出来事が起きた背景や問題点を以下に詳細に探っていく。

1　津久井やまゆり園殺傷事件

1）殺傷事件の概要

殺傷現場の状況

　2016（平成28）年7月26日未明に、相模原市の知的障害者施設「津久井やまゆり園」で刃物による大量殺人事件が発生した。戦後最悪となる殺傷事件である。被告はこの施設の元職員植松聖（26歳）で、入所利用者のうち、意思疎通のできない障害者を多数殺害する目的で同施設の通用口の門扉を開けて侵入した。いずれも殺意をもって、身体を柳刃包丁等で突き刺すなどし、19人の入所者を殺害し、26人を負傷させた*5。連絡を受け、現場に向かった相模原市の消防隊員は、殺害された入所者の部屋に入り凄惨な状態を目撃した。ベッドに倒れこんで動かない入所者は既に心肺停止

の状態で、傷は頭、首、肩などの上半身に集中していた。津久井消防署の小泉伸二主幹は「あまりに悲惨な状態に絶句した」と語っている。植松被告に、結束バンドで縛られた職員もいて、周到な計画性がうかがわれた。

障害者の存在を否定する植松被告の一連の言動

　植松被告は在職中に入所者の手にいたずら書きをするなど勤務態度を度々注意されていた。さらに、2016(平成28)年2月中旬には言動が一変し、同僚に突然、「障害者は死んだほうがいい」などと話すようになった(傍点は筆者による。以下、同じ)。園長らが2月19日に本人と面接して障害者についての考えをただすと、「ずっと車いすに縛られて暮らすことが幸せなのか。周りを不幸にする。最近急にそう思うようになった」と説明した。園長が「ナチス・ドイツの考えと同じだ」と指摘しても、「そうとられても構わない」と答え、「自分は正しい」と譲らなかった*77。その考え方は障害者福祉にふさわしくないと伝えると、自ら退職を申し出たという。

　園はこの日で退職とし、県警津久井署に相談した。津久井署から通報を受けた相模原市精神保健課の職員が、2月19日に緊急措置入院の必要があると判断した。措置入院は、他人に危害を加えたり自分自身を傷つけたりする恐れがある場合、都道府県知事や政令指定市長の権限で、本人の同意がなくても患者を入院させることができる精神保健福祉法で定められている制度である。22日に2人の指定医が植松被告を診察し、薬物反応や精神障害の症状があるとの結果が出たため、神奈川県内の病院に措置入院させた*6。入院中に担当の医師に「ヒトラーの思想が降りてきた」と話している*105。また、植松被告は施設で「障害者は生きていてもしょうがない。安楽死させたほうがよい」、「障害者って、生きていても無駄じゃないですか?」と同僚の職員に話していた。

　一方で、植松被告は入職当時は介護の仕事に前向きであったことが報告されている。植松被告は2012(平成24)年12月、同園で非常勤職員として働き始め、採用試験の書類には「学生時代に障害者支援ボランティアや

特別支援学校での実習を経験しており、福祉業界への転職を考えた」と書かれており、面接でも「明るく意欲がある」と評価されていたという。また、施設内でも、介助の仕事に前向きだと周囲は受け止めていた。施設の園長は「不真面目なところは日ごろから注意したが、思想的な発言や、人の命をどうこうするということはそれまではなかったので、突然変わった印象がある」と記者会見で話している*77。2015（平成27）年の12月頃に、フリーターの女性は、高校の吹奏楽部でやまゆり園にボランティアの演奏に行った際、植松被告の車で送迎してもらった。その際に、腰が低く静かで真面目な印象で、「健常者でない人を守ってやらなきゃいけない」と話していたという。女性が「障害者と接したことがなく不安」と打ち明けると、「障害者も一人の人間だよ。心も感情もある。やさしく接したら大丈夫」と励まされたという。一方「精神的にも肉体的にもくる仕事だよ」と仕事のつらさも打ち明けられたという*7。

しかし、やまゆり園で介護の仕事をする過程で、植松被告の言動が何らかの要因で変化していった。そして、2016（平成28）年2月に衆議院議長に渡した手紙には障害者を抹殺するという言動にまで過激化していった。2月14日には植松被告は、衆議院議長公邸を訪れ衆議院議長に手紙を渡そうとした。しかし、警備していた警察官に「議長に手紙を渡したい」と話したが、警察官は受け取らなかった。15日にも訪問し、警視庁は衆議院と相談の上で受け取った。その手紙は以下の通りである*104。

> 私は障害者総勢470名を抹殺することができます。…保護者の疲れきった表情、施設で働いている職員の生気の欠けた瞳、日本国と世界の為と思い、居ても立っても居られず本日行動に移した次第であります。理由は世界経済の活性化、本格的な第三次世界大戦を未然に防ぐことができるかもしれないと考えたからです。…私の目標は重複障害者の方が家庭内での生活、及び社会的活動が極めて困難な場合、保護者の同意を得て安楽死できる世界です。重複障害者に対する命のあり

方は未だに答えが見つかっていない所だと考えました。障害者は不幸を作ることしかできません。…

　事件が発生してから約1年間、植松被告は手紙を通じ、複数回、時事通信社の取材に応じている。その手紙には、遺族や被害者へ向けた言葉はなく、重度障害者の殺害を正当化する考えを述べている。植松被告は手紙の冒頭、「不幸が蔓延している世界をかえることができればと考えました」と述べ、重度・重複障害者を「人の幸せを奪い、不幸をばらまく存在」だと主張し、「面倒な世話に追われる人はたくさんいる」「命を無条件に救うことが人の幸せを増やすとは考えられない」と訴えている[*28]。

2）事件に対する社会の反応

　上述した津久井やまゆり園の殺傷事件について、メディアによってさまざまな観点から多くの報道がなされている。森は、これらの報道について、その共通する要素として、植松被告や事件の異常さを最大限に強調しようとする強烈な志向性があると指摘している[*97]。また、新聞や雑誌等に社会学者、環境哲学者、精神病理学者、憲法学者、障害当事者、元施設職員、障害者団体代表等、多くの識者や障害当事者が声明や論評を表明し、事件に対して様々な反応を示している。その反応を以下に概観する。

障害当事者の反応
　まず、多くの障害当事者は事件の後に言い知れぬ不安に襲われるという体験を報告している。例えば、脳性まひのある熊谷は、「事件のあと、フラッシュ・フォワードというか、急に襲われたりしないだろうかという想像が頭をよぎり…大袈裟に言えば社会に対する信頼が蝕まれた、あるいは信頼の底が抜けるという経験でした」と述べている[*42]。また、DPI（Japan National Assembly of Disabled Peaples' International）日本会議副議長の尾上

も、事件の後に多くの障害者や関係者が自分の身が切られるような痛みと衝撃を受けたと前置きし、「私も身悶えするような恐怖を感じた」と述べている[26]。

　一方、全国手をつなぐ育成会連合会会長の久保も事件直後の 7 月 27 日に、今回の事件に関連して「障害のあるみなさんへ」というメッセージをいち早く表明している[41]。それは、事件の内容がある程度理解できる知的障害者の多くの人から、今は怖い、外に出たくないという声が多く寄せられたからである。その人たちは、地域社会の中で幅広くいろいろな人と交わりながら生活する人たちである。久保が発信したメッセージの一部を以下に紹介する。

> 　容疑者は「障害者はいなくなればいい」と話していたそうです。みなさんの中には、そのことで不安に感じる人もたくさんいると思います。そんなときは、身近な人に不安な気持ちを話しましょう。みなさんの家族や友達、仕事の仲間、支援者は、きっと話を聞いてくれます。そして、いつもと同じように、毎日を過ごしましょう。不安だからといって、生活のしかたを変える必要はありません。…もし誰かが「障害者はいなくなればいい」なんて言っても、私たち家族は全力でみなさんのことを守ります。ですから、安心して、堂々と生きてください。

　このように、この事件を契機として恐怖感や不安感を抱いている障害者に対して、その不安感を和らげるべく働きかけがなされている。筆者の知り合いも、自分の子ども（自閉症スペクトラム障害と知的障害をもつ）も、事件直後に、極度に不安感を示したという。みんなで守るから、と言って安心させる働きかけを何度も行ったことを筆者に教えてくれた。

　また、前述した障害当事者である熊谷は、精神障害者と身体障害者との連帯が分断されるという危機感を抱いている[43]。容疑者植松は薬物依存の疑いで緊急措置入院が行われたが、薬物依存症からの回復を図る施設「ダ

ルク女性ハウス」の施設長上岡（熊谷の友達）から熊谷に、「友達やめないでね」というメールが届いた。そのメールを見て、熊谷は「部分的な属性を共有するというだけで容疑者と同一視される依存症と、被害者と自分を重ねざるを得ない身体障害者との連帯が分断される」のではないかという危機感を抱いた、と述べている。

　一方、桐原は精神障害当事者として、「役に立たない」とされ抹殺される被害者という立場でありながら、加害者であるかのように見立てられる立場の二つの立場に引き裂かれるような思いをしたと述べている*40。

行政の反応

　殺傷事件があった直後に、関係閣僚会議で政府は「再発防止に全力を尽くさなければならない。施設の安全の確保の強化、措置入院のフォローアップなどの必要な対策を早急に検討して、実行に移していきたい」と述べた*8。翌月の8月10日に厚生労働省は早速、再発防止策の検討に着手し始めている*11。措置入院のあり方をどうするかが検討の最大の焦点だった。塩崎厚労相は「事件が二度と起こらないよう差別や偏見のない社会をめざし、再発防止策として提案していくことが重要」と検証・再発防止検討チームの初会合で強調している。

　植松被告は職場の障害者施設で「障害者は安楽死させたほうがよい」などと発言し、緊急で措置入院が行われたが、12日後に退院している。検討チームは措置入院の解除後もケアを続ける仕組みの導入や、行政や警察などの情報共有のあり方について議論し、再発防止策をまとめることになった。

　このように措置入院後の管理の強化に検討の方向が向けられたのは、植松被告が犯行を予告して措置入院になったにもかかわらず、わずか2週間余りで措置解除になった事実を問題視する主張が出てきたからである。安易な措置解除がなければ犯行は防げたはずだ、という主張がネット上やメディアで拡大したことが背景にある。

このような動向に対して、精神障害当事者からは、安易に措置入院される恐れがあり、退院のハードルも高くなる。退院後も監視される恐れがあると危惧の念を表明している*71。

さらに、池原は、措置入院制度が他害行為を防止するための治安対策の方法としての位置づけが強まることを警戒している*22。このような動向は、「精神保健及び精神障害者福祉に関する法律」（措置入院制度はこの法律の第29条として位置づけられている）の本来の目的に反すると主張している。この法律にはその目的として「その社会復帰の促進及びその自立と社会経済活動への参加の促進のために必要な援助を行い…精神障害者の福祉の増進及び国民の精神保健の向上を図ること」と明記されている。措置入院が治安対策として流用されると、ひとたび精神障害者と認定されると刑罰法令に触れなくても危険な言動をすれば自由が剥奪されることを危惧している。この池原の主張は、従来からも懸念されていた。すなわち、同法29条の「…精神障害のために自身を傷つけ又は他人に害を及ぼすおそれがあると認めたときは…」という文言を拡大解釈して予防拘禁の代用としてこの制度が使われる危険性があると指摘されていた。

植松被告の措置入院に関して、措置入院を強制されることで植松被告の犯行の意思が強化されたという可能性がある、という主張がある*47。その根拠として、2000（平成12）年に佐賀県の西鉄バスハイジャック事件の例を挙げながら、措置入院は重篤な精神障害者というレッテルを貼ることになり、自分自身もそのようにとらえ自暴自棄になっていく。その結果、自分自身を排除した社会への復讐という意識が加わり、犯行が実行される、という主張である。以上のように、津久井やまゆり園殺傷事件を契機として、措置入院の問題点を指摘する論考が多く示されている。

識者らの反応

植松被告が津久井やまゆり園在職中に示した態度や発言、及び衆議院議長に宛てた手紙の内容から、多くの識者は、植松被告の言動の背後にある

ものについて見解を示している。例えば、「ヒトラーの思想が降りてきた」、「障害者は生きていてもしょうがない。安楽死させたほうがよい」、「障害者って、生きていても無駄じゃないですか？」「…日本国と世界の為と思い、居ても立っても居られず本日行動に移した次第であります。理由は世界経済の活性化…」等の発言から、植松被告の発言は、障害者への差別や憎悪といった不合理な感情や衝動に基づくものではなく、一貫した論理に基づくものであることを指摘している[*38]。その思想とは、人間の生を、国家や社会にとって有意義なものとそうでないものに分別し、後者を排除しようとする思想、すなわち優生思想だ。

　藤井は、ナチスの障害者大量虐殺、障害児の安楽死プログラム「T4作戦」について、ドイツを何度も訪れて調査しているが、「T4作戦」が現代の日本にこういう形であらわれ、驚愕したと述べている[*69]。また、ナチス「T4作戦」の番組をプロデュースしたNHKの熊田は、「T4作戦」の犠牲になった遺族や研究者などが「これ（「T4作戦」のこと）は単なる過去の話ではない、命の価値を選別する発想は今もある」と警告していることを、彼女のレポートで報告している[*44]。

　今回の事件を契機として、この優生思想が我が国においても社会の底にさまざまな形で流れているという論評が多く見られた。例えば、星加は、社会にとって有用性という基準で人の生の価値を評価し、「無駄」というレッテルを貼るような思考が、我々の社会の深層部に連綿と流れてきたことを指摘している[*73]。同様に、尾上は、日本における優生思想の歴史的経過を述べ、今でも優生思想的な言説が繰り返されていると主張する[*26]。

　最近の例として、2015（平成27）年11月に茨城県庁で開かれた教育施策を検討する会合で、教育委員会の長谷川智恵委員が、特別支援学校を視察した時のことに触れ、「妊娠初期にもっと（障害の有無が）分かるようにできないのか。（教職員も）すごい人数が従事しており、大変な予算だろうと思う」「茨城県では（障害児の出産を）減らしていける方向になったらいい」と発言したことが挙げられる[*76]。

1　津久井やまゆり園殺傷事件　｜23

やまゆり園殺傷事件に関連して、自閉症の子どもをもつRKB毎日放送の神戸金史氏がフェイスブックで、「障害を持つ息子へ」という詩を投稿した。その投稿が大反響を巻き起こした。朝日新聞から取材を受けた神戸氏は、そのインタビューに対して、自分の息子への思いを語り、さらに植松被告についての見解を述べた[*12]。するとその記事を読んだある読者から優生思想を露骨に表した手紙が神戸さんに届いた[*46]。その手紙の後半部を以下に示す。

> 私はあなたの、その様な開き直った様な考え方が大嫌いです。障害者の親はいつも権利ばかり主張します。何故「社会に貢献できない子供で、助けてもらってばかりで申し訳ない！」と一言謝らないのですか⁉　きちんと一言、謝ってから権利や自分の子供にもたくさん価値がある…などと述べて下さい。もっと社会のお荷物であると言う事を自覚して下さい。充分謝ってから言いたい事を述べて下さい。

このような内容と類似したメッセージがネット上で氾濫している。植松被告の行為に対して共感するメッセージ、植松被告の考え方も一理あるというメッセージがネット上に行き交っている。このような現状を見ると、上述した論評が指摘したように我が国の社会の深層部に潜在的に優生思想が流れていると言える。

3）事件によって顕在化した障害者に関わる問題

（1）障害者の施設収容に関わる問題

施設入所でなかったら、殺傷規模はもっと小さかった

施設入所そのものが大量虐殺を容易にしたという観点から、障害者の施設収容を問題視する論評が目立つ。

津久井やまゆり園の元職員だった西角は、津久井やまゆり園のセキュ

リティ体制を詳細に紹介している*62。この施設は男女8つのホームがあり、一本の共通の鍵で八つのホームにすべて出入りできるオートロック式が採用されている。施設入所者が無断外出できないように施錠がなされており、ホームとホームの間には職員室があり、集音マイクが設置されている。夜間帯には各ホームとも職員が一名ずつ配置されており、緊急時には応援に駆けつける体制になっている。このように構造的にも人員体制でも厳重なセキュリティがなされている施設である。それにも関わらず殺傷事件が起きてしまったことについて、西角は、今回の事件は、超近代的な建築物の盲点を突いた犯行だったと語る。

また、森は、介助の効率化のために導入された集団処遇は殺傷の効率化のためにも有効であり、もし障害者が施設に入所していなかったら、殺傷規模はもっと小さかったろうと述べている*97。

入所施設の防犯強化の動きとその問題

このようなことから、厚生労働省は事件を受けて、福祉施設の防犯対策を新たに策定する方針を決めた。これまで不法侵入などを念頭においた対策はなかったため、「死角のない防犯カメラを設置することが望ましい」など具体例を示すことを検討した*10。千葉県も県内にある1,570の障害者施設に防犯体制の徹底を求める通知をだしている。県障害福祉課は通知で、夜間の出入り口の施錠や見回りの強化など、防犯対策に万全を期すように求めた*9。

しかし、施設の管理が今まで以上にさらに厳しくなれば、施設が外部から、より隔絶され、入居者の外出や地域の人々との出会いが制限されてしまいかねず、これでは障害者への偏見と隔離が強められることになりかねない。植松被告が意図した「障害者のいない世界」に社会は突き進んでいくことになる*26。同様に、杉田も、議論が施設内の部内体制や安全管理強化の方向性へ傾き、結果的に障害当事者の自由をさらに束縛することになりかねはしないか、「安全」や「安心」の名のもとに、かえって当事者や

家族同士の分断や対立を煽ることになることを指摘している*51。検討すべきは、障害者の脱施設化や地域生活のあり方ではないか、と述べている。

入所施設の閉鎖性の問題

　障害者の施設入所の問題で、大きな問題として指摘されているのは、施設の閉鎖性である。施設は一般社会とは隔絶された、それだけで完結した世界を形づくる。一般社会の大多数の人々はそのことを何も知らないで生きていくことができる。

　船橋は施設での生活を以下のように描いている*71。施設内では、時間は止まり、決められた時間と規則が生活を秩序づけている。「変化」ではなく「安定」が絶対的に重視される。限られた空間に、限られた職員との関わりがあるのみである。深田は、施設福祉への抗議運動である府中療育センター闘争の中心人物である三井氏が述べた施設入所の問題点についての指摘を引用している。「こうした施設に障害者を入所させることによって、家族、あるいは地域住民が、もっといえば社会全体が、担いきれない障害者の存在を施設に閉じ込め、そうすることによって安楽な生活を手に入れている」、という指摘だ*66。

　施設は多くの場合、町中から離れた人目につかない所に建設されている。池原は、そのような施設は、そこにいる人は生活する能力も働く能力もなく、社会にいる価値がない人たちであるということを一般社会の人々に教示する効果を果たしていると指摘する*22。集約的に運営される施設は、そこに居住する人間の尊厳を社会から見失わせるということを問題視している。

　一方、今回の障害者殺傷事件の背景には、地域社会との隔絶を余儀なくされる入所施設という構造的問題が一つの要因としてあるとする指摘もある*101。隔離された施設の中では障害者と職員との固定的な人間関係が生まれ、多くの障害者施設の中には人権を表層的に取り繕う施設も存在する。太田は、施設という場所は、障害者に対する非人間的な扱いをしているこ

とが多く、障害者の生きる場でなく「生かせておく場」に成り下がっている、と手厳しく批判している*24。

障害者を隔離する意図が含まれていた

そもそも、我が国の知的障害者施設設立の過程で当初から、障害者を隔離する意図が含まれていた。施設設立の経緯を簡単に振り返ってみると、1960年代に知的障害者に対する収容施設施策は、国や地方自治体のコロニー施策の進展により加速された。

知的障害者の親たちが中心となって結成した育成会（現在の「全国手をつなぐ育成連合会」）が1952（昭和27）年に結成された。その育成会が我が子を保護し、養育する場としての施設の設立を国に要望する運動を起こした。入所施設に支援を求める以外に家族には支援策がなく、扶養義務が課された家族が入所施設を切望することはやむを得ない状況があった。

その要望に対して政府は「精神薄弱児対策基本要綱」を作成し、その要綱に基づいて、施設の建設を推し進めた。その要綱には、知的障害当事者への支援というよりも、扶養義務が課せられた家族への支援を意図したもので、知的障害児に関する「施設の拡充強化」という項目が示された。一方で、この要綱には障害児を隔離する意図が含まれていた。知的障害児を収容している「少年院の拡充強化」、不良行為を伴う知的障害児の「国立教護院の収容設備を拡充充実」、知的障害者の「医療の精神病院の増床」、及び遺伝性の知的障害者に対する「優生手術の実施促進」という障害児・者を収容し隔離するという優生思想的意図が含まれる項目が列挙された*23。

当時の社会背景として、一部の軽度の知的障害者は犯罪者の手先に使われ犯罪に関与したり、重度の知的障害者は座敷牢に閉じ込められたり精神病院に送り込まれるという状況があった。このような社会的背景が、社会防衛のために、つまり社会の安全のために障害者を隔離するという意図を強くしていた。このような意図の背景には上述したような我が国の実情もあったが、戦前のアメリカにおける知的障害者の隔離政策の影響があると

思われる。このことは次の章で詳しく述べる。

　また、設立当初の収容施設の目的は、指導や訓練によって自立した社会生活を目指すことにあった。しかし、重度障害者の入所が多く、結果として入所者の固定化へとつながっていく。その後、国際障害者年（1981年）以降からは、ノーマライゼーションの思想も我が国に流入され、知的障害者を入所施設中心に保護的に支援する施策から、地域生活を重視する施策に転換していった。それに伴い、脱施設化と地域生活を目指す運動からは、入所施設という存在に対する強い否定と批判がなされるようになる。

　ノーマライゼーション思想が普及するにしたがって、障害者入所施設では入所者の生活圏を広げる取り組みを行うようになった。さらに、地域福祉や啓発の拠点として重要な役割を果たすようになる。施設も地域福祉を支える社会資源へと、その役割を広げつつある。

植松被告の考えは施設で育まれたのではないのか

　前述した、津久井やまゆり園の元職員だった西角は、施設職員の頽廃した状況を語り、植松被告の優生思想はこうした施設の中で育まれた、としている*62。職員の頽廃した状況として、勤務中に携帯メールのやり取りをする職員、セクハラ発言や入所者に罵倒・罵声を浴びせる職員、等々について語っている。新人職員は、基本的には先輩職員の援助技術を学びながら成長していく。植松被告もこうした環境の中で優生思想的な考えを強化させていった、と指摘する。西角は、植松被告が新人職員として施設に入職したときの自己紹介を兼ねた挨拶文を家族会の機関誌の中から引用している。その挨拶文から、入職当時は、仕事に対する植松被告の意欲や意気込みを読み取ることができる。

　同様に、元療護施設の入所者だった太田も、多くの職員は入職して三ヶ月ぐらいで壁に突き当たり、「障害者のために」と張り切っていた職員も豹変する場合があることを指摘している*24。鈴木も、植松被告はこうした施設の環境の中で、職員としてゆがんだ意識と思想が育まれた、としてい

る*52。

　入所施設での処遇への批判が強められる状況に、有薗は、「施設に入所させていること」を理由に家族や施設職員が非難の標的になることに危機感を示し、入所者の家族や施設職員が一方的に批難の対象となってしまうことは避けねばならないと主張している*21。

入所施設における職員の入所者に対する反応

　では、元施設職員や識者が指摘するように「隔離された施設の中では障害者と職員との固定的な人間関係が生まれ、多くの障害者施設の中には人権を表層的に取り繕う…」。また、「施設という場所は、障害者に対する非人間的な扱いをしていることが多く…」という状況が本当に施設の内部でおこっているのだろうか。

　筆者は試みに東京都所在の38の障害者支援施設・入所支援施設に対する福祉サービス第三者評価(平成28年度版）の結果を概観してみた*57。全

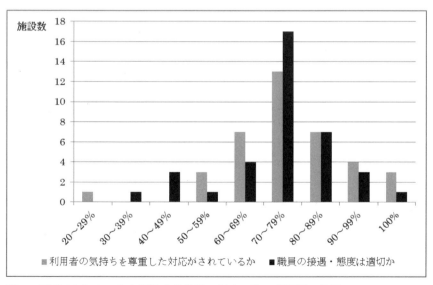

図1　平成28年度　東京都障害者施設に対する第三者評価の結果

部で 27 の評価項目が設定されているが、「職員の接遇、態度は適切か」という項目と「利用者の気持ちを尊重した対応がされているか」という二つの項目の結果を調べてみた。その結果は図 1 の通りであるが、表に示された％の数値は、質問項目に「はい」と回答した利用者の割合である。調査方法は聞き取りで行われ、施設と評価機関との協議の上、面接可能と判断した利用者や、意思疎通が可能な利用者等を対象にして行っている。そのため、回収率はあまり高くない。

　この図を概観すると、施設によって職員の利用者への処遇の仕方に差があるということが理解される。「利用者の気持ちの尊重」については、最低の評価は 22％ で 1 施設だけであるが、それに対して最高の 100％ の評価を受けている施設は 3 施設ある。一方、「職員の接遇・態度の適切性」については、最低の評価は 39％ で 1 施設だけであるが、それに対して最高の 100％ の評価を受けている施設も 1 施設だけである。両方の質問項目で、「はい」と回答した割合が最も多いのは 70％ 代である。

　このような結果をもって、施設の職員が利用者に対して「人権を表層的に取り繕う」あるいは「非人間的な扱いをしている」と判断ができるのだろうか。もしその判断基準を高く設定するのであれば、施設職員の姿勢は否定的にとらえられるであろうし、その基準を低く設定するのであるなら、施設職員の姿勢は肯定的にとらえられるであろう。しかし、このように第三者が評価者として施設に立ち入ることが毎年行われるなら、職員の利用者に対するモラルの向上が図られるであろう。

(2) 施設入所を選択する家族が抱える問題
家族の入所施設に対する反応
　津久井やまゆり園殺傷事件の 1 年後に、家族が施設入所について語っていることが新聞で報道されている[*78]。ある父親は大規模施設での暮らしを「入所者はまとめて管理される。同じものを食べ、決まったことしかできず、自由がきかない」と否定的に受け止めている。一方、入所者家族会の会長

を務める大月氏は「やまゆり園はほとんどの家族にとって、やっとの思いでたどり着いた施設。元の形に戻してほしい」と述べている。また同様に、事件前の映像を示し、「施設には楽しい暮らしがあった。子どもたちにとってかけがえのない場所」と再建を訴えている人もいる。このように、施設入所についての家族の見解は多様である。

　毎日新聞では事件から1年後の2017（平成29）年7月下旬から8月上旬にかけて、津久井やまゆり園の入所者約130名の被害者家族に、家族会を通してアンケートを配布した。その目的は、津久井やまゆり園の再建についての家族の希望を把握することだ。その結果、回答を得た30名のうち約9割の人が大規模施設での再建を求めていた[*80]。

　神奈川県は入所施設を小規模・分散化し、障害者らが街中で自立して暮らす「地域移行」を促す方針であったが、障害の重さや親の高齢化などを理由に、大規模ならではの充実した医療などを求める家族の声が多かった。「親の高齢化による肉体・精神的限界を考えれば、我が子の安全安心な人生のために施設の復元は必要」と語る親もいれば、「グループホームで過ごしていたが、入所者自身が高齢で動けなくなり、移動するよう言われ大変な思いをした」と語る親もいた。大規模施設ではなくグループホームでの暮らしを要望する親もいたが、「重度の障害者に対する支援が絶対的に足らず、グループホームは圧倒的に不足し、現実に選択の余地はほとんどない」と受け皿の確保を求めていた。

施設への入所の理由

　そもそも、障害のある子女を施設へ入所させる理由は、どのようなものであろうか。2009（平成21）年に実施された調査の結果を概観してみよう[*95]。

　調査の対象となった施設は、身体障害者更生施設、身体障害者入所授産施設、知的障害者入所更生施設等、入所施設である。有効回収施設は1,563施設で、平成20年度中に新規入所した利用者は5,073名であった。

新規入所の理由を見てみると、「親の離婚や家族との死別等、介護者が不在」「家族の高齢化や疾病により、介護者はいるが介護できない状態」「常時介護が必要な重度障害者であるため介護が困難」などの家庭での支援が困難となったことがほとんどである。
　一方、東京都中野区では、身体障害者手帳、愛の手帳（療育手帳）、および精神障害者保健福祉手帳を所持している人を対象に障害福祉サービス意向調査を行っている。その中で中野区の住民ですでに施設に入所している障害者145名を対象に入所の理由を質問している[*6]。
　その調査においても「介護者が高齢などの理由で在宅での生活が困難になったため」と回答した人は41.4%で最も多く、次いで多かったのが「在宅生活を続けるために必要なサービスが不十分なため」と回答した人が16.6%であった。

障害者自身の高齢化・重症化

　さらに、現在、障害者自身も高齢化が加速し、加齢とともに障害も重症化しているという現実もある。施設からの退所も難しくなり、在宅で暮らしている人の介護負担も重くなってきている。施設を退所し、グループホームなどの地域で暮らしている人がいる一方で、障害の程度や年齢、家庭の事情によっては、以前より施設入所を必要とする人たちがいるという現実もある。
　三浦らは、「知的障害者の高齢化に対する意識調査」を行っている[*9]。回答者は、知的障害者の父親、母親、祖父母であり274名が有効回答であった。その結果によると、「子どもたちの老後に対して不安があるか？」という質問に対して、63%の人が「非常に不安である」、29.6%の人が「まあまあ不安である」と回答している。また、「不安がある場合、その理由はなにか」という質問に対して、47.6%の人が「両親が高齢となり、障害者の世話が困難」、31.3%の人が「障害者のための老人ホームがない」と回答している。

障害者の高齢化・重症化に伴って家族の介護負担は大きくなっているが、障害のある子どもの介護に加え、その他の家族のダブルケアによってさらに介護負担が大きくなっている家庭もある*70。夫が要介護の状態になったり、障害のある子どもの兄弟が生活習慣病になったり、メンタルヘルスに問題を抱えたり、遠距離の親の介護なども重なり、自宅での障害のある子どもの支援に限界が生じている。

施設入所に至るまでの親の介護負担
　保護者の多くは、自分の身体が健康な間は子どもの介護を責任をもって続けようとする。現代社会において、子どもを出産することは強制される行為ではなく、個人の選択的行為とされている。自らが選択した行為の結果に対しては義務を負うべきであるという規範が存在するから、子どもをもつという選択自体に大きな責任が求められる、という背景があるからである*60。周囲からは、親が障害のある子どもの介護をするのは当たり前、あるいは、かいがいしく子どもの介護をする姿をみて、あのお母さんは偉い、などと評価される。母親たちは「障害のある子の親のあるべき形」を社会から、そしてそれを取り込んだ自分自身からも押しつけられてきた。しかし、疲労が蓄積された時に次のような言葉が出てしまう*67。

> 　私たち親は障害のある子を愛していないわけはありません。それでも、うんざりだと思うこともあるのです。毎日、時間通りに送迎したり、薬を忘れないように飲ませたり、子どもの世話で一睡もできない日が続いたり…

　同時に、直接の介護の負担というよりも「何かあれば親」という見えない負担感は母親たちを疲弊させてしまう。また、障害のある人の介護は家族がして当たり前、と思われるばかりではなく、成人した障害者に親が寄り添う姿がむしろ美しい関係と捉えられていることも、親たちの疲労をま

すます増大させることになる。母親たちは障害のある子を育てるのが大変で絶望するのではなく、誰もわかってくれない、と感じた時、絶望してしまう。

　福井は、地域での子どもたちの生活を支えるために長年一緒に活動してきた友達の母親が、自分の子どもを施設にいれたことを次のように描いている*67。

　　　親たちは60代。親同士が集まるとみんな疲れたと言います。通所施設が送迎サービスをしてくれても、それ以上に親たちは疲弊しているのです。ヘルパーさんを探して契約するのも、ショートステイの予定を入れるのも、もう面倒くさい。まるで金属疲労のように、ある日ぽきんと切れるのです。そして"入れてしまった"と。

また、母親たちの集まりで福井氏は、地域で生活することを強く主張し、次のように話す。

　　　「入所施設なんて人の暮らすところではない。私は絶対入れない」。その時、「私は入所施設がなかったら死んでいたかもしれない」そういった人がいた。私たち親はぎりぎり追い詰められた状況で、たくさんのやむを得ない選択をしてきた。

ほとんどの子どもはいつか親から離れていき、親とは違う人格を持つ人間であることに親は気づく。けれども、子どもに知的障害がある場合、そのことに気づかないまま、子どもが大人になっても一体化したままになりがちである。その結果、子どもが成人しても、障害のある子どもを年老いた親が介護をし続けることになる。その密接な親子関係に危うさがないはずはない。そのような危うい生活を障害者とその親は余儀なくされている。そして、介護する親が障害のある子どもより早く死亡すると想定される場

合、「将来を悲観して」という理由で悲劇が起きる。この悲劇を伝える情報がネット上であふれている。例えば、今現在、筆者がネットを開くと、「介護家族：脳性まひの息子、首締めて朝　愛して44年　母絶望」「北九州市博多西で殺人事件　母親が知的障害のある娘殺害　介護疲れた…」「親による障害者殺人事件がなぜあとを立たないのか？　また秋田で」などという見出しが眼に飛び込んでくる。

施設入所させる親の自責の念

　一方、親たちは施設に入所させることにある種の自責の念を抱いている場合がある。障害者の親である宮崎は、「親は家族は、施設に預けるしか道はなかったのでしょうか。親は真の意味で当事者であると言い切れるでしょうか。こういった厳しい問いかけに対して、私自身、チクリと胸が痛むのです」と述べている*96。「私自身、チクリと胸が痛むのです」という思いを持つのは、宮崎ばかりではないであろう。障害のある親の多くがこのような思いを持っていると思われる。その背景には、二つの要因があると推測する。

　まず、親自身が「内なる優生思想」を持っていて、結果として子どもを自分の手元から離してしまったというような思いを持っているということである。本当に自分の子どもを愛しているのだろうかという懐疑とも言うべき感情と言える。前述した神戸氏の奥さんは、神戸氏の著書の最後に次のような思いを綴っている*46。

　　　私がこの事件（「やまゆり園殺傷事件」のこと）に触れたくない理由は他にもあります。それは障害者の存在価値を完全否定する優生思想的な犯行動機です。これが私の心の中の葛藤を思い起こさせ後ろめたい気持ちになるからです。
　　　私は息子の障害告知を受けてから、この子が生まれてきたことに意味があるのか、社会のためになるのかと自問自答することが何度もあ

1　津久井やまゆり園殺傷事件

りました。息子に障害があるが故に、私たち一家は不幸のどん底にいると思ったこともあります。そのような負の感情には蓋をし、心の奥にしまい込み、子育てをしてきました。

　誰しもが多かれ少なかれ願望は持っていると思います。勉強やスポーツはできないよりできた方がいい、学歴や収入も高い方がいい、病気や障害もない方がいいに決まっていると。これらは「内なる優生思想」として私の中にも潜んでいます。幸福の尺度として。

同様に、前述した福井氏もその著書で「障害のある子どもを産んだ私をさげすんだのは、他でもない私自身でした。周りの価値観はそのまま私自身のものになっていた」と述懐している。しかし、このような「内なる優生思想」は筆者自身も持っていると思う。例えば、4人の孫が生まれるときには「五体満足の子でありますように」と願っていた。恐らく、このような「内なる優生思想」はすべての人が持っているのではないだろうか。そのことを各自が内省し、「内なる優生思想」と向かい合っていくことが重要であると思われる。

このように障害のある子どもを抱える家族は、過重な介護負担に疲労し、子どもの将来の生活に不安を覚え、自責の念をもちながら、自分の子どもを施設に入所させることがほとんどであろう。津久井やまゆり園殺傷事件に関係する論評の中には、施設に入所させた家族への批判が散見された。例えば、「こうした施設に障害者を入所させることによって、家族、あるいは地域住民が、もっといえば社会全体が、担いきれない障害者の存在を施設に閉じ込め、そうすることによって安楽な生活を手に入れている」という指摘だ[*66]。しかし、本当に家族は、自分の子どもを施設に入れることによって安楽な生活を手に入れているのだろうか。あるいは、安楽な生活を手に入れるために自分の子どもを施設に入れているのだろうか。

筆者が養護学校に勤務していた頃の教え子も数人、施設に入所している人がいるが、ほとんどの親は自分自身が高齢になり、親亡き後の自分の子

どもの将来を心配して施設に入所させている。上述した東京都中野区のアンケート調査においても「介護者が高齢などの理由で在宅での生活が困難になったため」と回答した人は41.4%で最も多かった。同様に、前述した三浦らの「知的障害者の高齢化に対する意識調査」においても、「子どもたちの老後に対して不安があるか？」という質問に対して、63%の父親、母親、祖父母が「非常に不安である」と回答している*94。

　実際は、家族が安楽な生活を手に入れるために、障害のある子どもを施設に入所させるのではない。多くの親は、高齢になるまで子どもの介護を背負い、自分自身が高齢になりこれ以上家庭で介護の継続が困難になった時点で、子どもを施設に入所させることを決断しているのだ。

施設入所者の地域生活移行の動向

　一方現在、国の行政は、施設入所者の地域生活移行を推し進めている。グループホームなどの建設を推進し、障害者が地域で生活することが当たり前のような状況になりつつある。しかし、平成21年度をピークに施設を退所し、地域生活に移行する人たちは減少の傾向にある*45。平成21年度は、地域生活移行者の数は3,337人であったが、平成27年度ではその数が2,311人に減少している。その代わり、「入院・死亡」を理由として退所する人の数が増加し、最も多くなっている（平成21年度:1,224人、平成27年度:2,578人）。

　施設入所の地域生活移行が増加しない要因として、地域によっては、グループホームの建設が遅々として進まず、受け入れ可能なホームが増えないという事情もありそうだ。例えば、宮城県では、各自治体の障害者福祉計画を基に、平成27年度から「第4期宮城県障害者福祉計画」を策定しているが、平成27年度の進捗状況によると、ホーム利用者数は2,035人で、目標数2,138人を約100人下回っている。このように目標数が下回るのは、経営面でリスクが大きくなっているという現状がある。経営面に影響を与えているのは、まず、消防法の改正がある。消防法の改正により、ホーム

は「寄宿舎」扱いとなり、自動火災報知機の設置、消防署へのホットラインの設置、スプリンクラーの設置が義務付けられる。長期的視野に立って経営を考えなければならない法人が多く、二の足を踏んでいる状況である。また消防法の他にも建築基準法の問題もある。延べ床面積が100㎡以上のホームについては、階段を広くする、天井や壁を防火壁にする、防火カーテンは必須など、消防法に連動する形で厳しくなっている（以上、宮城県社会福祉協議会からのヒヤリングによる）。

　また、グループホームでは世話人の確保が困難となっている現状がある。全国6,432のグループホームを対象とした平成27年度全国グループホーム実態調査報告によると、「世話人の確保」についての質問に対して20.8％のホームが「極めて困難」と回答している＊63。

　さらに、グループホーム入所を希望する人の数が地域によって格差があり、結果的にグループホーム入所待機者が多くなるという場合もある。グループホーム入所待機者を公表している都道府県は多くないが、その中でも佐賀県がその数をホームページで公表している＊48。それによると、県内212のホームで1,271人の利用定数があるが、利用現員は1,172人で、待機者数は76人である。この数値をみると、空いている部屋があるのにもかかわらず待機者がいるということになる。この矛盾を佐賀県に電話で質問してみた。佐賀県の中でも地域によっては、グループホーム入所者の希望が多く、待機者が非常に多い地域がある。一方、ある地域では、入所希望者が少なく、グループホームの空いている部屋が多い地域もあるということである。地域格差が生じているということだ。佐賀県全体では、その結果、待機者が一定数出るという結果になっている。

今後の障害者入所施設に求められる機能
　地域で障害者の暮らしを支えるための社会的資源が十分に整備されていない状況においては、グループホーム入所の希望が果たせない人たちが一定数存在することになる。その人たちは施設入所を余儀なくされることに

なる。

　一方、地域で安心して暮らせる社会を実現しようとする流れはさらに進行すると思われる。その意味では脱施設、地域生活移行の流れは止まることはない。しかし、その流れが家族に重い介護負担を課す過去への揺り戻しにならないようにしなければならない。そのためには、入所施設は今後どのような役割を持たなければならないだろうか。

　その一つとして、入所施設が培ってきた処遇の知識・経験を、あるいは施設がもっている様々な機能を、地域で生活している障害者にも利用できるように、その支援のために活用することが求められる。例えば、グループホームのバックアップ機能として活用することが期待される。実際に、平成27年度全国グループホーム実態調査報告によると、急病等への対応、安心コールセンター的機能、研修等の人材育成において、31.3%のグループホームが入所施設のバックアップ機能を活用していると回答している。

　さらに、入所施設によっては、高齢化が問題となっている障害者への特別のプログラムを用意している施設もある。また、短期入所事業や、在宅生活を専門に担当する調整員を配置する事業も入所施設で行われている[*63]。

　地域生活と施設生活を対立的なものとして捉えるのではなく、双方の肯定的な側面を適切に評価しつつ、障害者と家族を支援するための体制を整えていくことが求められる。

施設職員のモラルを高めるための取り組み

　一方で、施設職員のモラルを高める取り組みも不可欠である。実際に、職員のモラルを下げないために、多くの施設がさまざまな対策を講じている[*59]。例えば、利用者への職員の担当をローテーション化するという方法をとっている施設がある。ある利用者に特定の職員を担当としてはりつけると、仕事に変化がなくなり、同時に利用者と職員の関係が固定化し、上下関係が成立する。そのようなことを防ぐために担当のローテーション化を導入している。また、施設を外部の人にオープンにし、職員の利用者へ

の不適切な対応を抑制しているという対応をとっている施設もある。例えば、ボランティアを積極的に受け入れ、施設内の仕事に関わってもらう過程で、ボランティアは常に職員の仕事を目にし、職員の不適切な対応が抑制されるという効果を持つことになる。

　ある雑誌記者が、大津市内の知的障害者生活施設を訪問した際の感想を記事にしている*102。利便性のよい場所に建設されてはいないが、頻繁に支援者や家族が出入りする様子や、入所者から記者に声掛けされる様子、及び敷地内のグラウンドは地域の人々に開放され、地域のお年寄りに交じって入所者もゲートボールやグラウンドゴルフに興じている様子が、その記事に描写されている。それぞれの入所施設で、地域の人々と交流する状態を創出しようとする努力がうかがえる。

　また、現在では、まだ限定的ではあるが、少人数に分割するユニット方式（個室、リビング、風呂、トイレを配置した空間）を採用したり、個室を設けてプライバシーを尊重したりするなど、家庭的な環境作りに努めるようになってきている。例えば、ある施設では、将来的にグループホームへの生活を想定して、50名の入所者が10のユニットに分かれて、家庭に近い状態を作り出している*64。

新しい生活の場への移行についての障害のある子どもの意志の把握

　障害のある子どもを施設に入所させた親が抱く自責の念を起こさせるもう一つの要因は、子ども自身は本当に施設に入ることを希望していただろうか、望んでいなかったのではないのか、という疑念を持つことである。障害の程度が重度になればなるほど、自分の意志を表現することは困難になっている。結果的には、介護する親の判断によって施設入所を決定することが少なくない。

　このことに関して、障害当事者の意志を把握しようとするシステムが考えられるようになってきている。その事例がNHKの「時論公論」で放映された*106。障害のある子どもが、親の元を離れて、新たな生活の場を決

定する場合に、子どもの意思決定を支援する専門チームが編成される。その専門チームのメンバーは、本人、施設職員、社会福祉士等の福祉専門家である。その方法は、本人に小規模施設やグループホームに体験入所してもらう。それぞれの場で生活してみて、本人がどのような表情をするか、また、どのような生活をするかを専門チームが観察して、本人の意思を推定する。新しい生活の場に移行して以降も専門チームの観察は継続され、継続的に本人の意思を確認するようにする。

このような、新たな生活の場の決定の際の意思決定支援が様々な地域で試行的に実施されることが望まれる。

親の介護負担を軽減させるには

前述したようにさまざまな事情により、高齢になった親が障害のある子どもの介護を継続しなければならない状況にある。障害者の介護はもちろんのことであるが、高齢者の介護も子育ても家族に多くの負担がかかる。現在では、高齢者の介護や子育てについては、家族にだけ負担を求めるのではなく、社会全体で支えようとする時代になりつつある。そのために様々な福祉サービスが提供されている。一方で、障害者の生活支援、介護支援については、我が国の社会意識として、社会全体で支えようとするものになっているであろうか。

徐々にではあるが、家族による介護負担を軽減させるために、いくらかの在宅サービスが施行されるようになっている。

「障害者総合支援法」に基づいて、障害者の実態に応じた「居宅介護」（入浴等の介護を短時間に集中的に行う）や「重度訪問介護」（重度の障害のある人等に入浴等の介護や外出時における移動中の介護を行う）のサービスが提供されている。また、著しい重度の障害のある人を対象に、多様なニーズに応じた円滑なサービスの利用が可能となっている。その例として、複数のサービスを組み合わせて包括的に提供される「重度障害者等包括支援」のサービスが用意されるようになっている。

これらの支援サービスは、基本的には世帯単位・親子単位に提供されるサービスである。しかし、前述した介護負担を軽減させるためには、親（特に母親）単独へ提供される支援サービスが必要である。例えば、レスパイト・サービスがそれに該当する。レスパイト・サービスは、子どもと離れることにより親が拘束されない時間や機会を提供している。障害のある子どもの日常的な介護は身体的疲労以上に精神的・感情的疲労を伴う。子どもと離れた拘束されない時間はこうした精神的・感情的な疲労を軽減させることになる。

　また、同じ障害のある子どもを持つ立場にある親たちが相互支援するセルフヘルプ・グループも、親の精神的・感情的疲労を軽減するために重要な役割を果たしている。セルフヘルプ・グループは専門家を含まない集団で構成される。専門家が存在しないことで、個々の親がその人なりに問題を把握することができる[*60]。親本人が自分の言葉で話すことにより自分や子どもに対する肯定的・否定的な感情までもグループ内で共有することができる。そこでは、自分の問題を安心して語ることができ、その語りがグループの人たちに受容される。世間的な常識で問題を判断されたり、専門家の知識により問題を規定されたりはしない。グループの中で、他の親たちの語りに耳を傾けたり、自分の言葉で語ったりすることによって、自らの問題を自分の言葉で把握したり、「自分だけではなかった」という安心感を持つことができる。

　親の介護負担を軽減するためには、レスパイト・サービスやセルフヘルプ・グループのような、親単独へ用意される支援の重要性を認識することが不可欠であると思われる。

子どもの自立に向けての介護を担わない選択

　最近では、障害のある子どもの自立に向けて親たちが積極的に介護から離れ、親元から子どもを離すことが行われるようになっている。子どもの自立を意識的に企図した、介護を担わない選択が行われるようになった[*55]。

このような動向の背景には、三つの要因が存在すると考えられる。

　その一つは、多くの障害者においては、本人の思いや意見が親の考えによって無視されてきたことがある。例えば、やむを得ないことであるが、家庭で高齢となった親が子どもの介護の継続が困難になったとき、障害のある子どもの意思に反して、親の判断で施設に入所させられることがある。

　また、障害のある子どもを愛し、介護することで親と子どもの関係は濃密になり、愛情がゆえに親が子どもの行動を制限することがある。その結果、子どもが社会へと開かれていく機会を失ってしまうことがある*60。

　さらに、親の手厚い介護が継続することによって、潜在的に持っている子どもの能力を発揮する機会を失うことが少なからずある。例えば、衣服の着脱、食事、排泄などの日常的な身辺処理について、必要以上に親が障害のある子どもの支援をしてしまう。その結果、親に依存することが恒常化してしまう。

　このようなことを、障害当事者が訴えるということがあったことを大野は次のように伝えている*25。

　1980（昭和55）年、カナダのウィニペグ市で開かれた第14回リハビリテーション世界会議の席上で、300人以上の障害者が満場一致で「障害者インターナショナル」（DPI）を組織することを決定した。そのDPIに障害者の親を参加させることについて議論がなされた。そのことについてオーストラリアの代表が以下のように訴えた。

> 　*私は60歳になるが、これまでずっと"子供"として扱われてきた。2年前に死んだ母親は、私の人生を牛耳るボスだった。私はいまでも母を愛している。しかし、決して良い母親ではなかった。母親の干渉がなければ、私はもっと強い人間になれたろうし、自分自身で生きる道を見つけられたはずだ。*

　12、3年前のことであるが、筆者は宮城県の養護学校（現在の特別支援

学校）の PTA 総会で講演を依頼された。その講演の冒頭で参会者の 80 名程度の親たちに、卒業後の子どもの生活の場について三択で次のように質問した。

　①親が健康な間、自分たちが子どもの世話をして、高齢になり、世話ができなくなった時点で施設かグループホームに入所させる。②親が健康な間、自分たちが子どもの世話をして、高齢になり、世話ができなくなった時点で、兄弟に世話をしてもらう。③学校を卒業した時点でなるべくはやく地域のグループホームにお願いする。このような質問をした結果、②と回答した親は 1 名だけであった。①と③の回答者は、およそ半々であった。およそ 10 年以上前から、なるべく早く子どもを親元から離し、自立させたいと親たちは願っていたのだ。

　しかし、前述したように親が子どもを自立させようと決断した時点で、すぐに地域での生活が用意されているわけではない。グループホームがそのニーズを満たすだけの量が用意されていないからだ。

4）津久井やまゆり園殺傷事件をめぐる匿名報道について

被害者の匿名報道は障害者差別ではないか

　事件後、雑誌や新聞で発表された論評の中で、被害者の実名を公表しない事への批判が多くなされていた[*26, 50, 58, 62, 95]。その内容を要約すると以下のようなものだ。

　匿名報道を批判する視点のひとつは、障害者差別という根深い感情によって犠牲者である重度障害者の名前は公表されなかったという視点だ。例えば、テレビや新聞での報道では、「十九人の障害者」と一括りにされ公表されている。本当は名前があり、被害者の一人ひとりにはかけがえのない大切な時間が有り、積み重ねられた歴史があったはずだ。「十九人の障害者」と一括で公表されることによって、名前や人格が捨象されてしまい、「抽象的な存在」とされてしまうことで社会に存在していたというこ

とすら消されてしまう。これは、障害者を社会から排除し消去しようとすることに他ならない。匿名とすることで、一人の人間・人格として尊重されない社会を容認し、差別意識の固定化あるいは助長につながってしまう。このようなことからも障害者を人格のある一人の市民としてみていない思想が見え隠れする。このような視点から匿名報道について批判がなされている。

　匿名報道への批判のもう一つの視点は、「表現と報道の自由」というものである。例えば、事件直後の産経新聞の社説には、「報道が求めているのは実名報道ではなく、実名の開示である。実名は取材の起点として不可欠なもので、実名を報道するか否かは取材の結果である。まず取材がなければ、真実の一歩は近づくことはできない」と訴えている*49。

　事件発生から1年後の2017（平成29）年9月に、マスコミ倫理懇談会全国協議会第61回全国大会が行われたが、その場では、実名報道の難しさ、匿名にすることで生じる問題等が論議された*81。「匿名報道により被害者や家族の痛みが社会に共有されず、奪われた命や日常をうまく伝えることができなかったのではないか」「実名報道しないことで被告の独善的な動機を否定する機会を失い、結果的にその動機を黙認するような状況になってしまったのではないか」など、匿名報道の問題点を指摘する発言がなされた。

匿名報道が本当に家族の希望だったのか

　この匿名の報道が、神奈川県警から報道機関へ遺族の希望と発表され、報道機関が匿名で記事にした。しかし、遺族全員が本当に匿名希望を望んでいたのか疑問が残るということが指摘されている*58。通常、警察発表の段階で、安否確認も含め、犠牲者の名前は公表される。報道機関が、実名にするか匿名にするかについては、被害者家族の意向をふまえて報道機関が判断する。本当に、親たちの意向によって犠牲者の名前が伏せられたのか、ということを疑問視している。

その後、報道機関は神奈川県警に対して、この事件の匿名報道について取材を行っている*53。それによると事件当日の午後、被害者支援本部の県警の担当者が19人の遺族のうち18人に確認したところ、いずれも「実名は希望しない」とのことで、居合わせなかった一人についても弁護士から匿名希望を確認している、と県警からの回答があった。

　もし、本当に、被害者たちを施設に預けた家族が匿名発表を希望したとするなら、自分の家に障害者がいるということを近隣の人たちに知られたくないという意志の表れであり、家族自身が障害者差別の意識を持っていると、白石は暗に指摘している*50。しかし、匿名報道を希望する理由はそれぞれの家族によって異なるだろう。「日本では、すべての命はその存在だけで価値があるという考え方は特異であり、優生思想が根深いため」と考えている家族もある。あるいは、「今のお気持ちは」とマスコミが押しかけることに対して受け容れがたい家族もいるだろう。家族の突然の死を受け止められない時期にマスコミに押しかけられることは誰にとっても嫌であろう。

　現在は地域社会に障害者が出て社会参加することはなかば普通になってきている。しかし、障害に対する考え方、受け止め方は保護者の世代や環境によって大きく異なる。年配の保護者の中には差別や偏見にさらされて、つらい経験をしている人が少なくない。そのような経験をもつ保護者は、障害のある子どもを、またその兄弟を守るという思いで世間に隠していたいという気持ちが強いことが推測される。このようなことから、今回の事件に関して自分の子どもの実名発表を望まない保護者がいることは想像に難くない。

　このような考え方から抜けきらないことについて、その家族に責任を問うべきではない。保護者にそのような考え方を持たせるに至った、今までの我が国における障害者への差別的構造にこそ、その責任を問うべきであろう。

　また、実名を報道する際には、現在の我が国のインターネット環境の存

在について考慮に入れなければならない。ネット空間では、無数の匿名の書き手がいて、好き勝手に被害者のプライバシーに踏み込むということが後を絶たないという現実がある。

　一方で、全国手をつなぐ育成会連合会会長の久保は、匿名報道についての問題を生じさせた神奈川県警の対応について批判をしている[*68]。それは、以下のような批判である。県警から名前を公表するか問われれば誰だって匿名を希望する。保護者を責めるべきではない。県警が事前に保護者へ匿名にするかどうかを尋ねたのは、そもそも県警に障害者差別の意識があるからではないか、というものである。同時に久保は、この匿名報道について各方面から情報を得たことを伝え、本当は実名を公表したいと思っている家族がいたようだ、と述べている[*41]。

　殺傷事件の1年後に、事件を振り返って家族が自分の子どものことについて語っていることが報道されている。その報道には、自分の子どもの名前を明らかにし、かつ写真を報道機関に提供する家族も現れている[*78, 79]。

2　障害者の強制不妊手術をめぐる問題

1）旧優生保護法下での強制不妊手術の実態

強制不妊手術の被害者が訴訟を起こした

　2018(平成30)年1月に、宮城県の60代の女性が、旧優生保護法に基づき、国が知的障害などを理由に不妊手術を強制したのは個人の尊厳や自己決定権を保障する憲法に違反するとして、国に損害賠償と謝罪を求める全国初の訴訟を仙台地方裁判所に起こした。

　この訴訟を契機として地元の河北新報が詳細な取材を行い、過去に行われた旧優生保護法に基づく強制不妊手術の実態を次々と明らかにしていった。

　訴えによると、女性は1歳で受けた口蓋裂手術時の麻酔の影響によって知的障害になっている。15歳の時に「遺伝性精神薄弱」を理由に、病院で卵管を縛って妊娠できなくする手術を強制された。手術後、日常的に腹痛を覚えるようになり、30歳前に手術が原因とみられる卵巣膿腫で右卵巣を摘出した[*29]。これらのことは、母親の胸の内に伏せられたままにされた。母親が死亡したあとに義姉がこの女性の臍の下から縦に10センチ超の傷があるのを見つけ、「なぜ手術する必要があったのか」という疑問が常に頭から離れなかったという。その後、県内の別の女性が2015(平成27)年に強制不妊手術の被害を受けて日弁連に人権救済を申し立てたことを義姉は知ることになる。その後、2017(平成29)年6月に義妹の手術に関する資料の開示を県に請求し、翌7月に開示された優生手術台帳を見ることになる。申請理由の欄には「遺伝性精神薄弱」と記入されていた。

　旧優生保護法は1948(昭和23)年に施行された。この法律は戦時中の「国民優生法」を土台にして作成された。この法律の目的は、その第1条に「こ

の法律は、優生学上の見地から不良な子孫の出生を防止するとともに、母性の生命健康の保護を目的とする」と示されている。すなわち、第一に「不良な子孫の出生の防止」と第二の「母性の生命健康の保護」の二つである。

旧優生保護法による人工妊娠中絶は、女性の生命健康の保護という側面よりも、戦後のベビーブームによる人口管理政策という側面から実施されたという評価がなされている。当時の倫理観では正当化が困難であった人工妊娠中絶の規制を優生政策とセットにするということで合法化したと言える*93。

この旧優生保護法によって、戦時中の「国民優生法」よりいっそう優生政策的規定が強化された。それにより強制断種が実施され、断種手続きの簡素化が行われるようになった。すなわち、第三条で、「医師は…本人の同意並びに配偶者があるときはその同意を得て、任意に、優生手術を行うことができる」とされた。

同時に、第4条において、「医師は、診断の結果、別表に掲げる疾患に罹っていることを確認した場合においては、その者に対して、その疾患の遺伝を防止するために優生手術をおこなうことが公益上必要であると認めるときは、前条の同意を得なくても、都道府県優生保護委員会に優生手術を行うことの適否に関する審査を申請することができる」とし、審査の結果、優生手術が適当と判断された人は、本人の意思とは関係なく強制的に優生手術がされるようになった。

また、優生手術の対象も拡大していった。感染症であるハンセン病患者に対しては戦前にも水面下で人工中絶が行われていたが、旧優生保護法第三条でその対象になることが明文化された。また、「国民優生法」では、その対象が「悪質ナル遺伝疾患ノ素質ヲ有スル者」と限定されていたが、旧優生保護法では非遺伝性の精神病患者、精神障害者もその対象とされた。それは、これらの疾患や障害をもつ人は、子どもに対する養育・教育の責任を全うする能力が欠如しているとみなされたことが背景にある*98。このような断種合法化はすべて旧優生保護法のもとで初めて実現した*93。同法

の根底にある目的は、直接的な生産性がもたらされず、自分一人では社会的自立が困難な障害者を、社会的に排除することであった[*54]。

旧優生保護法下における優生手術が行われた件数

　2017（平成29）年に日本弁護士連合会から、「旧優生保護法下において実施された優生思想に基づく優生手術及び人工妊娠中絶に対する補償等の適切な措置を求める意見書」が示された。その意見書に、旧優生保護法が制定された翌年の1949（昭和24）年から、優生条項が削除された1996（平成8）年まで、この法律によって人権侵害され、犠牲になった人の数が示されている[*65]。そこに示された数値は、「衛生年報」「優生保護統計報告」で報告されたデータに基づいている。その数値は、以下の通りである。

1. 本人の同意による優生手術の実施件数
　　遺伝性疾患を理由とする優生手術：6,965件
　　ハンセン病を理由とする優生手術：1,551件
2. 審査を要件とする優生手術の実施件数
　　遺伝性疾患を理由とする優生手術：14,566件
　　非遺伝性疾患を理由とする優生手術：1,909件
3. 優生思想に基づく人工妊娠中絶の実施件数
　　遺伝性疾患を理由とする中絶：51,276件
　　ハンセン病を理由とする中絶：7,696件

　これらの件数を合計すると83,963件にのぼる。しかし、実際の件数はこの数値を上回ると予想される。というのは、国に損害賠償と謝罪を求める訴訟が行われたのを契機として、各県が強制不妊手術の実態調査に取りかかり、国が公表した件数より上回る件数が行われたことが明らかにされてきているからである。例えば、福岡県では県庁にあった資料から、県内で行われた手術が国の公表件数より356件上回ったことが判明した[*16]。神

奈川県では、国の調査は1952（昭和27）年、1953（昭和28）年分は欠落していた事実が報告されている*20。

　また、ここに示されている「優生手術」とは、精管や卵管を結紮、あるいは切断及び結紮することによって生殖を不能とする方法である。これらの手術が未成年者にも行われていたことが明らかにされた*82。宮城県で1963（昭和38）年から1981（昭和56）年までに手術を受けた記録が残る男女859人のうち、未成年者が半数超の52%を占めていたことが判明した。最年少は女児が9歳、男児が10歳で、多くの年度で11歳前後の年齢で手術が行われていた。妊娠の可能性がない低年齢の子どもにまで手術を強いていた実態が浮かび上がった。後述するが、女性においては、生理の処理が不要になるという理由で子宮摘出手術も行われている。

　優生手術は、都道府県優生保護審査会により優生手術を行うことが適当と認められた場合に実施された。その実施にあたっては、「真にやむを得ない限度において身体の拘束、麻酔薬施用又は欺罔等の手段を用いることも許される場合があると解しても差し支えない」という厚生事務次官通知「優生保護法の施行について」が出されている*86。この通知を根拠として実施されたと推測されるが、同意のないまま優生手術を受けた人は16,475人にものぼる。

強制不妊手術を受けさせられた人たちの声
　これらの強制不妊手術や人工妊娠中絶によって、多くの人々は子どもを産み育てることのできない無念さを味わい、精神的苦痛を生涯にわたって負うことになった。その当事者が、新聞記者の取材や裁判の場で自分の辛い経験を語るようになった。以下に3人の方の辛い経験を示す。

　70歳代の飯塚淳子さん（活動名）は国への損害賠償を求める訴えを仙台地裁に起こした。彼女は、七人きょうだいの長女として宮城県沿岸部で生まれた。父親は病弱で家庭は貧しかった。民生委員から「生活保護を受けているなら、優生手術を受けないと」とでたらめな説明をされた。中学

3年の時に勉強が遅れたことから仙台市内の知的障害児の施設に入所させられ、同時にその施設に隣接する養護学校（現在の特別支援学校）に転校させられた。卒業後は知的障害者の生活指導を行う「職親」のもとに住み込み、罵倒を受けたり食べ物を与えられなかったりといった扱いを受けた。「虐待された心の傷は今も消えない」と語る*30。

　1963（昭和38）年1月に県の精神薄弱更生相談所で知能検査を受けさせられた。判定書には「身体的異常は認めず」「態度良好」とする一方、「魯鈍」「優生手術の必要性を認められる」と記載されていた。

　まもなく行き先や目的も告げられないまま、職親から突然診療所に連れていかれ手術を受けた。診療所にはなぜか父親もいた。病室に入ると注射を打たれ、気がつくと病室のベッドに寝ていた。その間の記憶はない。父親は、手術の同意書に「印鑑を押せ」と責められて、やむなく押したと語る*89。

　手術を受けて以降、たびたび倦怠感に襲われるようになり、仕事もできなくなった。子どもが生めなくなったことが原因で、結婚と離婚を3回繰り返した。「不妊手術を受けさせられたことで私の人生は変わった」と飯塚さんは訴訟の口頭弁論の場で意見陳述をした。

　札幌市に住む小島喜久夫さん（76歳）は、国家賠償請求訴訟を札幌地裁に起こした。生活が荒れていた10代の後半のある日、帰宅すると警察官が待っていて、手錠をかけられ札幌市内の精神科医院に連れて行かれ入院させられた。医師の診断を受けずに「精神分裂病（現、統合失調症）」とされ強制的に手術を受けさせられた。小島さんは、「人生をめちゃくちゃにされた。国に謝罪してほしいが、それで済む問題ではない」と憤る*17。

　同様に、熊本県に住む73歳の渡辺数美さんは、国家賠償請求訴訟を熊本地裁に起こした。渡辺さんは幼い頃から変形性関節症と診断され運動ができなかった。10歳の頃、血尿が出たため母親に連れて行かれたかかりつけの病院で、何も知らされずに睾丸を摘出された。15歳の頃、自分だけ声変わりしないことを疑問に思って、母親に尋ねたところ、優生手術を

受けたことを知らされた*92。手術の影響とみられる成長ホルモンの過剰分泌で190センチを超えた身長は今も伸びている。ホルモンバランスの不調による骨粗鬆症にも長年悩まされ、歩行中に大腿骨を骨折した。成人後は結婚を考えた女性もいたが自ら身を引いた。首をつろうと縄を手に山へ向かったり、飛び込もうと水路に行ったり、2度自殺しようと思ったが死ねなかった。「楽しいことより苦しいことのほうが多かった」と渡辺さんは振り返る。

　以上、強制不妊手術を受けさせられた人に共通することは、まず、手術をすることが本人に知らされないまま行われている。また、遺伝性の有無を全く確かめせずに、障害があるということだけで、強制不妊手術を受けさせられている。そして、自分の人生を振り返って、自分の人生を壊されたと認識していることだ。

女性障害者に子宮摘出手術まで行われていた

　障害の重い女性の人には、優生手術の方法として卵管の結紮や切断という方法ではなく、子宮全体を摘出するという方法もとられていた。この法律に基づくという名目のもとに、実際には生理時の介護軽減を目的として、女性の障害者に対して子宮摘出手術が行われた。

　1989（平成元）年11月に、朝日新聞に衝撃的な記事が掲載された。岡山県の障害者施設で、7年前に、生理が近づくと精神状態が不安定になるという理由で、知的障害の女性の正常な子宮が摘出されたことがわかった。この女性は思い通りにならないとかんしゃくを起こしたり、特に生理が近づくとよく裸になったという。「生理がなくなるとおとなしくなる」と言われ岡山県内の産婦人科で子宮摘出手術を受けた。施設は、家族の希望があり、手術後は以前ほど裸にならなくなった、と述べている*2。

　同様に国立大学附属病院の医師が、知的障害者の3人の女性の生理をなくすために正常な子宮を摘出したことを、1993（平成5）年6月に毎日新聞が報じている。女性障害者の正常な子宮を、生理の介助が大変という理

由で摘出しているという実態が明らかにされた*74。女性障害者の正常な子宮摘出は、障害者を人として認めない優生思想、施設の管理主義の発想であり、人権への配慮が決定的に欠如していると批判された。

一方、手術をした医師は、記者のインタビューの次のような質問に、ソフトな語り口で確信をもって答えたという。記者の「人権侵害ではないか」という質問に対し、医師は「本人が施設内での社会生活を維持するためにも摘出はベターと判断しており、人権侵害ではない」と答え、「傷害罪など法律に触れないのか」という質問に対しては、「…臓器に病変がある場合だけが病気なのではない。病気は社会的な問題。社会が困れば何らかの医学的処置が必要。手術をすべきかどうかは、常に社会性も含め判断している」と答えている。さらに記者からの「医学部の倫理委員会にかけなかったのか」という質問に対しては、「倫理委で対象になるのは倫理観を持つ人の話。倫理がよくわからない人の場合には倫理のわかる人が適切に指導すればいい」と回答している。

子宮摘出手術を本人の同意なしで受けさせられ、結婚してから悔やんでいると女性が語ったことを、同じく毎日新聞が報道している*74。その女性は生後6カ月の時、はしかの高熱で脳性マヒになった。1979（昭和54）年の養護学校義務教育化以前は、就学猶予制度が実施されており、彼女も学校教育を受けずに肢体不自由児施設に入所した。14歳で初潮を迎えた頃に両手も不自由になり、生理の処置に職員の介助が必要になった。生理の度に「汚いなあ」「手術して（子宮を）取ったほうがええよ」と繰り返し言われた。生理が始まった頃、母親が施設から呼び出され、本人抜きで話し合われ、子宮摘出が決まった。その後、ボランティアだった男性と出会い、結婚した。二人とも子どもが欲しかったが、病院から出産は無理と告げられた。33歳まで施設で生活し子宮摘出がどのような意味をもつか、考える余地はなかったと、唇をかみしめて語った。

このような障害女性の子宮摘出手術が行われた背景には、「他人の手を煩わせること（介助をすること）は迷惑だ」という介護者側の考え方や、

女性障害者は子どもを産み、育てることは無理という決めつけと、障害者は子どもを産むべきではないという優生思想が存在していると堤は指摘している*56。

優生保護審査会のずさんな審査

　上述した、国に損害賠償と謝罪を求める訴訟を起こした女性の義姉は、義妹の手術に関する資料の開示を県に請求すると同時に、併せて医学的判定記録の開示も請求した。その医学的判定記録の成育歴には、遺伝性負因は「陰性」と明記されていた*31。口蓋裂手術時の麻酔がこの女性の障害の原因であるため、医学的判定記録にあった遺伝的負因は「陰性」という判断が正しいことになる。台帳に記載された「遺伝性精神薄弱」の判定は偽りであり、偽りの判定を基にして強制的に不妊手術が行われたことになる。

　このように遺伝の根拠が薄いと指摘されながら遺伝性疾患を理由に手術を強制的に行った県が宮城県以外にもあることが、情報公開請求などで入手された文書によって明らかにされている*14。また、優生保護審査会で審査を行わず手術の可否を決めていた事例もあった。岐阜、三重、福岡の3県の計8人に対し、手術の適否を判断する県の優生保護審査会を開かず、書類の持ち回り審査で実施を決めていたことも明らかにされた*32。

　また、広島市民病院に勤務していた土光文夫医師は、1980年代に広島県優生保護審査会の委員に就任し、90年代初頭まで職務にあたった。土光医師は「審査会は年に数回、平日の午後に県庁の一室で開かれた」と語り、審査会の内容については「県幹部が司会を務め、不妊手術の申請書や健康診断書などの提出された資料を見ながら、淡々と『適』との結論を出した。疑義の提示や論争はほとんどなかった」と証言している*36。

　また、強制不妊手術をめぐる再審査機能が形骸化していた事実も明らかにされた。1965（昭和40）年に、北海道の優生保護審査会が旧優生保護法に基づく強制不妊手術を決定した女性の保護者から、決定の取り消しを文書で申し立てられた際に、道は「（保護者は）同法への理解が乏しい」

と門前払いにしていたことが判明した*84。翌年の1966（昭和41）年4月には、手術決定の再審査請求の手続きをとっていたが、資料には、中央審査会への再審査申請の手続きが取られた記録はなかった。

さらに、強制不妊手術の対象者の適否を判断する際の評価が、医学的な観点からなされていなかったことが神奈川県立公文書館の優生保護審査会の資料からうかがえる*83。1962（昭和37）年の審査会に提出されたある女性の検診録を原文のまま示す。はじめの女性は「精神薄弱（痴愚）」と判断され、次の女性は家系図で母が「てんかん性精神病」の疑いがあったことから、遺伝性疾患として手術「適」と判断された。

　「小学校には一年おくれて就学。中学校は二ヶ月通って中止してしまひ、自宅でぶらぶらし、昭和三十四年七月、●●に入園」、現在の病歴は「母や同居人に対し乱暴な口をきき周囲をわきまえない。年下の子とは遊ぶが、自分から外に出て遊ぶような事はできない」

　「茅ヶ崎に生る。小学校卒業後、家で農業に従事していたが、十六歳の時、姉●●死亡後、姉の夫●●●●と内縁関係を結び、三児を挙げた」。数年後、けいれん発作を起こす。現在の症状は「着装、身嗜みは不整不潔、顔貌は弛緩し挙措は緩慢で節度がない」

はじめの女性は、当時、障害児に対する学校教育制度が十分でなかったため適切な教育を受けられなかったと思われる。本来、詳細な検査を通してこの女性の発達レベルを評価し、適切な教育が施されるべきである。次の女性も医学的な検査を行い、適切な医療が提供されるべきである。しかし、この検診録には侮蔑的な表現が羅列され、明らかに障害者を排除しようとする意図がみられる。

障害児の発生予防を怠った人への攻撃

　1980（昭和55）年に障害児の発生予防を怠ったとしてその保護者を強く非難して紙面上を賑わせた人物がいる。それは、英語学者の渡部昇一氏である。彼は「週刊文春」10月2日号で、「神聖な義務」と題するエッセイで、次に示す3点について語った[*100]。

①ヒトラーは精神病患者、ジプシー、ユダヤ人などドイツ民族の血のためにならないと思われた人たちを容赦なく消した。非人道的犯罪と思っていたが、ドイツ留学中、この犯罪の功績の面を考えている人が少なからずいることを知った。

②ヒトラーとは逆の立場のアレクシス・カレル（ノーベル医学・生理学賞受賞者）は「劣悪な遺伝子があると自覚した人は、犠牲と克己の精神によって自発的にその遺伝子を残さないようにすべきである」と強く勧めている。

③大西氏（作家）は長男が血友病とわかっていながら次の子どもを持ち、やはり血友病だった。未然に避けるものは避けるべきである。

　以上であるが、本来、生殖に関して決定することは最も私的な領域に属するので、第三者の干渉を受けることなく本人の完全な自由意思によって選択されるべきものである。それなのに赤の他人である第三者が堂々と他者の生殖に関する選択に口を挟んだことになる。

　さらに、渡部氏は大西氏の次男の、ある月の入院中の医療補助費が1,500万円だと指摘した上で、「未然に防ぎうる立場にある人はもっと社会に責任を感じて良識と克己心を働かせるべきである。社会の程度は著しく低くなるのである」と批判した。

　このエッセイに対して、大西氏は「まるでヒトラー礼賛だ。渡部氏の考え方は弱肉強食、劣弱者切り捨ての奨励に他ならない」と反論した[*1]。

　渡部氏のこのエッセイの内容に対して、「青い芝の会」は強く批判する。

「青い芝の会」とは、障害者問題を提起することなどを目的として組織された脳性マヒ者の障害者団体である。その批判の内容は概ね次のようなことだ。障害者は社会の負担であり、障害者が増えれば社会の程度は低くなる、という渡部氏の発言は、障害者は「死ね」と言っているのと同じだ。障害者が現在の社会の中でさまざまな差別に苦しみながら懸命に生きているのに、それを否定するものだ。

このような「青い芝の会」の強い批判に対して、血友病患者当事者の団体は、渡部氏に対して特に批判することはなかった*37。それは、「神聖な義務」の内容を完全に否定出来なかった血友病患者側の実情があったからである。その実情とは、血友病患者本人たちの中にも、自分と同じ血友病の子どもが生まれることを未然に防ぐために、羊水穿刺検査や保因者診断を容認する人がいたことだ。その人たちは、出血時の激痛に長い間苦しんでいる人たちであり、「子どもに辛い思いはさせたくない」という理由があった。それは、渡部氏の発言の中にある「社会」のためではなく、「生まれてくる子ども」のための苦渋の選択であった。

一方で、渡部氏のエッセイに対して、「遺伝病に正しい関心を」というタイトルで、渡部氏の遺伝疾患に対する間違った理解を修正する情報を木田医師が紙面で発表した*3。まず、大西氏の入院中の次男の医療補助費が月当たり1,500万円だと指摘したことに関して、ここで支払われた費用による医療技術の一部は、関連する他の疾患の治療技術の向上に還元されると主張する。例えば、血液凝固の研究は、交通外傷や手術の際の出血の治療に役立ち、誰でも恩恵にあずかる可能性があると指摘する。また、遺伝病は誰でも罹患する可能性のある病気だと述べる。人間の遺伝子の数を2万個とすると、そのうち5個から10個は病気の遺伝子であると推定されている。遺伝病患者と健康人とに、その数の上での差はなく、たまたま現れたか、隠されているかの違いだけである、と指摘した。

2）強制不妊手術が違憲であることの法的根拠

　強制不妊手術が明らかに人権侵害であり、その強制不妊手術を認めた旧優生保護法は違憲であると、前述した日本弁護士連合会から出された意見書に明記されている。その内容の重要なポイントを以下に示す。

①審査を要件とする優生手術は、本人の同意なく強制的に実施されたものであり、対象者の幸福追求権としての自己決定権（憲法13条）、及びリプロダクティブ・ヘルス／ライツ（性と生殖に関する健康・権利：安全で満足のいく性関係や子どもを産む・産まないなど、自分の体と健康について主体的に考え、選択・決定する権利）を侵害している。
②本人の同意による優生手術及び人工妊娠中絶は、本人、配偶者及び近親者が遺伝性疾患や精神障害を有している、又は本人、配偶者がハンセン病患者の人たちに対して、同意を得て実施されていた。当事者の同意を得たといえども、子孫を出生しないように不当に働きかけられる立場にあったのだから——例えば、ハンセン病患者は結婚して夫婦寮に入居するためには優生手術を受けることが条件とされていた——、真に自らの自由意志によって優生手術や人工妊娠中絶手術を受けたとは言えない。このことから自己決定権、及びリプロダクティブ・ヘルス／ライツを侵害している。また、憲法13条に示されている通り、人はすべて個人として尊重されるにもかかわらず、特定の疾患や障害を有しているという理由でその人を「不良」とみなし、子孫の出生を行わないよう働きかけることは、個人の尊厳を踏みにじるものである。
③人はすべて個人として尊重され、人としての価値に差はないのであるから、特定の疾患や障害を有しているという理由でその人を「不良」とみなし、子孫の出生を行わないよう優生手術や人工妊娠中絶手術を受けさせることは、憲法14条1項に示す平等の原則に違反する。

これらの内容を要約すると、旧優生保護法に基づいて、特定の疾患や障害を有していることを理由に、その人を「不良」であるとみなし、子孫の出生を行わないように働きかけることは個人の尊厳を踏みにじるものであり、また、合理的な理由なしに他の人と異なる扱いを受けることは平等の原則に違反するものである、ということになるであろう。

　以上であるが、宮城県で60代の女性が初めて国家賠償を求めた訴訟の第1回口頭弁論で、原告側は旧優生保護法は個人の選択の自由や幸福追求権を侵害するものであり違憲であると主張したが、これについて国は認否を避けている*19。

3）旧優生保護法の展開

旧優生保護法の法案段階で問題が指摘されていた

　旧優生保護法は1996（平成8）年に廃止（母体保護法へ改正）されたが、この法律の違憲性や非科学性はそれまで疑問視されてこなかったのだろうか。

　実は、この法律の法案段階で連合国軍最高司令官総司令部（GHQ）から法案の「危険な部分」に幅広い注文を付けられていたことが、アメリカの公文書の記録から明らかにされた*20。それによると、この法案の検討はGHQの民政局が担当した。民政局は戦後の日本の民主化政策の作業を中心的に行い、新憲法草案を作成したことで知られている。旧優生保護法の案の問題点を指摘したのは、戦後日本の司法制度改革を主導したユダヤ系の亡命ドイツ人法律家、アルフレッド・オブラー氏だ。特に、強制不妊手術について、「個人の私生活と幸福に対する国家の最も広範な介入」だとして、法案が強制不妊手術を正当化する根拠とした「遺伝性精神病」「強度かつ悪質な遺伝病的性格」「遺伝性奇形」といった大ざっぱな分類は、法的かつ医学的要請に基づく正確な定義に全くあてはまらない、と指摘している。そして、「第三帝国の支配民族理論に基づくナチス断種法ですら、

医学による遺伝性だとみなされる個々の病気を明示している」と、旧優生保護法の法案で示された定義の不備について問題視している。

これらの指摘を受けて、国は手術対象の疾患を「別表」に明記する形で修正を図り、法案を国会に提出した。しかし、審議中にGHQの公衆衛生福祉局（PHW）から再び注文がつけられ、追加された別表の中身は猛反発された。列挙された疾患が「遺伝性かどうかには議論があるもの」だったからである。しかも、旧優生保護法の前身である「国民優生法」の施行規則から、医学的な検討もなく丸写ししたものだったからである。

このようにGHQは法案のなかの強制不妊手術の対象の厳密化を求めながら、最終的には容認してしまう。それは、強制不妊手術の対象の厳密化を求めながら、強制不妊手術そのものは否定しなかったからである。

当時は、「公共の福祉が個人の権利に優先する場合のみ、強制不妊は許される」という考えに基づいて、アメリカの多くの州でも強制不妊手術を認める法律が施行されていた。この時代は、リプロダクティブ・ヘルス／ライツ（性と生殖に関する健康・権利）より、公共の福祉が優先されていたのである。

旧優生保護法の問題点が指摘されたのは、法案が検討されていた時期ばかりではない。1973（昭和48）年に同法を所管していた旧厚生省の加倉井駿一公衆衛生部長が「極めて常識的な問題を申し上げる」と前置きし、旧優生保護法の問題点を指摘した。法文末尾の「別表」に示された強制不妊手術の対象とされた遺伝疾患のうち、実際の手術理由のほとんどを占めていた精神病と精神薄弱などについて「遺伝的なものか否か医学的な統一的見解が確立していない」と明言した。その上で、「遺伝性かどうかの認定は非常に困難」と述べた[*87]。この発言は、事実上、旧優生保護法を否定したものと理解できる。

70年代に精神衛生課長を務めた精神科医の男性は、当時を振り返って、「あの頃からみんな、古い法律だと矛盾を感じていた」と述べている。その男性は臨床経験を積んだ医師で、技官として招聘され入省していた[*85]。

2　障害者の強制不妊手術をめぐる問題

また元技官たちも「当時から医学的根拠がおかしいと思っていた」と述べている。

　しかし、旧厚生省の官僚たちはこの法律の問題点を認識しながらなぜ、そのまま放置していたのだろう。その理由として、元技官たちの言い分は、法律自体が間違っているとは思わなかった、法律を変えるには他省庁との折衝に莫大なエネルギーが必要であり、余程のことがない限り変えることが困難である、2、3年で担当が変わり、責任ある発言ができない、というものである。この法律が人権侵害の最たるものであり、「余程のもの」と思わなかったのであろうか。元技官たちの証言からは当事者意識が欠落していたと言えるであろう。

　さらに、1983（昭和58）年に自民党旧優生保護法検討小委員会は「不良な子孫」の表現も問題視し、「法の基本面に問題がある」と報告している*9。1988（昭和63）年には旧厚生省の研究班が「人権侵害が甚だしい」と指摘したが、いずれも法改正には結びつかなかった。旧優生保護法の非科学性と人権侵害に気づきながら放置してきたのだ。その間、多くの障害者、ハンセン病患者が強制不妊手術の犠牲になっていた。

強制不妊手術はなぜ拡大したか

　旧優生保護法下で行われた不妊手術の件数について、都道府県が報告した件数を基に国がまとめ、統計として残していた。それによると、最も多いのが北海道で2,593件、次いで宮城県が多く1,406件となっている。北海道での実施件数が全国最多になったことについて、「国策の一つとして、道としても関係機関などと協力を得ながら取り組んだ結果と考えている」と北海道子ども未来推進局の局長が答えている*14。

　実際に、「国策」として強制不妊手術が行われていたのだろうか。そのことを裏付ける文書が旧厚生省公衆衛生局から各都道府県宛に通知されていた。1957（昭和32）年4月27日付で旧厚生省公衆衛生局が各都道府県宛に通知を出している。「優生手術の実施件数は予算上の件数を下回って

いる」、「各府県別の実施件数を比較すると極めて不均衡」等、文書は随所に不満をちりばめながら、最後に「手術の特段の配慮を賜り、実を上げられるようお願いする」と結んでいる*34。

このような国の積極的な働きかけに答えるように、多くの都道府県において旧優生保護法の主旨の理解啓発をする取り組みが行われていった。最も件数の多かった北海道は強制不妊手術を行うことに対して当初から前向きであった。旧優生保護法制定の3年後に、強制不妊手術の件数が少ないことが問題視された。それを受けて、保健所に積極的な申請を促したり、対象者の4親等の全家族を調べ、手術すべき人を掘り起こすよう求めたりする通知を出していた*18。

また、北海道では官民一体となって推進運動を繰り広げていた。道民に旧優生保護法の主旨を啓蒙するために「私たちの道政」というニュース映画が制作され、道内各地の映画館で上映された。その映画の中では、「異常児は本人の不幸であるばかりか、家族にとっても一生の悲劇である」として婚約時に指輪に代えて健康診断書の交換を推奨している。

最後に、当時の町村金五知事の映像とともに「知事もこの悲劇をなくそうと訴えている」と映画を締めくくっている。同時に「新生活建設運動」を推進し、その中の事業項目として優生保護が掲げられていた。「新生活建設　推進のしるべ」という啓発冊子には、その内容として「遺伝性疾患に対する徹底的な優生手術の励行」が示されていた*103。

さらに道内の障害児施設に対して積極的に優生手術の申請を行うよう働きかけていた。道は手術について「子供を生まれなくするだけの手術であり、男子は2〜3日、女子は1週間程度の入院ですむ簡単なもの」と説明している*35。また、医師の診断がある場合は、申請に本人及び親権者の同意を必要としないと明記し、費用は国が負担するため心配はないとして、申請書の提出先となる保健所を紹介していた。

強制不妊手術の件数が次に多かった宮城県でも、旧優生保護法の主旨の理解を啓発するための「よい子を生み育てるために」という家庭向け冊子

を発行していた。その冊子では当時の県衛生部長が「未熟児、精神薄弱など年々多数の不幸な子どもが生まれている」と説明し、「適切な方法で救える。医学の知識を行政面に取り入れ、施策を推進する」と呼びかけている。同時に講演会など集団指導も行われている*33。

また、宮城県では1957（昭和32）年から1969（昭和44）年の期間に「愛の十万人県民運動」と言われる県民運動が展開され、その運動によっても優生保護思想の普及が推進された。この運動は、精神薄弱児入所施設亀亭園の火災を契機としている。

1956（昭和31）年12月に、54名の児童を収容していた亀亭園の木造平屋建て4棟が全焼し、焼け跡から3名の児童が焼死体で発見されるという火災が起きた*27。この火災を契機にして、翌年の2月に宮城県精神薄弱児福祉協会が設立され、発足とともに「愛の十万人県民運動」が展開された。この運動は知的障害児の入所施設の整備や教育を行うということを目的に事業が行われた。この運動の結果、641万円が集まり、入所施設の建設費の一部にあてがわれた。1960（昭和35）年4月には入所施設小松島学園が開所し、「愛の結晶」と呼ばれた。

しかし、この運動にはさらに別な目的があった。それが優生保護思想の普及を推進するという目的であった。精神薄弱児福祉協会の規約には、「知恵の遅れた子どもを幸せにしてやることが願いで優生保護の思想を徹底させ愛の運動を推し進める」と記されていた*107。

読売新聞は、この運動が発足した翌日の2月13日付の宮城県版に「精薄児をしあわせに　実情訴え施設整備　愛の運動　ことし五百万円目標」という見出しで記事を出している。

記事は、この運動の目的として、①県民の間に精薄児の実情を伝え、②精薄児の施設を整備し、③特殊学級を増設し、④優生保護の思想を広め明るい生活を築くことを謳っていると伝えている。

さらに精神薄弱児の「問題行動」を列挙している。例えば、「ひどい乱暴」、「遠出や家出をする」、「盗癖が激しい」、「火遊びのくせがある」、「他

児を殺傷するキケンがある」、「性的な非行をもつ」など、精神薄弱児の存在を危険視する「問題行動」を列挙している。また、精神薄弱児が収容される少年刑務所で年間一人あたり30万円費やされることや、精神薄弱児のいる貧困家庭には生活保護費がかかり、国民の税金がより多く使われることなどを指摘している。さらに、「精薄児を徹底的に絶やすために断種も行われねばならない」と強制不妊手術の徹底を訴えている。最後に「これをヒューマニズムの土台の上にやり遂げたいという悲願をもっているのがこの"愛の十万人県民運動"である」と締めくくっている*99。

　知的障害児に対するこのような考え方は、この記事を書いた記者の個人的な考えではないのだと推測される。むしろ、当時の市民の一般的な考えであったと思われる。なぜかと言えば、優生思想の普及は学校教育のなかでも行われていたからである。1951（昭和26）年発刊の高校保健教科書には旧優生保護法の重要性が次のように記述されている*39。

　　この法律は社会が悪い遺伝性の病気を持った人の生まれるのを除き、健康で明るい社会をつくるために大切なものである。常習犯罪者や青少年刑を受ける者の約3割、感化院に収容されている不良少年の7割5分、浮浪者やこじきの8割5分は精神病か精神薄弱者か、さもなければ病的性格の者であり、また、放火犯人のような凶悪犯罪者には精神病や白痴の者が少なくないことを考えるとき、この法律の大切なことが分かるであろう。

　このように、優生思想の重要性を教科書で教えられた高校生に優生思想が刷り込まれ、それが市民の一般的な考え方になることは想像に難くない。そして、市民の一人である読売新聞の記者も前述したような記事を書いたものと推察される。

　旧優生保護法が制定される段階で医学界も積極的に関与し大きな影響を与えている。議員立法による旧優生保護法の成立には、産婦人科医で参議

院議員の谷口弥三郎と太田典礼が強く関与している（第二章で詳述する）。谷口議員は 1948（昭和 23）年 11 月の参議院厚生委員会で、厚生大臣に強制不妊の推進を強く求めている。その時の発言記録には、「浮浪者とかごく下の階級、乞食みたいなもの」とか「どしどし保健所の医師が申請して（略）不良分子の出生を防止する」という障害者への差別的表現が記述されている*88。谷口議員は、不妊手術の対象を遺伝性以外の精神病や精神薄弱のある人にも拡大することを目的とした 1952（昭和 27）年の法改正でも中心的役割を担った。1949（昭和 24）年に谷口議員は旧優生保護法に基づく人工妊娠中絶の指定医団体として日本母性保護医協会を設立する。1953（昭和 28）年から 1961（昭和 36）年までの期間に人工妊娠中絶は毎年 100 万件を超え、全国の開業医の収入源となり、「優生利権」を日本母性保護医協会が独占した。

　強制不妊手術を行う医師たちも手術に対して積極的に関わっていた事が、滋賀県の優生保護審査会の開示された資料から明らかにされた*15。手術が決定していた 20 代の女性について、医師から手術の中止届けが出された。その届けには、「保護義務者の無知と盲愛のため、関係者の説得にも拘わらず拒絶し続けていたが、関係者の努力によって漸く農繁期が終われば受けることの約束を取り付けた」と記入されていた。その後、親は再び拒否したり延期を申し立てたりしたが、医師は執拗に不妊手術をすることにこだわり、県から再度親に対して通知を出すよう求めている。

　また、ろう学校においても、不妊手術は積極的に勧められていた。静岡県内のろう学校では、校長が保護者に対して不妊手術を受けさせるよう勧めていた*72。ろう学校の生徒だった 87 歳の女性は「PTA の時に校長先生が不妊手術の話をしたそうだ。結婚したければ相手を紹介する。そのかわり不妊手術をするように。子どもを産みたい場合は紹介しない。半数以上はやむを得ず手術を受けたようだ」と語っている。実際に不妊手術を受けた 85 歳の男性は「生まれる子どもがろう者だったらどうする、と言われた」と語っている。

以上のように、旧優生保護法の主旨を徹底させるために、国、地方自治体、医学界、学校教育などが一体となって優生思想拡大の運動を展開していたのだ。

旧優生保護法の優生条項をもっと早い時期に削除できなかったのか
　ところで、日本弁護士連合会は2017（平成29）年に、「旧優生保護法下において実施された優生思想に基づく優生手術及び人工妊娠中絶に対する補償等の適切な措置を求める意見書」を国に提出している。このような意見書を日本弁護士連合会が提出した背景には、やはり国外からの圧力があったからである。
　具体的には1998（平成10）年に、ジュネーブで開催された国際機関の自由権規約委員会（国連総会で採択された「市民的及び政治的権利に関する国際条約」の実施を監督するために設置された国連の機関）において、日本の法律が強制不妊の対象となった人たちの補償を受ける権利を規定していないことについて、遺憾に思うと勧告されていた。強制不妊手術の被害者に対して、国としての正式な謝罪や補償を、スウェーデンとドイツはすでに行っていた。
　2008（平成20）年にも同委員会から、1998（平成10）年に日本に勧告した内容を実施すべきである、と再勧告された。その再勧告についての見解として日本政府は、2016（平成28）年に衆議院厚生労働委員会において、旧優生保護法に基づいて実施された優生手術は実施当時適法に行われたのであり、これに対する補償は困難である旨を述べている。
　このような国の姿勢に対して、日本弁護士連合会は、旧優生保護法はそもそも憲法第13条と第14条に違反しており、法としての効力を有していないので、実施当時適法であったとの主張は論拠を失うと反論した。
　筆者が疑問に思うのは、前述したように法案の段階でGHQの民政局はこの法案の問題点を指摘しているが、旧優生保護法が成立した時点で、あるいはその前の時点で、法律の専門家団体である肝心の法曹界の関係者は、

旧優生保護法は憲法第13条と第14条に明らかに違反しているということを認識していなかったのであろうか。憲法が成立したばかりで、一つ一つの条文の解釈が深まっていなかったからということであろうか。あるいは、認識していながらもそのまま放置していたのだろうか。あるいは、マイノリティである障害者の人権侵害は社会問題の俎上に上がらなかったため、関心を示さなかったのだろうか。

　法曹界の人々、障害者の当事者団体、障害者の親の団体、社会福祉関係者、さらに医療関係者等が連携して、旧優生保護法の違反性を訴える取り組みを行っていれば、旧優生保護法の優生条項はもっと早い時期に削除することが出来て、同法による犠牲者の数を少なくすることが出来たのではないだろうか。

　このようなことが行われなかった根本的な理由は、木村が指摘するように〈私たちの社会が、「個人の尊重」という憲法的価値を定着させることに失敗している可能性を示している〉からなのだろうか[*38]。

　前述した、子宮摘出を行った国立大学附属病院の医師の発言に、「本人が施設内での社会生活を維持するためにも摘出はベターと判断しており、人権侵害ではない」とあるように、また、子宮摘出を行った施設の施設長が「四十、五十歳代の障害者で子宮のない人はたくさんいる。子宮摘出は当たり前のことだと思っていた」と発言したように[*75]、個人を尊重するという認識もなく、自分たちが行った行為が人権侵害であることをまったく認識していなかった。このような事実によって、木村の発言の妥当性が示される。

　また、国レベルにおいても、基本的人権の基礎となる「個人の尊重」の重要性がしっかり認識されていないのではないのかと不審に思わせることが生じている。確かに現在では、国は政府広報オンラインで「高齢者・障害者に対する人権侵害をなくそう」とキャンペーンして、人権侵害をなくそうと努力はしている。しかし、国際的な機関からの日本における人権侵害の指摘に耳を傾けようとする意識は薄い。

例えば、1984（昭和59）年に宇都宮病院事件と関連して、NGOの国際人権連盟は、日本の精神病患者の取り扱いの実態を、人権侵害の実例として国連人権小委員会に告発した*4。この問題に関する当時の日本政府代表の国連人権小委員会での発言は、前向きの姿勢が見られぬばかりか、強制入院率を低くすり替えるという恥の上塗りであった。

日本政府代表は日本の精神病患者の虐待問題になった宇都宮病院事件を「極めて例外的なもの」と規定した。それに対し、国連人権小委員会は、日本の自由人権協会の調査を基に、宇都宮病院事件は「氷山の一角」とみられ、当局は精神病院での死亡事件や、その他の疑わしい事件の調査も怠っている、と日本政府の主張に真っ向から反発した。

また、前述したように、女性障害者の子宮摘出に関する問題で1998（平成10）年の国際機関の自由権規約委員会において、強制不妊手術の対象となった人たちの補償を受ける権利が日本の法律で規定されていないと是正を勧告された。このことについて日本国政府は、旧優生保護法に基づいて実施された優生手術は当時適法に行われたものであり、補償は困難である旨を述べている。強制不妊手術の国家賠償請求の訴訟においてもこの姿勢は崩していない。

このように、人権侵害に対する日本政府の認識は、国際機関の人権委員会で考えられている人権侵害についての認識とは大きくかけ離れていると言っても過言ではない。

津久井やまゆり園殺傷事件が現在の日本に発生したということは、このような、「個人の尊重」という理念の欠如、強制不妊手術が人権侵害であるという認識の欠如が、現在の我が国において優生思想が根強く存在していることの証であるかもしれない。

参考・引用文献

*1　朝日新聞（1980）:「劣悪遺伝の子　生むな」渡部氏、名指しで随筆　まるでヒトラー礼賛　大西氏激怒、10月15日付記事．

*2　朝日新聞（1989）:「生理時は不安定」と障害者の子宮摘出　岡山の施設、11月18日付朝刊。

*3　朝日新聞（1980）:遺伝病に正しい理解を　完全に健康な人間はいない　恐ろしいのは遺伝子の変異、11月18日付東京夕刊．

*4　朝日新聞（1984）:国際人権連盟、精神病患者の扱いで首相へ抗議書簡、9月17日付夕刊．

*5　朝日新聞（2016）:障害者刺され19人死亡　相模原施設、26人負傷　出頭した26歳元職員を逮捕、7月27日夕刊．

*6　朝日新聞(2016):(時時刻刻)凶行、予兆あった　5カ月前「障害者生きても無駄」相模原殺傷容疑者、7月27日朝刊．

*7　朝日新聞（2016）:大麻　影響見極め　相模原殺傷容疑者、異常を増した言動、7月29日朝刊．

*8　朝日新聞（2016）:措置入院、退院後ケアは　相模原殺傷、政府が再発防止策検討、7月29日朝刊．

*9　朝日新聞（2016）:県、障害者施設に防犯徹底を求める通知、7月29日千葉県版朝刊．

*10　朝日新聞（2016）:措置入院、難題　相模原事件、厚労省が検証、8月1日夕刊．

*11　朝日新聞（2016）:福祉施設の防犯、対策強化の方針　厚労省、8月11日朝刊．

*12　朝日新聞（2016）:（ともに生きる　やまゆり園事件から）息子よ、そのままでいい　神戸金史さん、8月12日神奈川県版朝刊．

*13　朝日新聞（2017）:服に靴に、娘を探す　父「寂しさは変わらない」相模原殺傷事件年2月25日朝刊．

*14　朝日新聞（2018）:不妊手術の強制　証拠次々、2月20日朝刊．

*15　朝日新聞（2018）:不妊手術、執拗に拙宅　拒む親は「無知と盲愛のため」都道府県、開示資料に、3月29日朝刊．

*16　朝日新聞（2018）:県内強制不妊手術、国公表上回る356件、県庁に資料、個人は特定できず/福岡県、3月30日朝刊．

*17　朝日新聞（2018）:強制不妊「人生めちゃくちゃに」原告の男性が訴え、5

月17日朝刊.

* 18 朝日新聞（2018）:（教えて！強制不妊手術:4）官民あげて推進、医学会も協力、5月19日朝刊.
* 19 朝日新聞（2018）:地裁「国は違憲性認否を」強制不妊、7月末までに、6月14日朝刊.
* 20 朝日新聞（2018）:同意なし不妊手術462件、県内の件数、国の調査より増加／神奈川県、6月30日朝刊.
* 21 有薗真代（2016）:施設で生きるということ——施設生活者の戦後史からみえるもの——、世界10月号、49~55.
* 22 池原毅和（2016）:相模原障害者施設殺傷事件の犠牲者の方々の犠牲を無駄にしないために．季刊福祉労働、153、94~101.
* 23 井上照美・岡田進一（2007）:知的障害者入所更正施設の歴史的課題の検討——知的障害者の「地域移行」に焦点をあてて——、生活科学研究誌、6、209~223.
* 24 太田修平（2016）:相模原障害者大量殺傷事件に思う——元療護施設入所者として——、季刊福祉労働、153、20~26.
* 25 大野智也（1988）:障害者は　いま、岩波書店．
* 26 尾上浩二（2016）:相模原障害者虐殺事件を生み出した社会　その根底的な変革を、現代思想10月号、70~77.
* 27 河北新報（1956）:けさ亀亭園　全焼　園児三名焼け死ぬ　放火か？　前にも火遊び、12月11日朝刊
* 28 河北新報（2017）:相模原殺傷・植松容疑者が手紙　障害者襲撃なお正当化、7月16日朝刊.
* 29 河北新報（2017）:旧優生保護法で強制不妊手術　国は賠償と謝罪を　全国初　宮城の60第女性、提訴へ、12月4日朝刊.
* 30 河北新報（2018）:私を返して　旧優生保護法国賠訴訟（上）　葬られた生　幸せも夢も無駄に　命ある限り　被害を訴える、1月21日朝刊.
* 31 河北新報（2018）:私を返して　旧優生保護法国賠訴訟（中）偽りの台帳　本人同意なく手術　強制的で人権を無視、1月22日朝刊.
* 32 河北新報（2018）:旧優生保護法下の不妊手術　書類持ち回りで判断、2月25日朝刊.
* 33 河北新報（2018）:不妊手術　宮城県啓発冊子　「よい子を生み育てるために」

推進姿勢を裏付け、3月9日朝刊．

＊34　河北新報（2018）:強制手術　増加迫る　国の号令　自治体競う、3月27日朝刊．

＊35　河北新報（2018）:強制不妊「手術は簡単」北海道・51年　障害児施設に申請働きかけ、4月5日夕刊．

＊36　河北新報（2018）:強制不妊「国に落ち度」元審査委員　補償の必要性主張　広島、5月8日朝刊．

＊37　北村健太郎（2007）:血友病者から見た「神聖な義務」問題、Core ethics、3、105~120．

＊38　木村草太（2016）:「個人の尊重」を定着させるために、現代思想10月号、56~62．

＊39　教育文化研究会（1951）:高校保健教科書「健康と生活」改訂版、教育図書株式会社．

＊40　桐原尚之（2016）:"役に立たない""危険な人間" 二つの苦しみ、現代思想10月号、174~179．

＊41　久保厚子（2016）:「障害のあるみなさんへ」家族として全力で守りたい、創10月号、58~62．

＊42　熊谷晋一郎（2016-a）:「語り」に耳を傾けて、世界10月号、33~42．

＊43　熊谷晋一郎（2016-b）:事件の後で、現代思想10月号、63~69．

＊44　熊田佳代子（2016）:福祉番組の制作現場から相模原事件を考える、世界10月号、43~48．

＊45　厚労省社会・援護局障害保健福祉部（2017）:全国厚生労働関係部局長会議（厚生分科会）資料．

＊46　神戸金史（2016）:障害を持つ息子へ～息子よ。そのままで、いい～．ブックマン社．

＊47　斎藤環（2016）:「日本教」的NIMBYSMから遠く離れて、現代思想10月号、44~55．

＊48　佐賀県健康福祉部障害福祉課（2017）:指定障害福祉サービス事業所等利用者数・待機者数．www.pref.saga.lg.jp．

＊49　産経新聞（2016）:社説　なぜ実名発表をもとめるか、7月29日朝刊．

＊50　白石清春（2016）:相模原市で起きた入所施設での大量虐殺事件に関して、現代思想10月号、82~85．

＊51　杉田俊介（2016）:優生は誰を殺すのか、現代思想10月号、114~125．

* 52 鈴木治郎（2016）：全国の皆さまへ　我々は認めない！　いまこそ障害者と共に行動を！、季刊福祉労働、153、12~19．

* 53 臺広士（2016）：匿名は障害者への偏見か、差別回避のためか——消してはならない報道機関の責任の議論——、WEBRONZA．10月24日記事、https://webronza.asahi.com/journalism/articles/2016092900010.html

* 54 垂水希実枝・田頭佳子・高山明子・和泉とみ代・橋本由紀子・谷岡哲也・鄭秀喆・河東田博（1998）：日本における障害者に対する不妊手術の歴史的考察——国民優生法から優生保護法、母体保護法まで——、四国学院大学論集、97、83~94．

* 55 鍛治智子（2016）：知的障害者の親によるケアの「社会化」の意味づけ——地域生活支援における親の役割の考察に向けて——、コミュニティ福祉学研究科紀要、14、3~14．

* 56 堤愛子（1997）：優生思想が生んだ女性障害者の子宮摘出——日本にもある強制不妊手術——、インパクション、105、154~160．

* 57 とうきょう福祉ナビゲーション（2017）：福祉サービス第三者評価、fukunavi.or.jp．

* 58 中尾悦子（2016）：相模原市障害者殺傷事件から見えてくるもの、現代思想10月号、78~81．

* 59 中島隆信（2011）：障害者の経済学　増補改訂版、東洋経済新報社．

* 60 中根成寿（2006）：知的障害者家族の臨床社会学——社会と家族でケアを分有するために——、明石書店．

* 61 中野区（2017）：平成29（2017）年度　障害福祉サービス意向調査報告書．

* 62 西角純志（2016）：津久井やまゆり園の悲劇、現代思想10月号、204~212．

* 63 日本知的障害福祉協会（2016）：平成27年度全国グループホーム実態調査報告．

* 64 日本発達障害連盟（2016）：発達障害白書　2017年版、明石書店．

* 65 日本弁護士連合会（2017）：旧優生保護法下において実施された優生思想に基づく優生手術及び人工妊娠中絶に対する補償等の適切な措置を求める意見書．

* 66 深田耕一郎（2016）：介護者は「生気の欠けた瞳」をしているのか、現代思想10月号、185~191．

* 67 福井公子（2013）：障害のある子の親である私たち——その解き放ちのために——、生活書院．

* 68 福祉新聞編集部（2016）：相模原殺傷事件　被害者の匿名報道は障害者への差別　親の立場から育成会の久保会長が指摘、9月26日記事．

＊69　藤井克徳（2016）:「T4作戦」や優生思想がこんな形で現れたことに驚いた、創10月号、64~69.

＊70　藤原里佐（2017）:障害者とその家族の向老期・高齢期——生活の場の移行をめぐる諸相、障害者問題研究、45（3）、162~169.

＊71　船橋裕晶（2016）:精神障害者の立場からみた相模原障害者殺傷事件、現代思想10月号、180~184.

＊72　報道ステーション（2018）:子どもへの不妊手術を…旧優生保護法　ろう学校校長、4月26日報道.

＊73　星加良司（2016）:「言葉に詰まる自分」と向き合うための初めの一歩として.現代思想10月号、86~92.

＊74　毎日新聞（1993）:手術の教授「親や施設が困るから、摘出は当然」——障害者からの正常子宮摘出、6月12日付東京朝刊.

＊75　毎日新聞（1993）:［Why］障害者の子宮摘出　施設側「当たり前と思った」、6月12日付大阪朝刊.

＊76　毎日新聞（2015）:障害児出産「茨城は減らせるといい」発言、11月19日朝刊.

＊77　毎日新聞（2016）:相模原の障害者施設殺傷:容疑者言動、2月に一変　障害者に敵意、7月28日夕刊.

＊78　毎日新聞（2017）:相模原殺傷事件1年「地域と一緒」願う　やまゆり園入所者、家族、7月21日朝刊.

＊79　毎日新聞（2017）:娘の死、向き合えぬ、62歳父、がん延命拒否、7月22日朝刊.

＊80　毎日新聞（2017）:相模原の障害者施設殺傷:やまゆり園「大規模再建」の声強く　充実した医療を求め　家族アンケート、8月25日朝刊.

＊81　毎日新聞（2017）:マスコミ倫理:痛み、尊重しつつ共有　実名報道、理解求める道模索、10月5日夕刊.

＊82　毎日新聞（2018）:旧優生保護法:強制不妊手術9歳女児も　未成年半数超　宮城県資料、1月30日朝刊.

＊83　毎日新聞（2018）:奪われた私・旧優生保護法を問う／上　ずさんな審査で不妊手術、3月23日朝刊.

＊84　毎日新聞（2018）:旧優生保護法:強制不妊、門前払い　道、国の再審査阻む　65年、4月29日朝刊.

＊85　毎日新聞（2018）:旧優生保護法を問う1　厚生官僚「優生」放置　「矛盾感じたが動かず」、6月4日朝刊.

＊86 毎日新聞（2018）：余録、5月17日東京朝刊．

＊87 毎日新聞（2018）：科学の名の下に・旧優生保護法を問う／強制不妊根拠、73年度に否定　厚生省局長、遺伝「学問的に問題」、6月4日朝刊．

＊88 毎日新聞（2018）：科学の名の下に・旧優生保護法を問う3　産科医主導で「選別」、6月6日朝刊．

＊89 毎日新聞（2018）：旧優生保護法：強制不妊訴訟弁論「人生　代わった」苦しみ切々と　飯塚さん陳述、6月14日朝刊．

＊90 毎日新聞（2018）：旧優生保護法を問う：強制不妊手術　法案修正過程の「攻防」人口抑制、障害者が標的　対象拡大にGHQ疑義、6月25日朝刊．

＊91 毎日新聞（2018）：記者の目：旧優生保護法下の人権侵害　国は過ちを認めよ、6月27日朝刊．

＊92 毎日新聞（2018）：旧優生保護法を問う：何のために生れた、結婚断念、自殺も考えた　一斉提訴、6月28日朝刊．

＊93 松原洋子（1998）：中絶規制緩和と優生政策強化――優生保護法再考――、思想、886、116~136．

＊94 三浦博光・松本耕二・豊山大和（2006）：知的障害者の高齢化に対する親の意識――知的障害者の親達に対するアンケート調査を通して、障害者問題研究、34（3）、221~229．

＊95 三菱UFJリサーチ＆コンサルティング株式会社（2010）：障害者福祉サービスの質の向上を目指すための調査研究．

＊96 宮崎裕美子（2016）：相模原施設殺傷事件から――親の思い――、季刊福祉労働、153、77~84．

＊97 森達也（2016）：「事件」の特異性と普遍性を見つめて、現代思想10月号、16~20．

＊98 山本起世子（2005）：戦後日本における人口政策と家族変動に関する歴史社会学的考察――優生保護法の成立・改正過程を中心に――、園田学園女子大学論文集、39、85~99．

＊99 読売新聞宮城県版（1957）：精薄児をしあわせに　実情訴え施設整備　愛の運動　ことし五百万円目標、2月13日付記事．

＊100 渡部昇一（1980）：神聖な義務、週刊文春10月2日号、134~135．

＊101 渡邊琢（2016）：障害者地域自立生活支援の現場から思うこと、現代思想10月号、192~203．

* 102　AERA（2016）:（障害者と共生する :1）　線引きできるものなんて何もない　相模原・障害者殺傷事件で見えた「悪意」と「善意」、10 月 17 日号．
* 103　ANN ニュース（2018）:"旧優生保護法" 強制的な不妊手術　事業として推進、4 月 27 日付報道．
* 104　BLOGOS（2016）:相模原殺傷事件　容疑者の大島理衆院議長宛手紙全文、7 月 27 日記事、blogos.com．
* 105　NEWS ZERO（2016）:19 人殺傷事件 " 異常 " 言動　背景には「ヒトラーの思想」、7 月 28 日放映。
* 106　NHK（2017）:時論公論、7 月 26 日放映．
* 107　NHK 東北地方 NEWS（2018）:旧優生保護法「愛の十万人運動」、4 月 12 日付報道。

II
障害者の存在価値を否定する視点及びその問題点

1　社会・国家に役に立つかどうかという視点

　障害者の存在する価値を否定する視点の一つとして、優生思想がある。社会や国家にとって役に立つ、あるいは利益をもたらす者かどうか、という基準で人間を分別し、それにより障害者の存在価値を否定する視点である。

　そのような視点が優位な社会は、個人の利益より全体の利益が優先され、全体に尽くすことによってのみ個人の利益が得られるという考えを前提とする社会、すなわち、全体主義に基づく社会である。あるいは、社会の底流に全体主義の考えが潜在している社会である。

　このような社会では、障害者の存在は社会・国家に不利益をもたらす者として否定され、排除される。そのために、社会・国家にもたらされる不利益を軽減するという名目で、障害者に対してさまざまな政策が実行されてきた。

　その政策を実行する方法は、まず、すでに産まれて生きている障害者には可能な限り、財政負担をかけないという方法がとられる。次に、予め障害者が産まれないようにして、財政負担をかけさせないようにする方法がとられる。

1）障害者にかかわる経済的負担を軽減する施策

ナチス・ドイツの障害児安楽死「T4作戦」

　すでに産まれて生きている障害者には可能な限り、財政負担をしないという施策の極端な例は、ナチス・ドイツの「T4作戦」が挙げられる。この作戦は、障害児を対象とする「安楽死」プログラムである。障害児を虐殺することによって、障害児にかかわる財政負担を削減することを目的としている。

ナチス・ドイツは典型的な全体主義の社会である。1939 年、ヒトラーの官邸長官のフィリップ・ボウラーとヒトラーの主治医カール・ブラントを中心とする多くの立案者によって障害のある子どもを対象とする秘密の虐殺作戦の準備が開始された。「T4 作戦」のいわれは、作戦本部がベルリン市内の「ティーアガルテン通り 4 番地」に設置されたことに由来する[*73]。第三帝国内務省は、すべての医師、看護婦、助産婦を通して、重度の知的または身体的障害のある新生児及び 3 歳未満の幼児の存在を把握し、保護者に対し、特別指定された小児診療所に子どもを入院させることを勧めた。これらの診療所では特別に採用された医療担当員が子どもに致死量の薬剤を過剰投与したり、餓死させたりした。当初、対象は障害のある乳児と幼児だけであったが、対象を 17 歳未満の年少者まで拡大していった。この「T4 作戦」によって、障害のある子どもが最低でも 5,000 人殺害されている。

　1940 年になると、ナチス・ドイツは「T4 作戦」をさらに発展させた「安楽死」作戦を立案する。作戦立案者は、まず、国内の公衆衛生担当官や国立及び市立病院等にアンケートを配布した。そのアンケートの目的は、患者に就労能力があるかどうかを把握するためだった。また、統合失調症、てんかん、認知症、脳炎等の疾患をもつ個人を特定することを義務づけた。

　「安楽死」作戦に登録された患者は自宅や療養施設から連行され、殺害のため集中ガス室に移送された。患者はシャワー室だと偽られ、特別に設計されたガス室で一酸化炭素ガスで殺害された。

　1941 年、ヒトラーは民間及び政府内から、特にドイツ人カソリック聖職者から抗議を受けた。特にミュンスターの司教ガーレン伯が「安楽死」作戦について自らが知り得た情報を信徒に暴露し、この計画を弾劾する説教を行った。このことが作戦関係者の動揺を呼び、「安楽死」作戦が中止された。

　しかし、この計画は、医療専門家や従事者によって、以前よりもさらに注意深く秘密裏に再開された。そして、この計画は第二次世界大戦末期まで継続され、さらに高齢患者、爆撃犠牲者、及び外国人労働者など対象が

拡大されていった。この計画によっておよそ20万人の生命が奪われたとされる。

　障害者を対象とした安楽死プログラムの方法をベースにして、その後の、アウシュビッツ収容所における大量虐殺に代表されるユダヤ人殺戮計画が実行された。「T4作戦」のために特に設計されたガス室と併用の遺体処理炉を取り入れて、殺戮の対象をユダヤ人、ロマ族及びジンシティ（ジプシー）と拡大していった[*Ⅲ]。

　この障害者殺戮計画の目的はどのようなものであったのだろう。紀[*26]はその目的は、障害者を殺害することによって、それまで彼らにあてがわれていた費用や食料・施設などを戦争目的に利用し、戦時経済の潤滑化を図ることであったと指摘している。

　障害者を殺害することで節約できるコストの計算表の存在が確認され、障害者を殺害するか否かを鑑定する際に、その障害者の労働能力に判断の基準が置かれていたということも明らかになっている。すなわち、この障害者殺戮計画は、全体主義国家の維持、存続のために経済至上主義的な視点から実行されたと言える。

障害者殺戮計画の根拠となった論文

　ドイツが第一次世界大戦に敗北し、革命と反革命によって大混乱していた時代の1920年に、刑法学者カール・ビンディングと精神科医アルフレート・ホッヘが著した「生きるに値しない命を終わらせる行為の解禁」という論文が公刊された[*9]。

　この論文は、前半は刑法学者ビンディングが見解を示し、後半は精神科医ホッヘが見解を示している。ビンディングは前半で「法律家の見解」と題して論評している。その中で「命を終わらせる行為の解禁」が許される対象は、大きく二つのグループがあることを示した。

　その一つのグループは、「疾病または重傷ゆえに助かる見込みのない絶望的な状態にあって、自分が置かれた状況を完全に理解したうえでそこか

らの救済を切に望んでおり、かつまた、何らかの承認された方法でその望みをすでに明示している人」とした。すなわち、安楽死を望んでいる人たちである。

　二つ目のグループは治療不能な知的障害者（狭義の知的障害者と認知症患者を含む）である。その人たちを「命を終わらせる行為の解禁」が許される対象とした理由を次のように述べている。

> 　この人たちには生きようとする意志もなければ、死のうとする意志もない。そのため、考慮されるべき殺害への同意も彼らの側にはないし、他方で殺害が生存意思に抵触し、これらを侵害したに違いないということもない。彼らの生にはいかなる目的もないが、そのことを彼らは耐え難いとは感じていない。家族にとっても、社会にとってもとてつもない重荷になっている。もちろん、場合によっては母親や誠実な介護職の感情は別であろうが…絶対的に生きている価値がない命を何年も何十年もかろうじて生かし続けることを仕事とする職業が成り立っているのである。

　ここで問題となる表現は、知的障害者は「生きようとする意志もなければ、死のうとする意志もない」という表現、及び「絶対的に生きている価値がない命」という表現である。この表現によって示されることは真実であろうか。すなわち、知的障害者は、生きようとする意志もなければ、死のうとする意志もないのか、また、生きている価値がないのか、ということである。

　津久井やまゆり園殺傷事件の植松被告が持つ思想と、時間と国境を超えて、奇しくも同一の思想が存在していた。植松被告が伝えたかったであろうことが詳細に語られている。

　一方、精神科医ホッヘは後半で「医師による論評」と題して、医師による他者の身体の侵襲がはたして有罪になるか無罪になるかという視点で議

論を進めている。

　他者の身体の侵襲について実際にとられる行動は特殊な医師の倫理観が支えとなっていると冒頭に述べ、例えば、無罪となる例として、母体保護のため新生児を殺すことを挙げている。また、放置すなわち応急処置をしないことによって患者を死ぬがままにしても良いとする事態として、その人が自分の意志で生命を放棄したいと望み、自ら自殺を試みて、まさに瀕死の状態に陥っているような場合を挙げている。そして、治療不能な精神病患者が対象となる場合である。その人たちはどんな場合であれ、死が優先されるべきである、としている。彼はさらに論を進める。「治療不能な患者の殺害や精神的に死せる者の排除は、罪のない所業と見なされるだけではなく、社会一般の福祉にとって望ましい目標と見なされ…」という見解を示している。

　さらに、前半にビンディングが示した二つのグループに触れ、重度知的障害者は、完全に精神的な死の条件をすべて満たしており、経済面に関するかぎり、誰にとっても最も重荷になる連中である、と具体的なデータを示して次のように結論づけている。

> 　私は全ドイツの施設にアンケートを送って必要な資料を入手すべく努めた。そこからわかったことであるが、重度知的障害者の養護にこれまでは年間一人あたり平均1300マルクかかっている。ドイツには、いま施設外で存命している者と施設で養護されている者との両方合わせると、すべての重度知的障害者は推定でほぼ2万人から3万人になる。それぞれの平均寿命を50歳と仮定すると、容易に推察されるように、なんとも莫大な財や食品や衣服や暖房として国民財産から非生産的な目的のために費やされることになる。

　また、ホッヘはこの論文の中で、全体主義的な観点から「わがドイツ人に課せられた任務、それは全ドイツ人の可能性を統合して最高度にまで高

めること、つまり生産的な目的のために各人の持てる力を拠出することである」と述べている。この論を進めれば、生産的な目的に関与が困難な障害者は必然的に排除の対象となる。

　この論文における障害者観によって導かれる結論は明らかである。経済合理的な価値観に基づいて、治療や看護に際して経済的コストのかかる障害者に冷徹な姿勢が顕著になること、また、自らの意志を表現できにくい障害者、とりわけ知的障害者については、健常者と全く異質な存在として位置づけられ、徹底的な差別の対象とされることである。

　この論文が公表されてから約20年後のナチス・ドイツの時代に、ヒトラーの侍医であるテオドア・モレルは論文「生きるに値しない命を終わらせる行為の解禁」を利用して、安楽死に関する報告書を書き上げた。この報告書が秘密裏に出された安楽死プログラムに大きな影響を与えたとされる[91]。

　ナチス・ドイツは安楽死プログラムを展開する上で、このプログラムを正当化するために「私は告発する」というプロパガンダ映画で「障害者は皆苦しんでいて、死を望んでいる」という障害者観をアピールしている[27]。

　その映画の中で、不治の病を患った妻が夫に対して、自分が変わり果てた姿にならないように、「耳が聞こえなくなったり、何も見えなくなったり、白痴になったりするのは嫌。そんなことは耐えられない…そうなる前に私を救うと約束して…」と懇願する。「救う」とは明らかに安楽死を意味しているが、このような台詞を語らせることによって、暗に、聴覚障害、視覚障害、知的障害のある者にとっては、死こそが救いであることをほのめかしている。

2）障害者が産まれないようにして財政負担を軽減する施策

　財政負担の軽減を主とした目的として、障害児を産む可能性のある人を対象に不妊手術をするという方法がとられることがある。意外なことであ

るが福祉国家の先進国であるデンマークやスウェーデンでこの方法がとられていた。

デンマークにおける不妊化による施策

　1880年以降、デンマークにおいても海外の文献等の紹介によって優生学は拡大していった。優生学とは、遺伝学的に人類をより良くすることを目的とした応用生物学であり、世代を重ねながら遺伝的に有利な素質を発展させ、生存にとって有害な素質を少なくすることを目的とする学問である。20世紀初頭のデンマークは、アメリカやイギリス、ドイツとは異なり国力はなく、他の北欧諸国と比較して優生学への関心はそれほど強くはなかった。また、優生学の発展を方向づける民族の敵対や社会不安、社会救済の保守的反対もほとんどなかった。それにもかかわらず、ヨーロッパにおいて1929年に初めて断種法を制定した。デンマークにおける不妊化（断種）の実施は、人口比率で見ると世界有数であった*13。

　デンマークにおける優生学の拡大は、障害者福祉の整備と平行して行われていった*101。デンマークでは、社会福祉と優生学とは対立するものとして捉えられていなかった。

　不妊化に関する法律制定の運動は、二つのグループによって推進されている*93。一つのグループは、性犯罪者対策のために去勢を要求する女性評議会、もう一つのグループは、障害者の「人道的」処遇のために断種を要求する障害者施設の関係者である。精神薄弱者施設長C.ケラーが、全精神薄弱者施設の代表として、断種問題検討委員会設立を求める請願書を提出した。しかし、障害者施設側の断種を求める要求の背後には、障害者収容施設の不足に伴うコスト論が隠されていた。すなわち、収容施設の不足に伴って、一定数の知的障害者を施設から解放することによって、新しい施設の建設を押さえ、財政支出を抑制しようとした。そのために、1934年に「知的障害者に関する法律」が制定された。

　この法律の対象となる人は、①子どもを扶養することができないと判断

される知的障害者、②収容施設から解放できるか、より緩やかな監督下へ移すことが可能な知的障害者、と定められた。後者の知的障害者が地域生活を送る過程で、「有害な素質」の子どもを産まないようにするために断種を求めたのである。さらに、この法律によって、未成年者や施設入所者以外の知的障害者にも対象が拡大していった。

「知的障害者に関する法律」が制定される1年前に、「公的扶助法」が制定されていた。この法律は、知的障害者の介護に要するすべての費用（施設入所費、医療費、埋葬費等）を国が負担し、それまで慈善団体や民間団体が経営してきた施設を、国や地方自治体の責任で運営することを定めたものである。

以上のことから、次のようなことが推測される。「公的扶助法」を完全に実施するためには多額の財源が必要とされる。しかし、国家財源や地方自治体の財源には限りがあり、施設運営の支出を可能な限り抑制する必要がある。そのために、地域生活が可能な知的障害者には施設から出てもらう（施設から解放する）。地域生活をする知的障害者が子どもを産めば、「有害な素質」の子どもが産まれる可能性が高く、それらの子どもたちに、さらに福祉予算が使われることになる。そのようなことを防ぐために、施設から退所する際には断種をする、という手段がとられたと思われる。すなわち、「有害な素質」の子どもを産むことを防ぐために、知的障害者に断種の手術をした上で地域生活を送らせることが、施設の新規建設や維持にかかる費用を削減する方法として着目された。

このような政策が実行された背景には、社会の恩恵によって施設で、あるいは手当を受けて生活している人間が、さらに同じような人間を再生産することを阻止する権限が社会の側にあるという論理が存在している[14]。

1962年までに、デンマークで不妊化された知的障害者の人数はおよそ4,500人に及んだ[13]。

出生前診断によって障害児の数を減らす

　2013（平成25）年4月から我が国でも、実施機関を日本医学会の認定する機関に限定するという条件で臨床研究として非侵襲的出生前診断（NIPT）、いわゆる新型出生前診断が開始された。従来行われていた出生前診断の方法は母体血清やマーカーテストや羊水検査、絨毛検査などがあったが、新型出生前診断が導入されて、妊婦の血液を採取して血液の遺伝子情報を簡単に解析することができるようになった。そしてかなりの確率で胎児の異常の可能性を検出できるようになった。対象となっている疾患は、染色体の21トリソミーが検出されるダウン症と、18トリソミーが検出されるパトウ症候群、13トリソミーが検出されるエドワーズ症候群である。

　開始から3年後の2016（平成28）年4月段階で、検査を受けた女性は27,696人に上り、陽性反応が出たのは全体の1.7%にあたる469人であった。このうち、診断を確定するために実施した羊水検査で異常がなかった人は、35人で、流産・死産が73人、その後が不明な人もいた。残り346人のうち334人が中絶したのに対し、異常が分かっても妊娠を継続した女性もいた。すなわち、検査で異常が確定して妊娠を続けるかどうかの選択を迫られた人の96.5%の人が中絶を選んだ*80。障害を伴う疾患のある334人の胎児が除去されたのである。

カリフォルニア州における出生診断の拡大

　出生前診断を利用し、障害児が生まれたあとにかかるはずの社会保障の財政負担を軽減したと公言した州がアメリカにある。カリフォルニア州は1995年、出生前診断を実施し、44,966,903ドル（約53億円）を節約できたと報告した*7。カリフォルニア州では、1986年からすべての妊娠した女性に胎児の先天異常の有無を判定できるAFP検査について知らせていた。

　1995年からは、ダウン症の検出率がより高いトリプルマーカー検査に変わった。有料で、強制ではないが、医師は通常の診察でこの検査のこと

について説明するので、拒否する女性は少ない。1986年に41%だった受検率は、1996年には70%までに達した。妊娠した女性に検査の存在を知らせなかった医師が告訴された例があり、医療者の自衛意識が検査の拡大を後押ししたことも背景にある。州政府保健局・遺伝病部門の責任者ジョージ・カニンガム博士は「すべての女性に、妊娠には選択と制御が可能だという情報を与えるサービスです。州は中絶を勧めたりしないが、医療や福祉にかかる赤ん坊が生まれなければ、州民の負担は軽くなる」と述べている。

　アメリカではすでに1970年代から、ダウン症や別の遺伝子疾患の発生を抑制することによって削減される経費が公衆衛生局で計算されていた。1974年に「フォーチュン」誌に掲載された健康管理専門官の発言によると、ダウン症の発生が50%抑えられれば約180億ドルの経費が浮く計算になるという。別の遺伝子疾患の発生を抑制すると750億ドルから1000億ドルの節約をもたらすと見積もっていた。

　カリフォルニア州の出生前診断の妊婦への広報は、このような経費削減の情報を基に実施されたのだろう[*53]。

イギリスにおけるダウン症のある胎児のスクリーニングプログラム

　一方、イギリスでは、2004年以降、ダウン症等を診断するための国家的プログラム、ダウン症スクリーニングプログラムが行われ、すべての妊婦が検査を受けることが推奨されている[*94]。このプログラムができた背景には、1988年からイギリスではスクリーニングプログラムが行われるようになり普及していたが、22種類の技術が行われており、技術の種類により格差や質が生じるという問題があった。また、技術普及の地域格差や経済格差も生じていた[*104]。

　このような格差を解消するという理由で、ブレア政権の頃から無償で出生前診断の6種類のスクリーニング検査を受けられるようになった。この6種類の検査の中から2007年までインテグラルと血清インテグラルとい

う検査方法が徐々に使用された。

　ダウン症の他に、二分脊椎、HIV、B 型肝炎も、全妊婦を対象としてスクリーニングが実施されている。HIV、B 型肝炎は胎児への感染を防ぐために行われるが、ダウン症と二分脊椎はスクリーニングの目的はそれとは異なる。

　妊娠すると妊婦には全国で統一されたパンフレットが渡され、妊娠何週目でどのような検査が受けられ、それによってどのような病気が発見できるという情報が図でわかりやすく提供される[*107]。受検する数が増えれば当然陽性と判定される数も増えてくる。そこで、産む・産まないのどちらの選択をするにしても妊婦に対してサポートが用意される。産むという選択をした妊婦には、専門家の自宅派遣という制度、教育費の免除制度等があるという情報を病院などで提供している。産まないことを選択した妊婦には、ARC という機関での電話相談を紹介したり、病院を紹介したりする。産むか産まないかの選択はあくまで妊婦自身の自己決定で、このことは徹底されている。

　このようにイギリスでの出生前診断のシステムは理想的に実施されているように思われる。しかし、胎児がダウン症と判明した場合、90% 以上の妊婦が中絶をするという選択をしている[*94]。すなわち、ダウン症という障害を補って生きるか、それともダウン症の子どもを産まないようにするかという選択を迫られた場合、後者を多くの人が選択している。

　イギリスでは 1990 年に中絶法が改正されたのだが、その際、障害を理由とした中絶だけが無期限に可能となった。障害者差別の禁止を定めた法令に矛盾しないかという問題が指摘されたが、政府機関の研究会は矛盾しないと発表している。

　イギリスのダウン症児をもつある母親は、「イギリス社会は、ダウン症をもった子どもたち、多くの大人たち、自立し、満たされたすばらしい人生を送っている彼らに対し、彼らがここにいるべきではなく、社会にとって重荷だから、産まれる前に間引きをした方がいい、と明確な宣言をした

いのか？」と批判している。

　また、2002年に行われた調査では、産科医自身が、ダウン症を対象とした出生前診断が普及したのは、国の福祉財政を削減できると期待されていること以外にないと断言している。またこの産科医は「ダウン症に関することはすべて政府から始まったのだと思います。ダウン症児が対象となったのは、その理由が、彼らが長く生きて政府の経済的な負担をかける存在だったからです」と述べている*104。

　NHKプロデューサーの坂井は、「週間ニュース深読み　出生前診断"命"をめぐる視点」という番組で、イギリスで出生前診断が普及したのは、ダウン症のある子どもが生まれてきたときにかかる福祉コストと、スクリーニングテストにかかる費用を天秤にかけコスト計算をしているのではないかという疑問を呈している*107。彼女は90年代終わりに実際にイギリスに赴き、出生前診断について取材し、著書を出している*42。その著書の中でも同様の疑問を呈している。紹介されたロンドン北部の国民保険制度によって運営されている病院を彼女が訪問したときのことである。待合室で待っているときの様子を次のように記述している。

　　ふと壁を見てびっくりした。そこには英語の大きな文字が「血液検査を知っていますか？」と呼びかけている。張り紙ではなく、アクリルで作った大きな看板が壁に埋め込まれていた。「血液検査を知っていますか？」の文字の下に続けて、「AFPの上昇で二分脊椎がわかります。hCGの上昇でダウン症がわかります」。ここでは、待合室の一番目につくところに、日本で議論されている母体血清マーカーテストの呼びかけ文が、大きく掲げられているのであった。

　また、坂井は、母体血清マーカーテストによる出生前診断の開発者の一人であるリーズ大学のハワード・カックル教授と他の研究者との共同論文の中で、「ダウン症の子どもの出生を回避するために必要なコストの見積

高は、38,000ポンドであり、この額はダウン症の一生の福祉コストに比べてはるかに安い（ダウン症の人の一生のコストは一般の人のコストより12万ポンド多くかかるとしている）」と記述していることを見いだしている。

出生前診断が抱える問題

　出生前診断によって、障害児が産まれないようにし、財政負担を軽減する一連の流れを述べてきたが、出生前診断が抱える問題がさまざまな視点から指摘されている。

　そもそも出生前診断は、必ずしも選択的人工妊娠中絶を前提にして行われるものばかりではない。出生前診断によって得られた胎児情報は、妊娠中の健康管理や分娩様式の決定、そして分娩直後の処置に対する準備などに、有効に利用されるものである。しかし、胎児の障害を理由にした選択的人工中絶が行われる場合については、さまざまな視点からその問題性が指摘される*98。

　まず、胎児についても生命権が尊重されるべきである、という指摘がある。それは、胎児は母親の一部であり、母親は自由に中絶を選択することができるという考え方と対立する。胎児は母親とは別な生命体であると考えるならば、その生命権は尊重されるべきであろう。通常、医学的診断は治療あるいは予防のために行われるが、出生前診断が選択的中絶を考慮して行われる場合はそうではない*55。診断される当事者である胎児にとっては、診断は胎児本人のためではなく、治療あるいは予防のためでもない。「障害をもって生まれてきたら本人が不幸になる」「障害児が生まれると家族が苦労する」と判断する人（母親や父親、あるいはその祖父母など）のためである。そのような判断に対して、「障害があるからといって不幸になるとは限らない」「障害があるために家族に負担がある場合は、社会制度によって解決が可能である」という主張がなされるべきである。

　次に、胎児の障害を理由にした選択的人工中絶は、「障害者の存在を否

定する」という考え、ひいては「疾患をもつ人の存在を否定する考え」を助長するものだという主張がある。

　実際に選択的人工中絶をした母親の事例を見てみよう[*19]。一人目の子どもが「筋ジストロフィーのような進行性の病気」と診断され、遺伝病であると医師から伝えられた母親である。二人目の子どもを妊娠し、羊水検査を受けることにした。結果が出るまで母親にとって耐え難い苦痛の時間となる。遺伝子診断の結果、二人目の胎児も上の子どもと同じ遺伝子疾患をもっていたことが明らかになる。この時点で、夫婦は、上の子どもを、病気であっても生まれてきたことをだんだん受け入れるようになっていた。同時に、生まれてきたことに悔いはないと思えるようになっていた。上の子どもと同じ障害であると分かった胎児を中絶することを選択することは、片方で障害者の存在を肯定し、もう片方で障害者の存在を否定することである。「同じ病気で、上の子はかわいいかわいいって育てているのに、何で二番目の子はだめなんだろうとか、そういうものも辛かった。…結局自分を守るために、二人目の子、殺しちゃうわけだから」と述懐する。人工妊娠中絶をする母親自身も過酷な葛藤を経験し、かつ強い自責の念に駆られる。

　さらに、前述した母親が「二人目の子、殺しちゃうわけだから」と述べているように、そもそも胎児を中絶することは殺人ではないかという指摘がなされる[*18]。胎児はすでに「生命」をもち「生きて」いる存在であり、生物学的意味で「ヒト」であることを否定することはできない、その生命がどの段階であろうと生命を絶つことは殺人である、という指摘だ。それに対し、人工妊娠中絶を容認する立場からは、胎児はまだ「人格」であるとは言えないと主張する。胎児はまだ「人格」であると言えないかもしれないが、一方で、将来、現実の「人格」に必然的連続性でつながっているので「可能的人格」、あるいは「潜在的人格」であると言える。胎児が現実の人格になる時に備えて、慎重に保護されなければならず、破壊されることがあってはならない、という主張が成り立つ[*18]。

1　社会・国家に役に立つかどうかという視点

その他、出生前診断については、生命倫理学、医学、遺伝学、哲学、神学、法学等さまざまな研究領域からその是非が検討されている。
　一方で、出生前診断の技術は年を追うごとに進歩してきている。その中でも特筆すべきことは、妊婦の血液から胎児の染色体異常を調べる新型出生前診断が実用段階に入ってきていることである。また、「着床前スクリーニング（PGS）」の臨床研究が始められている。このスクリーニングは体外受精による受精卵の全染色体を検査し、異常のないものだけを母胎に戻すという検査だ。このPGSは、中絶が不要で簡単に命を選別できるので、染色体の異常を理由に「不適」と判断される受精卵が安易に排除される可能性がある。
　将来的には、PGSの対象は染色体異常の検出だけでなく、発病の危険性や体質の問題まで検出が可能になる。そうなると、際限なく着床前の受精卵が排除される可能性をもち、こうした検査が障害児・者にとっての問題だけでなくすべての人にとっての問題に発展する。
　出生前診断によって、胎児の状態を知りたいと願うのは自然感情であろう。個人の選択は尊重されなければならないが、障害が予測される胎児の出生を排除し、障害を有する者の生きる権利と命の尊厳を否定することにつながるという認識を持つべきであろう。また、障害児の生まれない社会の実現を考えることと、障害児が生まれなければ社会の幸せが底上げできると考えることは非現実的であるということを肝に銘じなければならない。

我が国における障害者にかかる経済的負担軽減を求める考え
　2012（平成24）年12月1日に、「私は母になりたかった〜野田聖子愛するわが子との411日〜」と題するドキュメンタリー番組がフジテレビから放映された。この番組は、障害をもって生まれたお子さん真輝君と野田聖子議員との闘病生活を記録したものだった。真輝君は、へその緒の中に肝臓が飛び出す臍帯ヘルニア、及び心臓疾患をもって生まれてきた。生まれた後も、食道と胃が分離する食道閉鎖症が見つかり、それが原因で気

管軟化症となって呼吸がとまり、気管切開をして人工呼吸器も付けることになった。その間、11回もの手術を受けた[*106]。

その後、「婦人公論」5月7日号で、野田議員は「野田聖子　闘病中の息子をなぜテレビに映したか」というテーマでインタビューに応じている。そのインタビュー記事を読んで作家曽野綾子氏が、著書の中でこのインタビューに対する自分の見解を述べた[*48]。その見解の主旨を以下のように整理した。

1. 真輝君の医療費について尋ねられたインタビューに対し、野田議員は、出産にかかる費用は夫が蓄えてきたものから出費し、それ以降の医療費は医療制度によって支えられている。高額医療は国が助けてくれるので、皆さんも（国民のことか？）もしもの時は安心してください、と答えている。曽野氏が野田議員の答えに対して違和感を感じ、「自分の息子が、こんな高額医療を、国民の負担において受けさせてもらっていることに対する、一抹の申し訳なさ、感謝が全くない点である」と批判する。さらに、「当然の権利と考え、その医療費を負担している国民への配慮が全く欠けている」と批判している。
2. さらに曽野氏は続けて「野田氏のように権利を使うことは当然という人ばかり増えたから、日本の経済は成り立たなくなったのだ。使うのが当たり前、権利だから当然、という人が増えたら、結果として日本社会が、日本経済はどうなるのだろう…野田氏が根本的に、人間のあるべき謙虚な視点を失っていて、人間を権利でしか見ない人だということを示している」と野田議員を批判する。

以上の曽野氏の見解に対して、筆者が違和感を感じるのは（恐らく野田議員も感じたであろう）、高額医療費を負担する国民に対して感謝の念が欠けているという指摘だ。

筆者も何度か入院し、そのたびに高額医療費制度を利用している。利用

1　社会・国家に役に立つかどうかという視点

するのは、病院側から高額医療費制度があることを知らされ、この制度の利用を勧められるからである。他の入院患者も同じようにこの制度を利用しているので、自分も他の人と同じように普通に利用している。そこには、"当然の権利"という意識はまったくない。野田議員も同じようにこの制度を利用したものと思う。また、曽野氏の「国民への感謝が全くない。国民への配慮が全く欠けている」という批判についてであるが、どのように国民に感謝を示せというのだろう。インタビューされたときに、謝意を示せば良かったというのだろうか。それとも、国民一人ひとりを尋ねて感謝しろというのであろうか、あるいは国民の代表である総理大臣に感謝の気持ちを示せというのであろうか。

　筆者が感謝するとしたら、国民一人ひとりに対してではなく、すべての人が安心して医療を受けられる制度、すなわち国民の全員に保健医療サービス及び医療費補助を提供する国民皆保険制度（普遍主義的医療制度）を歴史的に作り上げてきた人類の叡智に対して感謝を述べるであろう。

　最も違和感をおぼえるのは、曽野氏の「野田氏のように権利を使うことは当然という人ばかり増えたから、日本の経済は成り立たなくなった」という批判に対してだ。日本の経済が停滞しているのは、高額医療費が多く使われるからだけではない。バブル経済がはじけて以降、リーマンショック・世界同時不況などの、世界経済の状況に影響されて、また、国内の経済政策がうまくいかないため、さらにその他の要因によって、国内の経済が停滞しているのだ。高額医療費を使用する人が多くなったために日本の経済は成り立たなくなったという論理は、高額医療費を使用する人間がいなくなれば日本の経済はうまくいく、ということを婉曲的に述べていることに他ならない。すなわち、障害者や高齢者、難病を抱える人がいなくなれば日本の経済はうまくいく、ということだ。この考えは、津久井やまゆり園殺傷事件の植松被告が語った「障害者は無駄だ」「世界経済の活性化のために」という主張と共通する。

　仮に、野田議員が、高額医療費を国民に負担して貰うのは申し訳ないの

で、自分で支払うということになれば、国民の代表である国会議員がそうであるので、高額医療費を利用しようとする人も躊躇するようになるであろう。

　曽野氏のこの著書の内容に影響されて、筆者が危惧していたことが生じた。曽野氏の主張に触発されたと思われる意見がネット上に掲載されたのである。そこには「野田聖子は国家公務員だ。今、財政赤字で税金を無駄遣いしてはいけない、と言われている。公務員であるなら、医療費がかかる息子を見殺しにすべきじゃないか」と書かれていた[*81]。

　現代の日本に、時代と国境を越えて、ナチス・ドイツの「T4作戦」の根拠となった論理と同じ主張が突然ネット上に現れた。このネット上のコメントがさらに他の同調者を煽り、拡大することを危惧するばかりである。

3）社会・国家に役に立つかどうかという視点とその問題点

排除される対象の判断は恣意的な基準によって決められる

　社会・国家に役に立つかどうかという視点に基づいて、国家の施策を推し進めていくとどのような問題が生じるであろうか。その問題について、ほぼ同じような見解が示されている。

　例えば、木村は、社会・国家に役に立つかどうかという視点で障害者を排除することを認めれば、それはやがては、国家の足手まといだからという理由で排除は際限なく拡大し、あらゆる人の生が危険にさらされてしまう可能性があると指摘する[*29]。

　障害者の支援に充てていた資源を、他の国家的な目標を実現するために使える。しかし、それを一度許せば、次は、「生産性が低い者」や「自立の気概が弱い者」が排除の対象になる。さらに、煙草を吸う人、政府を批判する人なども、社会の足手まといと見なされるかもしれない。そのような社会が到来する危険性を常にはらんでいる。

　また、熊田も、「障害者を排除すると、次に病人、次に女性と次々と弱

い者探しが広がっていく。これくらいならと見過ごしていくとそのうちに歯止めがきかくなくなる」と*32、木村とほぼ同じようなことを主張している。

　これらと同じような主張が過去になされている。それは、ナチス・ドイツのアイヒマン裁判を詳細に取材したハンナ・アーレントによってだ*69。

　ナチス・ドイツの親衛隊中佐だったアドルフ・オットー・アイヒマンはナチス政権によるホロコーストに関与し、数百万人の人々を強制収容所へ移送する指揮的役割を担った。戦後はアルゼンチンで逃亡生活を送ったが、イスラエル諜報特務庁によって連行され、1961年より人道に対する罪や戦争犯罪の責任などを問われて裁判にかけられた。アーレントは、「ザ・ニューヨーカー」誌のためにイエルサレムでアイヒマン裁判について取材を行った。取材した結果をまとめ報告書を書いたが、その「あとがき」で次のように記述している。長くなるが重要な部分を引用する。

　　無思想性と悪のこの奇妙な相互関連を検討することよりも一見複雑のように見えるが、実はそれよりはるかに単純なのは、実際ここで問題になっているのはいかなる罪かという問題である。（中略）ジェノサイドという概念も、或る点までは適用可能であるが、それだけで充分だというわけには行かない。（中略）〈行政的殺戮〉という言葉のほうが適切かもしれない（中略）。ヒットラーが〈不治の病人〉の〈安楽死〉をもってその大量殺人の口火を切り、〈遺伝的欠陥のある〉ドイツ人（心臓病および肺病患者）をかたづけることでその皆殺し計画を完了する意図を持っていたという周知の事実がある。（中略）この種の殺害はいかなる集団にも適用できる、つまり選択の基準はもっぱらその時々の要因に応じてどうでも変るということはあきらかである。

　前述したように（79ページ参照）、重度の精神的または身体的障害の兆候がある新生児および3歳未満の子どもを対象とした「T4作戦」は、次々と対象を拡大していった。初めの「選択の基準」は、社会と国家に経済的負

担となる子どもを対象としたが、次に、17歳未満の障害児に拡大し、さらに就業能力に重点に置かれて対象者が拡大していった。統合失調症、てんかん、認知症などを患う人たちが「安楽死」プログラムの対象となった。さらに、「選択の基準」は、ドイツ人又はドイツ人に関連する血統を持たない個人に対象が拡大していった。このような「安楽死」プログラムはドイツ国内だけでなく、占領下の東ヨーロッパにも拡大していった。

このように「安楽死」プログラムの対象となる選択基準は、アーレントの指摘するように「その時々の要因に応じてどうでも変る」のだ。存在する価値の基準が為政者によって変えられ、その犠牲者が拡大していく。前述した木村と熊田はこのような悲惨な歴史的経験を学びとして、「あらゆる人の生が危険にさらされてしまう可能性がある」と指摘しているのであろう。

アーレントの報告書には、先ほどの記述に続いて「近い将来経済オートメイション化が完成した暁には、知能指数が或るレヴェル以下の者をすべて殺してしまおうという誘惑に人間は駆られないものでもない」と未来を予見するような下りがある。

このことと関連する記事が、我が国において最近報告された。野村総合研究所は、オックスフォード大学の研究者との共同研究によって、国内601種類の職業について、人工知能やロボット等で代替される確率を試算した*68。その結果、10~20年後に、日本の労働人口の約49%の人が就いている職業において、人工知能やロボット等が代替することが可能であると推計結果を示した。もし、労働生産性という価値基準によってのみ人の存在が選択されるようになったなら、多くの人たちの生活は常に不安な状況に置かれる可能性が生じることになる。

排除の対象が拡大する危険性は現代の社会にも潜んでいる

生命倫理のさまざまな問題領域において、「滑り坂論」という論によって、失われていく生命を食い止めようとする議論が提起されることがある。と

くに安楽死問題においてカソリック系宗教団体や障害者組織がこの「滑り坂論」を用いることが少なくない。

「滑り坂論」とは、「もし最初の一歩を踏み出せば、次々にそれに続く過程に巻き込まれ、徐々に（あるいは一気に）悪しき結果に落ち込んでいくことを避けられない」と主張する考えである*33。

最初の一歩を踏み出してしまって最悪の結果になった実例として、前述したナチス・ドイツが実施した障害児安楽死計画「T4作戦」があげられるだろう。また、1900年代初頭におけるアメリカ合衆国で実施された断種法の拡大があげられる。

アメリカでは、1907年にインディアナ州で強制断種を認める断種法が成立した後、断種法の成立は次々と他の州に拡大していく。カリフォルニア州では、断種を支持する優生思想が強く、断種数の多さは特筆すべき数値であった。断種の対象も次々と拡大していく。断種法が成立した時点では、その対象者は同州の州立の病院や刑務所の収容者で性犯罪や他の犯罪を犯した囚人であった。

州当局は断種法を修正し、さらに対象者を知的障害者と、それに加えて精神異常者も断種の対象とみなした。さらには「性的倒錯や正常な精神状態からの著しい逸脱」がみられる州立施設収容者全員が断種の対象となった。

このように、滑り坂を下るように断種の対象が拡大していき、実施の対象となった人の数も膨大なものになっていった。

現在、実際にこのような現象が我が国においても起きている。出生前診断によって染色体異常が確認された胎児が中絶され、その数が拡大していることがその例としてあげられるだろう。

出生前診断で胎児の異常が分かったことを理由にした中絶の件数について、日本産婦人科医学会が調査を行っている*8。それによると、ダウン症、水頭症などの理由で中絶したとみられるのは、1985（昭和60）年から1989（平成元）年までは約800件であったのが、1995（平成7）年から

1999（平成11）年の期間には3,000件、さらには2005（平成17）年から2009（平成21）年の期間は約6,000件に急増している。

　また、妊娠した女性の血液から胎児のダウン症などを調べる新出生前診断を受診して妊娠した女性の数、そしてそれに伴う胎児の中絶の数も増大している。

　2013（平成25）年4月から新出生前診断を受診して妊娠した女性の数は8,000人弱であったのが、2年目には10,000人を超え、3年目には約13,000人に拡大している。また2013年度においては、検査によってダウン症が確定した女性113人のうち110名が中絶を行ったが、2015年度においては、ダウン症が確定した後に、妊娠した女性417人のうち394名が中絶を行っている*66。その数は年々増加している。

　さらに、新出生前診断について、日本産婦人科学会（日産婦）は、厳しい倫理審査などが必要な臨床研究を終了し、手続きなどが簡単な一般診療として認める方針を固めている。希望しても検査を受けられない妊婦がいることから、大学病院や総合病院など全国89カ所の認可施設の拡大や実施要件を緩和できないかを検討している。

　日産婦の藤井理事長は、「検査を受けられない妊婦の不利益を解消したい」と話した*9。もし、日産婦の方針通りに一般診療を実施することになれば、異常と診断された胎児が中絶される件数はさらに増大することは火を見るよりも明らかである。

　ところで、上述した「滑り坂論」は論理として本当に成立するものであろうか。この論理を一般化すると、「もしXが認められたならば、Yに至るのは自然の成り行きである。ところで、Yは明らかに好ましくない事態である。故に、Xは認められるべきではない」という形式によって整理される*47。実は、この論理は論理学上において、これまで誤謬論理の一つとして扱われ、重要な論理とみなされることはなかった*33。

　しかし、現在でもなお、しばしば「滑り坂論」を用いた主張が生命倫理の領域で展開されている。それは、体外受精、遺伝子治療、遺伝子操作と

いった一連の生命操作技術が実用段階に入るようになり、結果として人間のあり方に変化をもたらすようになったからである。自分たちの知らないうちに自分たちの生活を変えていってしまう巨大科学があり、人間の生存のあり方に対する人々の漠然とした不安感が根底にあるからである。

このような状況において、黒崎は、W・ヴァン・デア・バーグがこの「滑り坂論」がどのような規範のもとで妥当で現実のものになるか、その検討を行っていることを紹介する[*33]。

「滑り坂論」の妥当性の検討は、「批判的道徳」、「既成道徳」、及び「法」という3つの規範に基づいて行われる。その結果、いくつかの生命倫理上の問題に関する論理が妥当性をもつと結論づけている。

例えば、「もし重度障害新生児を治療しないという態度を認めれば、もっと成長した障害児を治療しないということも認めることになる」という論理や、「もし、3ヶ月の胎児の中絶を許せば、4ヶ月でも許され、ひいては新生児殺人も許容されるようになる」という論理が、「法」の規範の「判決例」においては妥当性をもつと主張されている。その理由をいくつか挙げているが、その一つの理由として次のようなことを挙げている。

裁判は、ケース・バイ・ケースで扱われ、判決例はステップ・バイ・ステップで修正されていく。初めに認められた事態Xはその後の先例となり、裁判を通じてだんだん修正されてゆく。その結果、裁判の漸進的過程を経て、初めに認められた事態Xと関係のなかった事態Yが現実のものになるというのだ。だから、「事態Xを認めたならば、明らかに好ましくない事態Yに至る。故に、事態Xは認められるべきではない」という論理が成立する。

現在、我が国の新生児医療の領域で、「明らかに好ましくない事態」に発展しそうな問題が実際に発生している。「滑り坂論」で唱えられている「もし重度障害新生児を治療しないという態度を認めれば、もっと成長した障害児を治療しないということも認めることになる」という議論がそうである。

新生児が重篤な障害をもって生まれた場合どこまで治療すべきか、障害の程度、予後、家族の考え方、医療スタッフの判断、医療資源の配分など様々な視点によって、治療内容が選択されている。その際に積極的治療の差し控え、中止、延命処置の放棄、中断、さらに薬などで死に導くという選択がとられることがある。
　そうした現状にあって、森は、障害新生児に対して治療を差し控えることの正当性を主張する*88。その正当性を主張する背景にはさまざまな状況があるが、その一つとして、両親が障害新生児に対する治療を望まないケースが決して稀ではないこと、そしてこのようなケースが生じるのは障害新生児が新生児であるがゆえに家族との関係性が希薄であり、家族の一員として受け入れられるに至っていないという事情があることを指摘する。
　また、我が国では、現在、新生児集中治療室（NICU）が慢性的な飽和状態にあることから次のようなことを主張する。

　　限られたNICUの設備や人員をめぐって複数の患児のニーズが競合する限界状況においては、より大きな治療効果が期待できる患児を優先的に受け入れることで治療差し控えの症例が生じたとしても、それは単なる功利的な妥協とは言えないだろう。

　障害新生児の治療をめぐって論じているこの論文の文脈に沿えば、「より大きな治療効果が期待できる患児」とは、障害のない新生児のことを指すのであろう。もし、障害新生児の治療を差し控えることの妥当性を主張するこのような論理が一般化し、坂を滑り落ちることになれば、「成長した障害児を治療しない」という明らかに好ましくない事態が発生する危険性が高くなる。

生命を危うくする事態に発展することを抑止する
　「滑り坂論」が危惧する最悪の事態とは、障害児・者のみならず、すべ

ての人の生命が危うくなる状態になることである。そのような事態に発展しないように、坂から滑り落ちないように、さまざまな取り組みが行われている。その最大の抑止力を発揮しているのはカソリックのローマ教皇の回勅であろう。

　1995年に教皇ヨハネ・パウロ二世は、弱く無防備な人々、特に胎児が生きる権利を侵害されている世界の現状に抗議して、人間の生命の価値と不可侵性を再確認するとともに、あらゆる人の生命を尊重し、保護し、愛するよう呼びかける緊急のアピール、「回勅 いのちの福音」を表明した＊103。

　この回勅の冒頭で、教皇は、「多くの国の法律は、それぞれの憲法がうたう根本的な種々の原則から逸脱してまで、生命に対する侵害行為を処罰しないどころか合法化する方向で定められています。この事実は憂慮すべき事態の前兆であり…かつては道徳的通念において犯罪とみなされ、排斥すべきであるとされていた選択が、次第に社会的に容認されうるものとなりつつあります」と生命の侵害についての現状を訴える。そして、高齢者や障害者の現状について、次のように訴えている。

　　　高齢者や障害のある人をがまんできない存在であり重荷とみる「死の文化」が、勢力を伸ばしています。こうして高齢者や障害のある人は自分の家族や社会から見捨てられる場合が少なくありません。そのようなときの家族や社会は、ひたすら生産効率という基準のみに基づく組織となっており、その基準によれば回復の見込みのない生命は、もはや何の価値もないとされるのです。

　さらに、人工妊娠中絶を取り上げ、「恐るべき犯罪」と位置づける。受精から出産へ至る人間としての生存の初期段階にある胎児は、明らかに罪のない存在であり、人工妊娠中絶は意図的にその生命を奪うことであり、殺人行為であるとする。

　さらに、さまざまな異常をもつ胎児の出生を阻害する目的で、選択的な

人工妊娠中絶を行うことは恥ずべき行為で、絶対に非難されるべきだと強調する。このように、「正常性」と身体的に満足な状態という要素だけで人間の生命の価値を判断すると、やがては誕生した子どもを殺害することや、さらには安楽死を合法化することへの道を開くことになると指摘する。教皇の回勅においても「滑り坂論」が用いられている。

このような現状に対して、教皇はあらためて、人間の生命は、誕生に先立つ最初の段階を含め、生存のあらゆる瞬間において神聖であり不可侵であることを、また、生存権に関するかぎりすべての罪のない人の生命はだれもが絶対的に平等の立場にあることを強調する。

このような教皇のメッセージが、生命を危うくする事態に発展することを抑止する一定の効果を実際にもたらしている。例えば、安楽死を合法化する立法は、近年、スイスやオランダなどいくつかの国で成立しているが、多くの国は合法化の流れに追随せず、回勅に示された通り、医師の良心的拒否に基づいて安楽死の違法性を維持することを選択している*2。また、アメリカでは障害新生児の延命治療を積極的に行うという母親の希望が裁判で支持されることがあった*109。

バージニア州で無脳症で出産した赤ちゃんが、出産直後に呼吸困難になり人工呼吸器を取り付けなければならなくなった時に、医師らは延命治療を続けても、本人にとって無益との判断から治療の打ち切りを両親に打診した。敬虔なクリスチャンだった母親は赤ちゃんの生命を保つために積極的治療を強く希望した。病院側と母親の意見は妥協点が見つからず、裁判になったが、裁判所は母親の希望を支持した。

障害児・者の生命が危うくなる事態に発展しないように、比喩的に言うのなら「坂から滑り落ちない」ように抑止する行為はさまざまな状況のもとで行われている。両親が障害新生児に対する治療を望まないケースが決して稀ではないことを前述したが、逆に、治療しても生命の維持が困難であることが分かっていても、積極的な医療を熱望する親たちがいることも事実だ。また、親のその様な願いに対して、真摯に答えようと医療に取り

組む医師がいる。

　仙台にある「さかいたけお　赤ちゃんこどもクリニック」の院長堺武男医師は、難病を抱える新生児の医療に携わっており、その領域の医療では高名な医師である。彼は、久留米市にある聖マリア病院新生児センターで研修していた時期に、18トリソミーという染色体異常症を背負って生まれたYちゃんの主治医となる*41。この18トリソミーは重症の先天性疾患などの合併症が多く、そのために長い生命を保つことが困難で短命であることが多い。神経発達の面でも重症の発達遅滞となり、食事を摂るなどの基本的な日常生活を営むことが困難である。

　当時の世界的に規範とされる新生児学の教科書には、そのような18トリソミーと診断された場合は、生命維持のための気管内挿管や酸素授与などの救急蘇生処置は禁忌で、即ち、してはならないと明記されていた。また、東京女子医科大学が提示している新生児集中治療室医療方針のガイドラインには、18トリソミーは、無脳症や重症仮死で出産した500g未満の超未熟児と同様、「現在行っている以上の治療は行わず、一般的養護（保護、栄養、清拭および愛情）に徹する」に該当する疾患とされている*43。

　「現在行っている以上の治療は行わず、一般的養護に徹する」ということは、積極的な医療は行わず、座して死を待つということだ。このように患者が死ぬに任せるという医療行為について、ヘルガ・クーゼは、死ぬにまかせることが殺人とどのような根拠で異なるのかと、その矛盾を指摘している*76。

　堺医師も、18トリソミーの子どもの病状に急変が生じたときに、医療的対応を積極的に行うべきか、あるいは死ぬにまかせるか、判断をしかねていた。

　堺医師は院長に助言を求めると、院長は「予後不良であることは事実ですが、ご家族は少しでも長く生きてもらうことを望んでいると思います」という答えが返ってきた。その後、両親と面談して、急変したときの医療的対応について話し合った。話し合いの結果、「助かる命は助けるのが筋

道である」といういわば当たり前の結論に達した。
　話し合いがあった一週間後、Ｙちゃんの様態が急変した。堺医師はためらうことなくＹちゃんに気管内挿管を行い、止まりそうだった呼吸を回復した。様態の急変の原因は心筋症の悪化であるため、呼吸を確保しても回復は望めず生命を長くは維持できないことが堺医師には分かっていた。即刻、家族に連絡し、駆けつけた家族に抱かれてもらい、見守られながら三日後にＹちゃんは息を引き取った。
　堺医師が選択した医療行為を理屈で説明しようと思っても困難なことであろう。医師としての倫理観に基づいて医療行為を行ったのだろうか。それとも、両親の強い希望に応えようとしたのだろうか。勿論、そのようなことも考えられる。しかし、筆者が憶測するに、Ｙちゃんの生命が消えていこうとしているのに医療的行為をとらずにいることに対して、本能的に違和感をもったのではあるまいか。堺医師は、自分のその感情と言えるものに忠実に従っただけなのかもしれない。そのような感情が導きとなって、堺医師に積極的な治療行為を行わせたのではないだろうか。

2　障害者は次の世代に悪い資質を遺伝させるという視点

1) 優生学に基づく障害者の排除

　19世紀半ばに、ダーウィンは「種の起源」を出版し、その中で動植物界における「自然淘汰による適者生存の法則」という概念を発表した。自然環境のなかで、生存に適しない動植物は次第に淘汰され、適応力のある有能な種だけが生存競争に勝ち残っていくという概念だ。このような概念を人間社会一般に対しても適用しようとする考え方が登場する。それが社会ダーウィニズムだ。すなわち、人間社会のなかでも生存競争に適しない弱者は淘汰されてゆく運命にあり、競争を勝ち抜く能力をもった優秀な強者のみが子孫を残すことができる、という考え方だ。

　優生学はこのような考え方を根拠とする。岩波哲学・思想事典には、「社会ダーウィニズムのなかでもとくにダーウィン理論に忠実な立場で、人間の次世代の遺伝的質に着目し、断種・結婚制限・隔離、優秀な人間同士の結婚などを通して人間の遺伝的改善や劣化の防止を実現しようとした思想」と定義されている*71。

　優生学は積極的優生学と消極的優生学の二種類に分けられる。前者は、生殖過程の人為的コントロールを通して、優良とされる遺伝子形質の持ち主を増大させようとする目的をもち、後者は劣悪とされる遺伝子形質の持ち主を減少させようとする目的をもつ。

　1900年前後から積極的に推し進められてきたのは、積極的優生学に基づく施策ではなく、消極的優生学に基づく施策である。ダーウィンの進化論がどのような過程を経て、優生学まで発展したのか以下に述べる。

社会ダーウィニズムが想定した「社会の進化」

　ダーウィンが提示した進化論は、宇宙も地球も、地上の生物も神が創造したというキリスト教の教理の否定ばかりか、これに立脚した世界観、社会観、生活規範の否定をも意味した。それゆえ、進化論の啓蒙が成立すればするほど、旧来の体系に代わるものとして、高等といえども人間も生物である以上、人間が織りなす社会にもダーウィン的原理は貫徹しているはずだという信念も広がっていった*102。

　このような信念に基づいて社会ダーウィニズムが誕生した。この概念を提示した代表的人物は、哲学者でもあり社会学者であったハーバート・スペンサーだ。彼は、社会の発展を分析する際に、生物進化論を一つの理論的拠り所とした。例えば、彼が唱えた社会有機体説では、社会は一つの生物に喩えられ、社会の進化は生物の進化と同列に並べられた。

　この場合、基本的には二つの進化のメカニズムが考えられていた。一つは集団主義的社会ダーウィニズムで、社会間・あるいは民族間の生存競争である。より強力な社会が、より弱い社会を征服していくことによって、より進化した社会が生き残っていくという考え方だ。もう一つは個人的社会ダーウィニズムで、社会内部での個人主義的競争により、「適者生存」がおこり、社会全体も進化していくという考え方だ*17。

　この「適者生存」という考え方は、動植物の世界と同様に、人間社会のなかでも生存競争に適しない弱者は淘汰され、競争を勝ち抜く能力をもった優秀な強者のみが子孫を残すことができる、というものだ。

　スペンサーはこのような考え方の中で、進化は個人間の競争によって導かれるとして、競争の概念を重視する。競争が重要なのは、それが適応しないものを除き去るからだけでなく、人間を含めたすべての生物に、より環境に適応的になろうとさせるからだ。競争がなければ、そうした個人的な適応を促す圧力がなくなってしまう、と彼は主張する*70。

　そして競争の結果、「生きるのに、十分なだけ完成されているものが生きるのであり、そういうものが生きるのは妥当なことである。生きるに十

分なだけ完成されていないものは死滅し、そういうものが死滅するのは最良なことである」と結論づける。

このような考え方は、ダーウィンの著作にも示されている。「種の起源」出版から、12年後に「人類の起源」（日本の出版物には「人間の由来」と翻訳されている著作もある）という本を発刊する。その本の中に次のような記述がある[*50]。

> 高度に文明化した国民では、絶え間ない進歩はたいして自然淘汰に左右されない。なぜなら、そのような国民は、未開部族ほどに互いに征服しあったり滅ぼしあったりしないからである。それにもかかわらず、同じ共同体のなかのより知的な人はより劣った人よりも、結局はより成功し、より多くの子孫を残すであろう。そして、これが自然淘汰の一つの型なのである。

スペンサーやダーウィンのこのような仮説が正しければ、劣った人間はこの社会からいなくなり、知的に高く適応能力をもつ人々が残り、社会の構成員となるはずだ。ところが、当時のイギリスの社会的状況はその仮説を受け入れられる状況ではなかった。

優生学が誕生した時代のイギリスの社会的背景

1884年のロンドンの人口は500万人を突破した。鉄道網が発達したために、1830年代以降、全国から、また海外からも人口が流入していた[*86]。1851年の国勢調査によると、この頃のロンドン住民の階級構成は、資本家、専門職、行政官、不労所得生活者などの上流階級、及び上層中産階級にあたる層は4.3％、下位専門職・行政官、小店舗主・小事業主など中産階級の主要層は16.6％だったのに対し、労働者階級は79.1％を占めていた。労働者の多くはロンドンに散在する貧民街に居住していた。

人口の集中と増大は、大気汚染や水質汚染などの公害の源として、ロン

ドンの環境に影響を与えた。また、中世期以来、ロンドンはペストやコレラなどの伝染病に悩まされ、その主な媒体とみなされたのが、ロンドンに散在する貧民街とテムズ川の水質汚染であった。こうしたロンドン市街の状況は、働く者、失業した者、買い物をする者、物を売る者、物乞いをする者等の大量の人間が、お互い何の結びつきもないまま共存する混沌とした様相を呈していた。

　一方、このような状況を解消しようとする社会保障制度も段階的に発展していた。1601年に絶対王政下で救貧法が成立していたが、1770年のイギリスの財政構造をみると、当時の救貧費の国家財政に占める割合は公債費、軍事費に次ぐ大きさであり、無視できないものであった[*25]。1834年には新救貧法が制定され、国家で統一的な救貧行政を行うようになった。また、選挙法の段階的改正により、労働者の選挙権が拡大していった。1884年の選挙法改正によって、有権者は300万人から500万人に増え、労働者階級の選挙人が過半数を超えるようになり、労働者の政治的影響力は高まっていった。20世紀初頭には、労働者階級は諸権利を獲得し、労働条件の改善と福祉向上の諸政策を立法化させていった。

劣った人間を排除しようとする動き

　このように国家が救貧法などにより貧困者に援助を差し伸べることに、スペンサーやダーウィンたちは反対の姿勢を示した。スペンサーによれば、国家が社会に干渉すれば、社会の進化を阻害することになる。また貧民とは不適応者であり排除されるべきものであり、社会の自然な競争に委ねれば、「自然はすべてそれらのものを排除し、世界から片付け、より良い者を入れるべき余地をつくることに向けられている」ということになる[*70]。ダーウィンの著書「人類の起源」にも前述したスペンサーの主張とほぼ同じ内容が記述されている[*50]。

　　未開人の間では肉体的精神的に虚弱な者はすぐに除去されてしまい、

生き残っている者は溌剌とした健康な状態を示しているのが普通である。一方われわれ文明人は、除去の過程をふせぐのにできる限り力を尽くす。精神薄弱者、不具者、病人のために保護施設を建設したり、貧民救済法を制定したりして、弱者排除のプロセスを食い止めようとする。医師も技術を駆使して一人ひとりの命を救おうと最善を尽くしている。

　その結果、英国"民族"は無軌道で低俗で不道徳な社会構成員が、実直な構成員よりも迅速に増加する傾向にあるために衰退しつつある、という危機感を募らせる。

　一方でスペンサーはもともと進化論としてダーウィンの「自然選択説」ではなく、ラマルクの「要不要説」を基盤として自分の論を展開していた。この「要不要説」とは次のような説だ。動物がその生活の中でよく使う器官は次第に発達する。逆にはじめから存在する器官であっても、生活の中で使わなければ次第に衰え、機能を失う。生涯、このようにして身につけた獲得形質が子孫に伝わる。多くの動物は一定の環境下で何千、何万年にもわたって世代を繰り返し、世代ごとの蓄積は少しであってもそれが続くと次第に大きな変化となる、というものだ。

　スペンサーはこの「要不要説」を人間の進化にも適用する。人間が生まれた時に持っていた遺伝形質は、新しい、又は後天的に獲得した形質を取り込むことで補われ、さらに次世代へと受け継がれると主張した。この主張は当時、ロンドンにあふれていた貧乏人や不適応者の対応に途方に暮れていた政治家に社会的弱者を排除する口実を与えることになった。犯罪性向や不道徳性、その他望ましくない特質が遺伝すると論じることができるようになったからである[57]。

　ダーウィン自身は、貧乏人や不適応者の人口を少なくする方法として、それらの人たちの結婚の抑制を考えていた[50]。

子どもができるとみじめな貧困に陥るということが目に見えているような人は、結婚を差し控えるべきである。なぜなら、貧困ということそれ自体が一つの大きな犯罪であるだけではなく、貧すれば無分別な結婚をするようになり、それがまた連鎖的に貧困の度合いをますますひどくするためである。

　しかし、貧困者の結婚の抑制だけにとどまらず、より強力に社会的弱者の存在を抑制しようとする考え方が誕生する。断種を主とする方法を推し進める考え方だ。それが優生学である。

優生学の誕生と普及
　「優生学」という言葉を初めて使用したのはイギリスのフランシス・ゴルトンである。ゴルトンはダーウィンの従兄弟であり「種の起源」から多大な影響を受け、優生学の基礎を築いた。彼は、自然淘汰にはほとんど興味を示さず、むしろ人類の退化を問題視した。前述したようなロンドンの環境により、伝染病や汚染された食品、不十分な食事などに耐えられる人間が淘汰されず選択されることになると考えた。このような選択の中で生き延びて次世代の親となるのは、粗雑な肉体を持つ階層の人間たちである。
　ゴルトンにとっては、個人の自由は、国家の利益と比較すればまったく価値のないものであった。そして、「優生学の第一の目的は、不適応者が生まれるのを許さず、その出生率を抑制することである。…第二の目的は、適応者を早く結婚させて子どもたちを健康に育てることで、彼らの生殖率を向上させて人類を改善することである」と優生学の目的を明示した*57。
　このような主張のもと、障害者等の弱者を社会から排除しようとする優生運動が生まれた。すなわち、民族を劣化させる障害者等の弱者の存在を少なくする、さらには、いなくなる社会を構築しようとするという意識が確立されていった。
　19世紀後半から20世紀初頭にかけて、遺伝子の機能や遺伝の法則など

が次第に明らかにされるようになった。1900年に、今まで注目されていなかったメンデルの法則を3人の研究者が再発見し、ヒトにもメンデルの法則が成り立つということが確認され、人間行動の遺伝的決定論が広く受容されるようになった。優生学は、進化論と遺伝の原理を人間にも応用しようとする立場にあり、人間の資質は受精卵の質で決まるという人間観に立っているため、生後の環境要因よりも先天的な遺伝因子を重視していた。

ゴルトンは1907年に優生学教育協会（後に「優生学協会」になる）を設立した。その協会の運動の目的は「不適応は遺伝するものであり、適応者の血統を繁殖させ、不適応者の生殖を制限したり自制させたりするのは良き市民の義務である」というメッセージを広げることであった。

その後、優生学協会を中心に優生思想はイギリス全土に普及していき、断種法を成立させるための運動も拡大していった。その間、優生思想を支持するさまざまな主張がなされた。その主張は優生思想をますます過激にしていった。特に1907年にアメリカインディアナ州で世界初の断種法が制定されて以来、その傾向が強くなっていった。例えば、「イギリス民族を救うために多くの場合、強制断種が必要であり、必要と判断された時には躊躇すべきではない。強制断種の対象は、犯罪者、精神障害者、知的障害者だけではなく、子どもを生んだ結果、未来の世代に重大な損失を与える人々も対象とすべき」という主張がなされた[*57]。

断種法案が提出されるようになり、それを多くの医師は支持をしていたが、実行段階になるとどちらつかずの態度を示す医師が大半であった。それは、他人の身体に重大な障害をもたらす行為を犯罪と規定した1861年の「人身保護法」に違反すると考えたからである。断種手術そのものは法律が禁止する傷害行為に該当しないとみられたが、医師たちはたとえ自発的な希望者に対してさえも断種手術を施すことをためらった。ましてや、自由な意思で手術を選択できない知的障害者を手術することには抵抗を感じていた[*53]。しかし、福祉や慈善事業に従事する人たちは、とりわけ精力的に強制断種を支持した。

一方で、優生運動は、個人の自由と政治の健全さにとって重大な脅威であると主張する反対論者もいた。1928年にカナダのアルバータ州が大英帝国領内で初めて優生断種法を施行すると、イギリス国内のある新聞は、人間の自由を侵害するものだと非難する記事を出している。

　ヨーロッパにおけるナチス・ドイツの恐怖政治が勢力を伸ばすにつれて、多数移民、とりわけユダヤ人難民がイギリスに避難した。優生学を推進する団体は、優生政策の一つとして移民制限にも焦点を当てた。そして、イギリスの民族型を悪化させるような移民の制限を訴える覚え書きを作成した。徐々に第二次世界大戦が近づくにつれ、イギリス政府はナチス政権と比較されるような法律を制定することに躊躇するようになる。1939年にナチス・ドイツがポーランドに侵攻するに伴い、イギリスはドイツに宣戦布告をすることになる。それ以来イギリスにとっては、断種法に関わることは重大なことではなくなっていった。

2）アメリカにおける優生思想の実践——断種法の実施——

　世界の中で、断種を法律に基づいて優生学的な政策としていち早く実施したのはアメリカである。1902年、インディアナ州の州立矯正施設の医師ハリー・C・シャープは断種の方法として、安全で費用のかからない上に迅速にすむ精管切除法を開発した[*57]。この方法を用いてインディアナ州立矯正施設に収容されている465人の男性に対して断種手術を行った。

　インディアナ州では、シャープ医師のこの断種に興味を示し、1905年に最初の優生学的法律が施行された。続く1907年には、州議会は強制断種を認める法を可決した。断種の対象は、白痴、痴愚（知的障害）、強姦犯人とされ、公立施設に収容されたもののうち改善の余地なしと判断された者たちだった。強姦犯人にはすでに1885年にカンザス州議会が、優生学的措置としてではなく懲罰的措置として、黒人または白黒混血人種の去勢は合法であると認めていた。ところがインディアナ州では白痴と痴愚の

人たちが優生学的措置として断種の対象とされてしまった。そのようなことになった背景にはどのようなことがあったのだろう。

1900年前後のアメリカの社会的背景

　アメリカ大陸への移民は19世紀後半までは、西ヨーロッパや北ヨーロッパの人たちが中心であったが、19世紀末から20世紀初頭にかけて大きく様変わりした。東ヨーロッパ（ロシア、ポーランド）や南ヨーロッパ（イタリア、ギリシャ）の人たちの移民が急増したのだ。これらの移民たちはそれぞれ独自の宗教（カソリック、ロシア正教、ユダヤ教）をもっていてそれぞれに独自の社会集団を構成していた。これらの人たちの多くは非熟練工として都市の工場で低賃金労働に従事していた。

　1900年に350万人近くあったニューヨークでは人口の80%を移民の一世、二世が占めていた。人口170万人のシカゴではその割合は87%であった[11]。

　その間、アメリカは急速に工業化・都市化していった。1883年に、アメリカ史上最大の経済恐慌に襲われ、その後、20世紀に入るまで経済の低迷は続いた。多数の会社が倒産したり営業を停止したりして、失業率は20%にまで上った。不況の中で、それまでも経済的発展の恩恵から見放されていた農民や労働者はますます苦境に立たされ、他方で富の集中は進み、貧富の格差がいっそう顕著になった。

　その頃の都市ではスラム化が進み、移民してきた多くの労働者はじめじめした狭いアパートに住み、いくら働いてもそこから脱出することが出来なかった。イギリスのある小説家はスラム街の状況を「胸がむかつくような、腐敗したものすべてがここにある」と述べ、「アイルランド人や黒人は家具も何もない家に住み、ときには何週間も屋外に暮らし」、「排泄は隅で行い、死体は地下の泥の床に埋めていた」と伝えていた。

　そのような社会状況を背景にして、犯罪も多発した。多くは貧困が原因であったが、少数派の移民の怒りを暴力で訴える犯罪や、移民の増加に危

機を感じて対抗する白人貧困層による暴力、貧困から純粋に金銭のために組織的に行われる犯罪が横行するようになった。

知的障害者が社会不安の元凶とされた

1900年に入ると知的障害者は社会問題の主因とされ、魯鈍級の知的障害者（軽度の知的障害者）は社会的脅威であると主張されるようになる[*20]。そのような状況になったのは、ある研究の発表を契機とする。それは、ヘンリー・H・ゴッダードによる「カリカック家——精神薄弱の遺伝研究——」だ。

ゴッダードは、1898年にヴァインランド低能児学校に入った8歳の女児の家系を追った[*4]。彼女はデボラという名前で、養育院で生まれた。「2、3の文字は覚えているが読むことや数えることは出来ない、まことに従順でない、記憶力は薄弱、情愛深くない、強情で破壊好き」等、デボラの行動が詳細に記述されている。その他、ゴッダードの論文には、彼女の身体的特徴や性格、生活能力等が詳細に記述されている。家系を追ってみると、祖母は幾分低能、祖父は飲酒癖があり低能、ということが示されていた。

14年を経てデボラが22歳の時の様子も記している。快活、喧嘩好きの傾向、見ず知らずの人には大胆、ミシン、料理、その他の家事は一切を切り回す。読むことや算数は不得手、書き方も下手である。応対はよいが、虚言を吐くことも盗みも行う、等々、その時のデボラの行動が詳細に記述されてある。20歳の時の精神年齢は10歳であった。

ゴッダードの助手はエリザベス・カイトというソーシャルワーカーであった。当時のソーシャルワーカーたちは貧困の救済対象となる家庭を訪問しているうちに、救済対象が同一家族で発生することに関心をもちはじめ、そこから家系調査を行っていた[*63]。ゴッダードの「カリカック家」の家系調査は、カイトの調査資料に依拠したといわれている[*100]。

カイトの調査の結果、デボラの母の経歴が判明した。デボラの祖先の家があった所から約5マイル以内の地域にデボラの祖先の系統の家族が生活

していることが判明した。その地方を綿密に調査した結果、デボラ一家は多くの低能と不良を輩出していることで有名な一家であることが明らかになった。その地域で有名だったので六代前まで調査を行うことが出来た。

デボラの5世代前の男性、マーチン・カリカックは独立軍の兵士だった。休暇の時に兵士が出入りしていた居酒屋で、彼は知的障害の少女と知り合い、彼女との間に男子をもうけた。その男の子も知的障害であった。その私生児はデボラの大大祖父にあたり、その系統を継ぐ人は480人にも及んだ。その480人の子孫のうち143人が低能児で46人が正常であった。その残りの子孫は不明であった。また、480人の子孫のうち、33人が性欲上の不道徳（多くは娼婦）の者で、24人は飲酒癖があり、3人は犯罪人であった。

マーチン・カリカックは戦争から帰還し、敬虔なクエーカー教徒である女性と結婚した。7人の「正常」な子どもが生まれ、6世代を通して496人の子孫が生まれた。知的障害の疑いがある人は3人だけで、アルコール中毒と性的にだらしない人が2人だけだった。残りの人たちはすべて、州が誇る家族の子弟と結婚した。マーチン・カリカックが結婚した女性の祖先には、植民地時代の知事、アメリカ独立宣言の署名者、プリンストン大学の創始者などが含まれていた[*3]。

ゴッダードは、この調査の結果から劣等な血統が世代間で維持され、そのような血統がさまざまな社会的悪行を働き続けると確信した。そして、カリカック家の家系調査の研究結果として、①社会問題の主因は知的障害者　②家系研究により知的障害の65%は遺伝　③多産　④知的だけでなく、身体的、道徳的に社会適応が不可能　⑤魯鈍級の知的障害者（軽度の知的障害者）こそ社会的脅威である、とゴッダードは結論づけた。

ゴッダードは、知能は感情や衝動をコントロールする能力であり、感情や衝動をコントロールすることによって道徳心を養うことができる、と考えていた。したがって感情とか衝動（特に性欲）をコントロールする能力が欠如する知的障害者は道徳的判断ができない。それ故、知的障害者は「道

徳的に社会適応が不可能」であり、「社会的脅威である」と結論付けたと考えられる。この研究結果が当時のアメリカ社会の通説となり、その後のアメリカ社会に大きな影響力を持つようになる[*20]。

　この結果を受けて、社会問題の解決策としてゴッダードが提示したのは、知的障害者の結婚制限、隔離、そして断種であった。ゴッダードは、知的障害者の出産を減らせば知的障害者が減り、それによって社会も安定すると考えた[*56]。

　この研究において特筆すべきことは、研究方法が粗雑であるということだ。ゴッダードの助手カイトは、デボラの血につながりのある高齢の親族の記憶を基にして、デボラの家系図を作成した。この記憶はしばしば曖昧であり、また、カリカック家の数世代前の人々の語り伝えられたストーリーに基づくものであった[*56]。また、カイトは熱狂的な優生主義者であり、カイトも含めた実地調査員は優生主義者としての使命に燃えていたことも知られていた。

　ゴッダードの「カリカック家」家系調査は、1980年代にデイビッド・スミスによって追跡調査され、ゴッダードの調査はフィクションであったことが明らかにされた、と秋葉は紹介している[*3]。

　また、ゴッダードのカリカック家の血統調査は決して独創的なものではなかった。この研究の前にソーシャルワーカーや知的障害者施設の施設長たちが、自分の施設に入所している知的障害者の家系調査を積極的に行っていた。そして、その調査の結果を施設の年次報告等で発表していた。その報告によって、彼らは、遺伝学の新知見を拡大解釈して利用し、知的障害者の存在を国家的・民族的な問題として仕上げることに成功した。ゴッダードの研究は、ソーシャルワーカーや施設長によるそれまでの経験を科学的な装いで集大成したものにすぎなかった[*63]。

断種法の成立と拡大

　1907年にインディアナ州で強制断種を認める断種法が成立したあと、

断種法の成立は次々と他の州に拡大していった。断種法が成立した2番目の州はワシントン州であった。ワシントン州では断種法は州最高裁判所で違憲性を問われたが、1912年に合憲と認定された*57。

　3番目に強制断種法を採択した州はカリフォルニア州である。カリフォルニア州では、断種を支持する優生思想が他のどの州よりも強かった。1920年までに同州が実施した断種数はアメリカ全体の断種数の79％にまで増加した。断種数の多さも特筆すべきであるが、断種の対象を次々と拡大していったことも特筆しておくべきことである。

　1909年に断種法が成立した時点では、断種の対象は同州の州立精神薄弱児収容施設を含む全公立施設（病院や刑務所）の収容者であった。性犯罪や他の犯罪を犯した囚人で、一定回数の犯罪を行った「性的または道徳的倒錯者」であり、その人たちは自動的に断種の対象となった。

　1913年には州当局は断種法を修正し、さらに対象者を拡大していった。知的障害者と、それに加えて精神異常者も断種の対象とみなされた。遺伝性精神異常や治療不可能な慢性的鬱病、認知症と診断された全施設の収容者を対象とすることが認められた。収容者が出所するときには、断種することが条件とされ、本人の同意は不要であった。

　さらに1917年には、「性的倒錯や正常な精神状態からの著しい逸脱」がみられる州立施設収容者全員が断種の対象となった。この修正条項の「著しい逸脱」という表現が曖昧なため、自由に解釈される余地があった。その断種法が成立した4日後には、精神薄弱者を隔離するために太平洋沿岸に隔離地区を設置するための条例を成立させた。その条例の一部として新たな断種法が制定された。この断種法によって、施設の監督者、博士号をもった臨床心理士、および医師の推薦があれば、同意の有無にかかわらず出所する収容者に断種する権限が施設理事長に与えられた。ますます容易に断種をすることが可能になった。

　その後、次々と他の州でも断種法が成立していった。州によっては断種法を徹底して実行させるために厳しい規定を付け加えた。例えば、カンザ

ス州では、1913年には、公立施設の監督者が「生殖に適さない」収容者に断種を勧める義務を無視したり拒否した場合、その監督者に100ドル未満の罰金または30日を超えない禁固刑のいずれか、または両方科せられることを認める断種法が可決された。

　カリフォルニア州で断種法拡大の原動力になったのはポール・ポピノーである。彼はアメリカ優生学協会のカリフォルニア支部を設置し、同州に断種法を出来る限り広く適用するよう尽力した。そのために、断種計画の成果を詳細に調査し、他の州への拡大を進めた。ポピノーは、1927年から1930年までの3年間に19もの調査を実施し、その結果をさまざまな研究雑誌で発表した。その調査の例として、「断種後にパロールされた精神薄弱者の成功」「断種された狂人の経済的・社会的地位」、「断種に対する患者の家族の態度」、「断種に対する患者の態度」等の調査があげられる。これらの一連の調査は州施設庁、州立精神病院、および精神薄弱者施設の協力を得て、実証的なデータに基づいて行われた*64。その調査の結果を次のように語った*57。

> 断種の可否は医師はじめソーシャルワーカー、精神衛生専門家などのグループが家族と面接したうえで慎重に決定される。断種手術は熟練した外科医によって行われ、細菌感染症を起こす例は非常に少なく、手術の結果、死亡するケースは皆無に等しい。手術を受けた人たちの多くが、そして彼らの家族の大半が手術を歓迎している。とりわけ手術を受けるのを喜んだのは多くは女性であり、彼女たちは感謝の気持ちを強く表わし、妊娠と精神病の葛藤に悩む女性が自分たちと同じように手術を受けたらよいと熱烈に訴えた。

カリフォルニア州で実施された断種が人道的かつ実効的な措置であることを強調したかったのである。ポピノーの一連の調査結果が公表された後の1937年に実施した世論調査によると、アメリカ人の63%が常習犯罪者

の強制断種を支持し、66%が知的障害者をなるべく断種した方がよいと回答している*53。

その後、ポピノーの論文はドイツでも翻訳され、1933年に成立したドイツ初の断種法「遺伝病子孫予防法」の成立に大きな影響を与えた。この法律によって、10年に満たない期間に約45万人の人たちが断種された。その対象者は、遺伝性精神病、遺伝性精神薄弱、遺伝性てんかん、その他の遺伝病にかかっている者、もしくは病的遺伝子の保因者、重度のアルコール依存症の人たちであった。この人たちは自分の意志に反して強制的に断種手術を受けることになった*101。

以上のように民族を衰退させるという危機感を背景として、優生運動は世界各国に急速に拡大していった。しかし、民族が衰退していると思わせた要因はどこにあったのだろうか。その大きな要因は社会不安である。

優生運動を盛んにした本質的な要因は20世紀に入ってイギリス、アメリカで起きた社会変革の大波、そしてその大波が引き起こした社会不安である。すなわち、工業化、大企業の発達、都市のスラム街の無秩序な拡大、農村部からの大量の人口流入、とりわけアメリカでは海外の移民、といったもろもろの要因が社会不安を誘引し、優生運動を拡大させたと考えられる*53。

3）スウェーデンにおける不妊化による施策——福祉を充実させるために——

1997年に、我が国の新聞各紙にショッキングな報道が一斉に掲載された*6。福祉先進国スウェーデンにおいて、1934年から実施されていた断種法（「特定の精神病患者、精神薄弱者、その他の精神的無能力者の不妊化に関する法律」）が、戦後の1976年まで継続されていたという報道である。約40年間続いた断種法によって不妊化の手術を受けた人は63,000人に及び、そのうちの9割が女性だったという。また。6,000から13,000人の人

は本人の意思に反して手術を受けたという。ここで疑問とされるのは、なぜ戦後30年が経過しても、不妊化の政策が継続していたのかということである。

1930年代のスウェーデンで問題となっていたことの一つに、スウェーデンの普通出生率が世界最低に落ち込んだことがある。1935年の人口純再生産率（次世代における人口が再生産される率を統計資料をもとに導いた指標）はわずか39.4%であった。高所得者層においては低出生率という傾向がみられ、低所得者層においては高出生率という傾向があった。出生率低下とその結果としての人口減少が引き起こす経済的効果が問題になり、出生率を上げるために、まず1937年に出産手当の制度を制定した。この制度はスウェーデンの普遍主義的福祉政策の一歩として高く評価された*74。

普遍主義とは、所得調査をせずに一定の条件に合致した者を対象にサービス・金銭の給付をするという制度設計上の考え方である*1。一方で低所得層の家庭に対する経済支援の必要性が強調された。

第二次世界大戦中、スウェーデンは中立と独立を守るため、防衛費にかなりの財政支出を余儀なくされていたが、終戦になると、軍事費は縮小され、国家予算はかなり浮くことになった。その予算を福祉のさらなる充実に充てることを選択し、1948年から、普遍主義的福祉政策として、16歳以下の児童一人につき一定額の手当を支給することになった*15。

しかし、そこで問題となったのは、知的障害やその他の理由で家計を維持できない既婚者が約3%いたことだ。そうした人たちが児童手当の支給によって経済的余裕ができ、さらに子どもを産むことだけは避けるべきであるという主張がなされた。このような背景から、限りある財源を有効に配分するために、子どもを産むに値する人間、及び生きるに値する人間は誰か、ということが問題となり、人間の選別が行われるようになった。

スウェーデンでは1934年から断種法が実施された。この法律の第一条に「精神疾患、精神薄弱、その他の精神機能の障害によって、子どもを養

育する能力がない場合、もしくはその遺伝的資質によって精神疾患ないし精神薄弱が次世代に伝達されると判断される場合、その者に対し不妊手術を実施できる」と定められていた。この条項に基づいて、子どもを抱えて、生活に困窮した女性に生活保護や児童手当の支給を認める代わりに、その条件として不妊手術を受けることを求めた。

　不妊手術を求められた対象者の多くは女性であったが、素行不良を理由に児童養護施設に入所させられた男性も強制的に不妊手術を受けさせられていた[*82]。

　ある男性が入所させられた施設の入所者の大半は盗みなどを犯した少年だった。施設では、社会学習の一環として牧場で毎日重労働を課せられた。その男性は、「断種しなければ、21歳までこの施設に留まることになる」、そう施設長に言われた。17歳の時、病院で知能検査などを受け、知的障害の判断がなされた。同時に精神障害も認定された。手術を受けなくても施設から出られるように何度も施設側に訴えたが聞き入れられず、強制的に不妊手術を受けさせられた。

　このようにスウェーデンでは、普遍主義的福祉政策を推進させつつ、一方では「遺伝的資質によって精神疾患ないし精神薄弱が次世代に伝達され」ないように優生政策を進めていた。その結果、戦後30年が経過しても、不妊化の政策が継続していたということになる。

4）日本における優生思想の実践

　我が国においても戦前から断種法が成立していた。1940（昭和15）年に「国民優生法」と呼ばれる法律が成立し、戦後の1948（昭和23）年に旧優生保護法が成立する。

　この法律は48年間継続し、1996（平成8）年に、旧優生保護法の優生思想を示す部分が削除され、残りの条項をもって母体保護法となった。

　これらの法律は、一貫して優生思想がその根底にあったが、社会情勢の

変遷とともに、その目的が少しづつ変化している。その変化の過程を追って、我が国の断種に関する法律を概観する。

外国の影響を受けての「国民優生法」の制定

「国民優生法」は戦時中の 1940（昭和 15）年に成立したが、それ以前に、当時のドイツ医学の影響を受け、1880 年代から我が国において優生学は関心を集めていた*95。当時、文明の進んだ西欧諸国は優生学理論を社会改良の手段に掲げていた。帝国主義戦争が激化する中で、日本もまた、西欧の価値体系である優生思想を拠り所に社会の発展を試みたといえる*99。

ドイツでは優生学会は 1905 年に正式に立ち上がり、「民族衛生学協会」と呼ばれた。提唱者のプレッツは、ドイツ国内の少数民族や「劣った資質をもつ人」をなくすために不妊手術や断種の励行を提唱していた。一方で「優れた資質をもつ人」同士の結婚による積極的優生施策も実施されるが、それよりは「劣った資質をもつ人」を排除する消極的優生政策の実行を積極的に推進していった。

我が国はイギリスよりもドイツの優生学に強く影響を受け、消極的優生施策が拡大していった。1920 年代になり、大正デモクラシーの時代になると、優生学は人口問題、人口政策、教育論、婦人問題、産児制限論、衛生問題等、社会問題に関する広範な分野に影響を与えるようになった。例えば、女性解放運動論を展開していた平塚らいてうを中心とした新婦人協会は、1920（大正 9）年から 1921（大正 10）年にかけて性病患者の結婚を制限する目的として「花柳病患者結婚制限法」を議会に請願した。

当時のノルウェー等で立法化されていた「善種学的結婚制限法」を意識しての請願だった。1920 年代後半には、ジャーナリストの池田林儀によって優生運動の機関誌も発刊されるようになった。

その後、優生学に基づいた法律を立法化するために、さまざまな議員が法律案を提出した。医学系の議員である荒川五郎らは、ナチス・ドイツによる「遺伝病子孫予防法」に影響を受けて「民族優生保護法案」を議会

に提出した。その後、1938（昭和13）年に内務省から分離した厚生省が、民族衛生研究会を設置し、この研究会によって「国民優生法案」が検討・審議された。

　1940（昭和15）年に「国民優生法」が立法化された。その第一条には「本法ハ悪質ナル遺伝病疾患ノ素質ヲ有スル者ノ増加ヲ防遏スルト共に健全ナル素質ヲ有スル者ノ増加ヲ図リ以テ国民素質ノ向上ヲ期スルコトヲ目的トス」とこの法律の目的を示している。この目的の中で示されている「悪質ナル遺伝病疾患」については同法第三条に、「遺伝性精神病、遺伝性精神薄弱、強度且ツ悪質ナル遺伝性病的性格、強度且ツ悪質ナル遺伝性身体疾患、強度ナル遺伝性奇形」と明記された[*101]。

　この法案によって実施された不妊手術総件数は、1941（昭和16）年から1948（昭和23）年までで538件であり、厚生省の予想をはるかに下回っていた。それは、提出された法案では、優生学的理由による人工妊娠中絶を認める条項が削除されたからである。優生手術の申請に際して、家族制度に配慮したさまざまな条件が付けられ、強制的優生手術を規定した条文の施行が保留された。そのため、優生手術を促進して悪質な遺伝的素質をもつ者の増加を抑制するという目的の遂行が著しく制限された[*96]。

　優生手術に対する批判はさまざまな視点で行われた。まず、①優生手術で子種を失うことにより先祖を祀る者が途絶え、日本固有の家族制度の精神が崩壊する、②日本独自の国体論として形成された家族国家観とこの法律とが矛盾する、③優生手術は子孫を間接的に殺す行為であり、人権を無視するものである、というものである[*96]。

　また、同法案が提出される以前から、断種法に最も関わりのある精神科医の一部から、「子種を断つ断種は日本の国是である天皇を中心とした家族国家主義や多産奨励に反する」という意見や「科学としては未熟な人類遺伝学を根拠とする断種法制定は、時期尚早である」という意見が出されていた[*101]。

戦後、さらに優生思想が強化された

　戦時中の「国民優生法」を土台にして、1948年に旧優生保護法が施行された。この法律の目的は、その第一条に「この法律は、優生上の見地から不良な子孫の出生を防止するとともに、母性の生命健康の保護を目的とする」と示された。第一の「不良な子孫の出生の防止」と第二の「母性の生命健康の保護」の二つである。

　この法律が施行される前の1946（昭和21）年の年頭に、当時の厚生大臣であった芦田均は、「新時代の厚生行政」の課題を列挙し、その筆頭に「民族復興」を掲げた。そこでは、戦前に制定された「国民優生法」を「封建的色彩の濃厚なもの」「生ぬるいもの」と断言し、「正しき科学的基盤の上に遠大なプランを樹て、以て民族復興の理想を達成し、文化国家、健康国家を建設しなければならぬ」と主張した[*84]。

　翌1947（昭和22）年に社会党衆議院議員太田典礼や加藤シヅエらによって議員立法案として「優生保護法案」（社会党案）が提出される。この法案は、「母体の生命健康を保護し、且つ、不良な子孫の出生を防ぎ、以て文化国家建設に寄与すること」を目的とした。

　この文面から理解されるように、目的として母体の保護を第一に、優生政策を第二として位置づけている[*85]。当初は優生政策よりも母体保護を名目とした産児制限を優先させていたのだ。この法案においてはじめて強制不妊手術の規定も設けられた。その対象となるのは、常習性犯罪者で、犯罪的性格が子に伝わることを防ぐことが公益上必要であると認められる者、さらに精神病院長と癩収容所所長が、子孫への遺伝を防ぐために、その者の生殖を不能とすることを必要と認めた者、とした。戦前の「国民優生法」では、ハンセン病は遺伝病ではないのだから断種の対象にはならないことが確認されていたにもかかわらず、旧優生保護法案では、ハンセン病患者も断種の対象にされてしまう。この法案作成者の中には医師もいたはずである。

　1948（昭和23）年に社会党案をたたき台にして、超党派の議員によっ

2　障害者は次の世代に悪い資質を遺伝させるという視点

て法案が提出され、「国民優生法」以上に優生政策面を強化した旧優生保護法が成立した。「不良な子孫の出生を防止する」という目的が設定された背景として、「逆淘汰」に対する強い危機感があった*75。

「逆淘汰」とは、「不良な子孫」が人口の中に占める割合が増大すると、人口の平均的資質が低下するという考えだ。19世紀末にイギリスの優生学を唱える人たちと同じ主張が、「民族復興」を旗頭とした戦後の日本において再び繰り返されたことになる。

この法案の提案者の一人であった参議院議員で産婦人科医でもあった谷口弥三郎は、法案の趣旨説明の時に「国民の急速なる増加を防ぐ上からも、亦民族の逆淘汰を防止する点からいっても、極めて必要」であると述べている*96。

この法律においては、都道府県優生保護審査会で、「その疾患の遺伝を防止するための優生手術を行うことが公益上必要であると認められるとき」において優生手術を行うことの適否を審査すると示され、審査の結果、適当と判断された場合、強制不妊手術が可能となった（再審査の請求があった場合は再審査を経ることが必要）。

この強制不妊手術が人権侵害に当たらないかどうかについて厚生省と法務府との間でやりとりが行われた。この強制不妊手術を受ける者が手術を受けることを拒否した場合、手術を強制できるか、また強制できるとして身体拘束、麻薬使用などの手段で拒否不能の状態にすることが旧優生保護法上許されるかについて、当時の厚生省公衆衛生局が法務府に確認している。それに対し、「法律上の解釈からいっても当然に本人の意思に反して手術を行うことが出来、これは憲法の人権規定に反しない」と法務府は回答している*79。

もし、都道府県優生保護審査会の決定に異議がある場合は、中央優生保護審査委員会に再審査を請求することができ、さらに訴訟を起こすこともできると、付け加えている。しかし、実際は、再審査の請求を都道府県はまともに受け取らず、中央優生保護審査委員会に再審査を請求することも

なかった。再審査請求の制度は有名無実であった。

　旧優生保護法の制定について留意しなければなければならないことは、この法律の成立が産婦人科医によって主導されたことだ*84。戦前の国民優生法は産婦人科医の医療行為を大きく制限するものであった。母体保護を理由とする医療行為としての中絶は、刑法に堕胎罪が存在していた時であっても、原則として医師の裁量に任されていた。しかし、「国民優生法」が制定されたことにより、医師の行為が当局によって厳しく監視されるようになった。

　前述した谷口は1947（昭和22）年に、旧優生保護法の手続きの簡素化、及び優生学的理由による中絶の容認等を内容とする質問趣意書を内閣府に提出している。また、同年に提出された社会党案は、同じく産婦人科医でもある太田典礼が起草している。この社会党案には中絶や避妊処置を医師の裁量に大幅に委ねるように規定されていた。前述した谷口議員は旧優生保護法に基づく人工妊娠中絶の指定医団体として日本母性保護医協会を設立する。

　1953（昭和28）年から1961（昭和36）年までの期間に人工妊娠中絶は毎年100万件を超え、全国の開業医の収入源となり、「優生利権」を日本母性保護医協会が独占することになった。

優生手術の対象の拡大
　1948（昭和23）年に成立した旧優生保護法は、翌年の1949（昭和24）年に改正される。この改正によって人工妊娠中絶の対象が飛躍的に増大することになる。それは、中絶の条件に「経済的理由」も付け加えられたことが大きな要因となっている。

　第十四条の第四号に「妊娠の継続又は分娩が身体的又は経済的理由によって母体の健康を著しく害するおそれのあるもの」とつけ加えられた。旧優生保護法は、これ以降は実際は胎児を合法的に中絶する手段として利用されることが多くなった*46。当時の倫理観では正当化が困難であった人工

妊娠中絶の規制を優生政策とセットにするということで合法化したと言える*84。

　1955（昭和30）年の旧優生保護法による人工妊娠中絶の件数をみると、「当事者遺伝」と「近親遺伝」及び「ハンセン病」による中絶の件数が約1,800件であるのに対し、「母体の健康」を理由とした中絶は100万件を超える件数になっている*96。旧優生保護法による人工妊娠中絶は、女性の生殖の権利の保護という側面よりも、人口管理政策という側面から実施されたと言える。

　なぜ人工妊娠中絶を合法化するためにこの法律を利用することになったのだろう。明治維新以来第二次世界大戦までは、富国強兵政策や刑法の堕胎罪の制定もあって、「産めよ、増やせよ」ということが国民の一般的通念であった。人口減少につながる堕胎や人工妊娠中絶は極力制限されていた。

　ところが、旧優生保護法が制定された1948（昭和23）年頃の日本の社会情勢は、連合軍の占領下にあって混血児の出生、復員兵によるベビーブーム、食糧難、住宅難等があり、そのような情勢の中で非合法的に中絶等が横行している状態であった。このような問題、特に食料不足、住宅難等の問題を解消するために、人口減少対策が緊急の課題となっていた。人工妊娠中絶も優生的見地、医学的見地にとどまらず、社会的、経済的要素の見地からも容認されるようになったと言える。子どもの数を国家が制限することは民主主義の社会になった日本では許されるわけではないので、夫婦間で人工妊娠中絶を望むのであれば、この旧優生保護法であえて罰しないこととしたのだ。

　このように、旧優生保護法ではその件数の多さゆえ、経済的理由による人工妊娠中絶に目を奪われがちであるが、この旧優生保護法の改正、さらに再改正（1952（昭和27）年）によって、戦時中の「国民優生法」よりいっそう優生政策的規定が強化された。まず、強制不妊手術の審査の申請は、それまでは医師の任意の判断によって行われていたが、「申請しなけ

ればならない」と義務づけされるようになった。また、優生保護のための妊娠中絶の適応を拡大し、遺伝性でない精神病や精神薄弱のある人もその対象となった。同時に、配偶者が精神病または精神薄弱である場合もその対象とした。それは、これらの疾患や障害をもつ人は、子どもに対する養育・教育責任を全うする能力が欠如しているとみなされたことが背景にある*97。

「人口の資質向上」のため優生政策が継続される

　1960年代に入ると、従来の「不良な子孫の出生の防止」という社会防衛の観点に加えて、「人口資質の向上」という観点からも優生政策が推進されるようになる。

　1962（昭和37）年に厚生省人口問題審議会より「人口資質向上対策に関する決議」が提出される*36。その前文において、まず、経済成長政策は福祉国家を実現する手段であるとして、体力、知力、及び精神力の優秀な人間をまつのでなければ経済成長政策の初期の目的は達成されないと前置きする。次に、我が国の人口動態は、戦前の多産多死型から少産少死型に急速に移行したため、人口の中に占める若壮年人口の割合は加速度的に減少するとして、①若壮年人口の死亡率を極力引き下げる、②体力、知力、精神力において優秀な人間を育成する、そして、③人口構成において欠陥者の比率を減らし優秀者の比率を増すよう配慮することが国民の基本的要請であると記述している。

　そして、そのための対策として大きく8つの対策を提示している。一つは、「健康と体力――精神力を含めて――の増進ならびに体質の改善」、二つ目として「幼少人口の健全育成」、そして三つ目として「国民の遺伝素質の向上」を挙げている。その中で「劣悪素質が子孫に伝わるのを排除し、優秀素質が民族中に繁栄する方途を講じなければならない」と明示した。そのために、遺伝上の問題には、当事者の相談支援に当たるべき特別の専門的指導者を養成し、全国ネットワークに配置する。さらに優秀素質者に対しては育英制度等を活用し、育成支援に努めることが重要であるとして

いる。
　この決議に示されている優秀者の育成と「欠陥者」の排除という考え方は、1960（昭和35）年に行われた「人口問題審議会第二十一回総会速記録」にすでに示されている*37。その総会では教育の問題が取り上げられ、特殊教育（現在の「特別支援教育」）についての現状が記述されている。
　全国で百万人の精薄児童がいるとして、「この子を引き離すと全体の能力が向上する」と述べられている。そのために小中学校に特殊学級を作ることが推奨されている。その特殊学級では「職業教育を強化してゆきたい。人の御厄介にならないようにしたい。自活出来るような職業教育を強化したい」という教育が行われることを想定している。
　さらに重度の障害児は「普通の学校では持て余すので養護学校を作っていただきたい」と要請している。特殊学級や養護学校の拡充の必要性が、障害児本人の発達を保障するという視点ではなく、通常学級の教育の妨げになるという視点から述べられている。

福祉の充実とともに障害児の発生防止が叫ばれる

　1970年前後から、高度経済成長に伴って、障害児・者に対する社会福祉の充実が図られるようになった。1970（昭和45）年に制定された「心身障害者対策基本法」には、心身障害者対策の総合的推進を目的として、「国、地方公共団体等の責務を明らかにするとともに、心身障害者の発生の予防に関する施策及び医療、訓練、保護、教育、雇用の促進、年金の支給等の心身障害者の福祉に関する施策の基本となる事項を定め…」と明記された。
　さらに同法の第三条には「すべて心身障害者は、個人の尊厳が重んじられ、その尊厳にふさわしい処遇を保障される権利を有するものとする」と記述され、初めて「個人の尊厳」を重視することが鮮明にされた。
　この法律に前後して、障害児・者に対する福祉の財源を抑制するために、「心身障害児の発生を予防」することが叫ばれるようになる。

1968（昭和43）年に母子保健対策懇話会から出された「母子保健綜合対策の確立に関する意見書」には、障害児・者の福祉に関わる財源抑制の重要性が色濃く主張された*77。その時点で国及び地方公共団体の支出額は年間200億に上っているとし、今後、収容施設の拡充などで経費が増大することから障害児の発生を予防することが急務であると示された。障害児の発生を予防することによって、「不幸な児をもつ家庭の悲劇と、経済的負担の解消に役立つのみならず、年々支出されている巨額な国費、地方公共団体の財政負担は大いに軽減するのみならず、生産人口もより多く確保される…」と明記されている。

　前述したスウェーデンと同じような理由で、障害児の発生の予防が叫ばれたのである。また、この意見書には「心身障害児の発生原因」として、遺伝要因、及び妊娠、分娩時の影響をあげ、母子保健教育と妊産婦保健指導等の母子保健対策の重要性を強調している。

旧優生保護法が廃止されるまで

　1960年代に入ると、国内の出生率が下がりはじめ、将来の人口の減少が予測された。そのため、人工妊娠中絶を行いにくくすることにより、人口の減少を食い止めようとする意見が政府や自民党内から出るようになり、旧優生保護法を改正しようとする機運が高まってきた。それと同時に、世界の中で日本は「堕胎天国」というレッテルを貼られており、これも改めようとする動向もみられていた*90。

　そして、1972（昭和47）年に旧優生保護法の改正案が国会に提出された。この改正案の主な改正点は、次の3点である。

①胎児条項の追加：14条　人工妊娠中絶に「その胎児が重度の精神又は身体の原因となる疾病又は欠陥を有しているおそれが著しいと認められるもの」をつけ加える。
②経済的理由の削除：14条4　「身体又は経済的理由により母体の健康を

著しく害するおそれのあるもの」の条文における「身体又は経済的理由」を削除し、「母体の精神的又は身体の健康を著しく害する…」に変更する。
③優生保護相談所の業務拡大：20条　「適正な年齢において初回分娩が行われるように助言指導する」という内容を付け加える。

「経済的理由の削除」は、出生率の減少を食い止めることが背景にある。一方、「胎児条項」については、それまでも、「胎児に重度の障害のおそれがある場合」は実際に人工妊娠中絶が行われていたのだが、刑法の堕胎罪が適用されないように、法律の中で明文化しようとするものであった。

この改正案に対して、生長の家、生命尊重センター、女性団体、障害者団体、日本母性保護産婦人科医会などの各界からそれぞれの立場で反対運動が起こる。

例えば、女性団体の主張は次の3点に要約される*89。まず、「国家は個人の生殖・出産に介入するな」という主張である。生殖・出産は個人のプライバシーに属するべきもので、その決定と実行は個人とくに女性に最終的に委ねられるべきものである。そこに国家が介入すべきではないとする。

次に、「産む産まないは女性の権利（自由）」という主張である。出産や中絶を、当の女性の権利あるいは自由として認めるべきだという考え方である。最後に、「産める社会を！　産みたい社会を！」という主張だ。これは、「中絶は女性の権利だ」という考え方に違和感を感じた女性たちが、中絶が女性の権利であるかどうかを前面に出すのではなく、むしろ女性が産みたいときに自由に産める社会を作り出すべき、と社会改革の側面を強調した考え方だ。

この主張の中の2番目の主張に対して、障害者団体（特に、「青い芝の会」）は「産む産まないは女性の権利（自由）」と主張する女性たちに、障害を理由にして障害胎児を堕ろす権利までも女性はもっているのかと批判した。

女性の中絶する自由を全面的に認めてしまうことは、障害者そのものの

存在を過去未来にわたり否定することになる、ということを強烈に主張した*51。障害者団体のこの批判は女性団体にとって深刻なものであった。彼女たちは障害者団体の訴えを真剣に受け止め、障害児を産むか産まないかの決断が母親に強制されており、中絶すれば「差別者」とみなされ、産んだら産んだで「健康な子供を産めなかった母」として差別されていく現状こそ問題であると主張した。

一方、日本母性保護産婦人科医会は、胎児条項を盛り込み、経済的理由を廃止するべきと主張した。これらの反対運動により、旧優生保護法案改定は1974（昭和49）年の参議院で審議未了廃案となった。

その後、旧優生保護法は1996（平成8）年に、条文から優生条項が削除され母体保護法に改正された。この改正は、我が国の内部からの指摘によってなされたというより、国際的な圧力によって、改正せざるを得ない状況に追いやられた結果だと言っても過言ではない。

この改正の前に国連人権委員会から厳しく批判される事件があった。それは、2名の精神病患者が看護職員に殺害されるという宇都宮病院事件である。宇都宮病院事件が発覚するきっかけを作ったのが入院患者だった安井氏だ。安井氏は1978（昭和53）年に岐阜県の病院から宇都宮病院に転院してきた。宇都宮病院では徹底した看護職員による管理が敷かれ、従わない患者には容赦なく暴力が加えられていた。脱走しようとした患者は、失敗すれば保護室で数日間にわたりリンチされるという状態であった。

1983（昭和58）年に、夕食時、残した食べ物を捨てたことを理由に、ある患者が3人の職員によって鉄パイプで殴られ死亡した*31。また、同年12月にも、見舞いに来た知人に病院の現状を訴えた別の患者が、職員らに殴られ翌日死亡した。安井氏は約5年間入院したのち退院することになる。退院後すぐに警視庁目黒署、東京地方検察庁などに宇都宮病院で起きた殺人について訴えた。しかし、告訴は拒絶された。安井氏は報道機関や国会議員などに連絡をとり、宇都宮病院内で起きていることを訴え続けた。その結果、1984（昭和59）年3月に、ついに宇都宮病院の事件が新聞報

道された。

　この事件が国連人権委員会に知られることになり、日本政府は厳しく批判されることになる。宇都宮病院事件を契機として、旧優生保護法で精神障害者が優生手術の対象となっていたことが明らかになり、旧優生保護法自体が人権侵害に抵触する可能性があると指摘された[*85]。

　また、世界の潮流となっていた障害者のノーマライゼーションを推進する「障害者基本法」が1993（平成5）年に公布された。この基本法の理念に基づいて、障害者に対する差別や偏見を助長する法律の見直しをするという政府の方針が示された。ここで、国の障害者政策の方針と旧優生保護法との矛盾が決定的になった。

　さらに、1994（平成6）年にカイロで開催された国連国際人口・開発会議のNGO会議で、女性障害者である安積遊歩は、日本における旧優生保護法の実態について報告した。

　この法律は、「不良な子孫の出生を防止」することを目的としており、それは障害者の存在自体を否定するものではないかということ、さらに、この法律に基づくという名目で女性障害者の子宮摘出手術が行われていることを訴えた。この訴えは世界のマスコミに取り上げられ、日本政府は諸外国からの批判により、旧優生保護法の問題点にようやく気づくようになる[*51]。

　このように諸外国からの批判をうけて、旧優生保護法の優生条項を削除することになった。しかし、旧優生保護法の廃止の審議は国会では全くなされず、五日間で国会を瞬く間に通り抜けた。国会においては議論も反省も全くなかった[*105]。旧優生保護法下における人権侵害について、批判的に総括することをせずに、旧優生保護法から、優生的文言を削除しただけで母体保護法に移行することになった。

5）障害者は次の世代に悪い資質を遺伝させるという視点とその問題点

未熟な遺伝学を根拠とした優生学

　優生学は進化論と遺伝の原理を人間にも応用しようとする立場の上に成立している。

　1900年にメンデルの法則が再発見され、その2、3年後には、メンデルの法則性に合致する常染色体顕性遺伝病（従来の、優性遺伝病）と常染色体潜性遺伝病（従来の、劣性遺伝病）がヒトでも発見された。

　1902年にはアルカプトン尿症が潜性遺伝に、1903年には短指症が顕性遺伝に合致されることが報告された[*44]。このような純生物学的な遺伝理論は特定の病気だけに適用すべきであるが、優生学者は、行動や精神疾患のような複雑な形質を説明するのに単純な顕性遺伝、潜性遺伝の図式を誤って適用した。

　当時の自然科学主義の潮流として、さまざまな事象を単純化された因果論で解釈しようとする傾向があったことが背景にある。また、アメリカの「カリカック家」家系調査のようにいわば捏造された研究も行われ、それらの研究結果をベースにして優生学が根拠のあるものとして受け容れられていった。

　では現代では遺伝疾患はどのように捉えられているのであろうか。例えば、「カリカック家」家系調査の結果によって得られた、知的障害は遺伝する、不道徳、反社会的行動は遺伝する、という結論は、現在の遺伝学ではどのように理解されているのであろうか。

　まず、アメリカや日本の精神科医が多く使用するDSM-5では知的発達障害の病因をどのように説明しているかを見てみる[*67]。

　出生前の要因として、遺伝子症候群（例：一つの遺伝子配列の変異、またはコピー数多型、染色体疾患）、先天性代謝異常、母体疾患、および環境の影響（例：アルコール、他の薬物、毒物、催奇性物質）をあげている。また、周産期には、新生児脳症を引き起こすような分娩や出産に関連した

さまざまな出来事が障害の要因となる、と示している。

　ここで留意しなければならないことは、遺伝子症候群のことである。「遺伝病」と聞けば、「遺伝する病気」と捉えがちであるが、それは正確な理解ではない。遺伝病とは、遺伝という現象を担っている遺伝子や染色体の異常によって起こる病気のことを指し、伝わるとか伝わらないという概念ではない*45。

　その中で、メンデル遺伝の法則に従う遺伝病は、たった一つの遺伝子の働きが損なわれてしまった時だけ病気が発症してしまう。このような病気は単一遺伝子疾患と名付けられ、その中でも発症する確率が高い病気として常染色体顕性遺伝病があげられる。しかし知的障害にかかわる常染色体顕性遺伝病はほんのわずかな遺伝病だけである（2014年1月時点）。

　このようなことを考えれば、知的障害の要因となる遺伝の関与は、ほんのわずかな人たちに現れるのであり、多くの人は遺伝以外の要因によって知的障害が発生することが理解される。

　また、知的障害以外の常染色体顕性遺伝病を減らすということが可能なのであろうか。例えば、尖頭合指症や軟骨形成不全症などの患者はほとんど子どもを持たないことがわかっている。神経線維腫症や結節硬化症などでも患者である親から子どもが生まれる割合は低下している。このようにして人類の中から変異遺伝子がしだいに排除されていけば、遺伝病患者の数は減少し続けるはずであるが、現在でもその発生頻度はあまり変わっていない。このことは、変異による新たな変異遺伝子の出現が常に起こっていて自然淘汰による減少分を補っているためと考えられる。また、その家系のなかにも同じ患者がおらず、突然に、散発的に発生していることが確認されている*28。

　一方、精神障害はどのように捉えられているのだろうか。旧優生保護法では、優生手術の対象として精神分裂病（現・統合失調症）、躁鬱病、真性癲癇があげられているが、このような疾患は、特定の遺伝因子の関与だけで発症するのであろうか。

上述した単一遺伝子疾患は、遺伝子が原因となって発症する病気のうち、わずか1%程度にすぎないといわれる。では、残りの99%は、どのような遺伝子から引き起こされるのだろうか。統合失調症などの発症には、多くの遺伝子と環境要因が関わるということが現在の医学で明らかにされている。このような疾患は多因子遺伝疾患と呼ばれ、関与する遺伝子は疾患感受性遺伝子といわれる。一般に、一つの病気に関わる疾患感受性遺伝子は30~50個あるとされ、疾患感受性遺伝子を一つ二つ持っているだけでは病気にならない[*30]。

　疾患感受性遺伝子は、病気になりやすい体質を決める遺伝子であると捉えられている。環境因子は感受性遺伝子に作用して、発症に影響を及ぼす。疾患感受性遺伝子が多めにあっても環境因子がなければ発症しない。ここでいう環境因子というのは、遺伝的な因子以外のすべてを指し、その人の住む地域環境、家庭内環境、友人関係、経済的状況、教育歴などにとどまらず、その人が生まれる前の母胎の状況、罹患した病気なども含まれる。

　この環境因子には家族が共有する共有環境因子だけでなく、一人ひとりに固有な非共有環境因子があり、非共有環境因子が最も重要であるとされている[*12]。

　一卵性双生児にも不一致例は多数存在しており、遺伝も生育環境も共有しながら、一卵性双生児きょうだいの間に生ずる不一致や差異は、きょうだい間で共有されていない個人に独自の環境が作用することを意味している。また、統合失調症については、依然として発症の機序、病因の詳細は、十分に埋め尽くされておらず、病態解明も困難を極めているのが現状である[*92]。

　従来は遺伝性の病気は稀なもの、特別なもの、健康人には関係ないものという印象が根強かった。しかし、現在の遺伝医学では、実際に死ぬまでには少なくとも60%の人は遺伝性の病気にかかり、遺伝疾患とは特殊なものではなくすべての人々が罹患する可能性のある病気である、とされている[*45]。

2　障害者は次の世代に悪い資質を遺伝させるという視点

以上のように、現在の遺伝学の知見を基に優生学を吟味してみれば、ゴルトンから出発した優生学はいかに未熟であり、非科学的であったかが理解される。その非科学的な優生学を根拠として実行された施策によって膨大な人たちが著しい人権侵害を受けてきたのだ。

障害者が少なくなる社会が現在の我が国で可能であろうか
　1996（平成8）年に旧優生保護法の優生条項が削除され、現在の我が国において障害児・者を排除する思想がまったく消失するのであろうか。「障害者は無駄だ」として知的障害者を多数殺害した津久井やまゆり園の殺傷事件、出生前診断において陽性と判断された時の妊娠中絶の確率の高さ、及び茨城県教育委員による障害児出生を抑制する発言等[*65]、これらは最近の我が国において起こったことばかりだ。
　津久井やまゆり園殺傷事件の家族が被害者の匿名発表を希望した理由を、「日本では、すべての命は存在するだけで価値があるという考え方は特異であり、優生思想が根深いため」と説明しているように、我が国の社会の底流には、障害者を排除しようとする考え方がまだ脈々と流れているように思われる。
　ところで、どんな時代にもどこの国においてもある比率で障害児は生まれるが、現在の我が国において、旧優生保護法が目的とした障害児の出生を抑制し、障害児・者の数を減らすということが可能なのであろうか。
　内閣府による平成28年度版基本的統計によると、身体障害者は393.7万人、知的障害者は74.1万人、及び精神障害者は392.4万人に上っている。この数を人口千人当たりの人数で見ると、身体障害者は31人、知的障害者は6人、及び精神障害者は31人となっている。およそ国民の6%が何らかの障害を有していることになる[*59]。
　この数値の経年変化はどうなっているのだろう。知的障害児・者について概観してみよう（図2参照）。
　2000（平成12）年では、知的障害児・者の数は32.9万人だったのが、

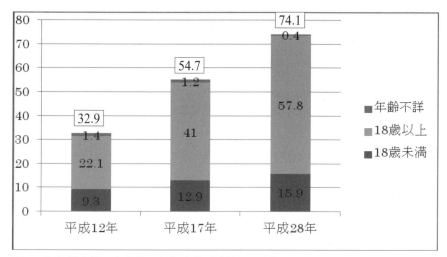

図2　知的障害児・者総数の経年変化（単位：万人）

2016（平成28）年には2倍以上の74.1万人に増加している。この図を見ると、18歳以下、18歳以上の年齢層とも増加が顕著であることが理解される。この増加の要因としてさまざまなことが考えられる。以前であると死亡していた新生児が新生児医療の進歩により生存が可能になったことが一つ挙げられる。

しかし現在では、岡本は、知的障害児の増加の要因として、高齢出産の増加を指摘している[*22]。岡本の研究によると1973（昭和48）年から2012（平成24）年の40年間で、母親の平均年齢が4.2歳上昇し、新生児の体重は200g減少していた。その間、知的障害児の発生率は、中軽度の知的障害を中心に確実に増加していった。

中程度の知的障害の発生率は、数理モデルを適用することにより母親の平均年齢と出生児体重の二つの要因だけで完全に説明できるとしている。母年齢の高齢化はなおも進行しており、知的障害児の割合は今後も増加すると予想している。

身体障害者や精神障害者においても経年変化による増加は明確に示され

ている。身体障害者においては、「内部障害」の増加が著しく、精神障害者においては、高齢化に伴いアルツハイマー病患者が増大し、65歳以上の年齢層の増加が顕著になっている。

このように、障害児・者の増加は想定されるが、減少することを想定することは現実的ではなく、まさに、幻想に過ぎないと言える。障害児・者の数を減らそうとする施策を講じるのではなく、障害者の社会参加を促し、就労の機会をより増大させる施策を実施することの方が、我が国の将来の社会にとって有益なことであると思う。

医師は国家の中でも最も危険な人物となるであろう

1993（平成5）年6月に、国立大学附属病院の医師が、知的障害者の3人の女性の生理をなくすために正常な子宮の摘出手術を行ったことを毎日新聞が報じたことを前述した（54ページ参照）。施術した医師は記者のインタビューの「傷害罪など法律に触れないのか」という質問に対して、「…臓器に病変がある場合だけが病気なのではない。病気は社会的な問題。社会が困れば何らかの医学的処置が必要。手術をすべきかどうかは、常に社会性も含め判断している」と答えている。

また、1978（昭和53）年発刊の『保健と助産』という助産師向けの冊子に、当時横浜医科大（現在、横浜市立大学医学部）の教授だった産科医が、知的障害のある16歳の少女への強制不妊手術の申請に関与した助産師の体験談へ「所感」を寄稿している。

その寄稿文の中で産科医は「悪質遺伝の子を産むことは、子どもの不幸ばかりではなく、社会に対しても大きい迷惑を掛けることになるのだから、生まれぬようにすることが最も良い方法」と、旧優生保護法が掲げていた優生思想を肯定している。

さらに助産師について、「家庭の事情をよく承知しているのだから、個人の幸福とともに社会全体の幸福のためにも優生手術を活用する努力を願いたいものだ」と記している*24。

二人の医師とも、「社会全体のために」という視点で、知的障害者の存在の排除が正当なものと認識している。
　この発言と酷似した発言をした人物が過去にいる。それは、ナチス・ドイツ時代の神経内科学者ヴィクトーア・フォン・ヴァイツゼッカーである。彼は、疾病には個人が罹るものだけではなく、共同体、集団、民族、人類が罹るものもあるとして、次のように語る*39。

> 　壊疽した手足の切断が有機体全体を救うのと同じく、民族の病んだ部分を切除することは民族を救うことになる。犠牲という観点からするなら、どちらの場合も正当であり、医療行為として有意義で必要なことである。

　この発言は、ドイツ敗戦後の1947年に発刊された著書「安楽死と人体実験」という著書に記載されている。ヴァイツゼッカーにとっては、ナチス・ドイツの時代に行われた障害者の安楽死作戦やユダヤ人の大量殺戮などは、民族・人種という有機体を管理するために「民族の病んだ部分」を切除し、集団のための治療を行ったものと認識していると思われる。
　このような医療行為の考え方に対して、対照的な考え方を示したのが、ドイツの医師クリストフ・ヴィルヘルム・フーフェラントである（彼の著書「医学全書」は幕末の日本の医学に大きな影響を与えた）。19世紀初頭に出された論考「医者の権利と義務」において次のような医療倫理が示されている*16。

> 　医師は、生命の維持以外のことをおこなうべきではないし、してはならない。生命を維持することが幸福なことなのか、不幸なことなのか、あるいは価値あることなのか否かは医師のあずかり知らぬことである。ひと度、医師がこうした判断を自らの仕事に持ち込むならば、その結果は計りしれないものであり、医師は国家の中でも最も危険な

人物となるだろう。

　フーフェラントの指摘は現実的なものになった。前述した、障害児・者の安楽死計画を作成するためにナチス・ドイツの国家機密のもとで委員会や専門委員会が設置された。この委員会には多くの医師が参加している。
　重要な点は、「参加はあくまでも自由意思に基づく」との基本条件がはっきりと提示されていたのにもかかわらず、当時のドイツ精神医学を代表する医師たちがこぞって参加していたことである*38。安楽死を実行するための実際の殺害方法についても彼らが協議し、最終的にCOガスを使用することが決定された。さらに、ガス室にCOガスを送り込むためのガス栓の操作は、すべて医師の手によって行われた。
　我が国においても、旧優生保護法のもとに、強制不妊手術を行うのに多くの産婦人科医がかかわっている。同時に、女性の知的障害者の健康な子宮摘出手術を行っている。これらの行為は、フーフェラントの指摘する「生命の維持以外の」の医療行為であり、人権侵害の行為であるということを認識することもなく実施されていた。本人の意志を確認しないで強制的に不妊手術を行うことは決して許されるべきではない。
　旧優生保護法では、「医師は…本人の同意並びに配偶者があるときはその同意を得て、任意に、優生手術を行うことができる」とされた。また、医師が旧優生保護法に示されている疾患に罹っていることを診断により確認した場合には、遺伝防止のための優生手術が公益上必要と認めるときは、都道府県優生保護審査会に優生手術を行うことの適否に関する審査を申請することができるとした。
　審査の結果、優生手術が適当と判断された人は、本人の意思とは関係なく強制的に優生手術が行われた。手術の適否を判断する優生保護審査会を開かず、書類の持ち回り審査で手術の可否を決めていた事例もあった。
　我が国においては医師の裁量権が最大限に認められてきたという*21。
　その裁量権は、患者の意志が未確立な場合に専門的知識に基づき発動さ

れ、「意志優先の法則」か「生命優先の法則」によって行われる[*52]。

　「意志優先の法則」とは、医療は患者の意志にそって行うべきであるという立場で、主に契約を重視する法則である。一方、「生命優先の法則」とは、医療はあくまでも患者の生命を保つためにあるという立場の法則である。旧優生保護法のもとに行われた優生手術は、このどちらの法則からも逸脱している。本人の意志が確認できる、できないにかかわらず本人の同意を得ないで手術が行われている。また、本人の意志を確認できない際は、医療はあくまでも患者の生命を保つという「生命優先の法則」によって医療が行われるべきであり、行う必要のない手術、即ち生命維持の医療と相容れない医療を行うべきではない。

　優生保護審査会においては、まさに医師たちの裁量によって優生手術が適当かどうかが判断された。強制不妊手術の適切性の可否を審査した医師たち、手術を実施した医師たち、及び健康な子宮摘出手術を行った医師たちは、「生命優先の原則」を無視し、必要のない手術を行った。まさに「国家の中でも最も危険な人物」になっていると表現するのは言い過ぎであろうか。

　また、2018（平成30）年5月7日の「おはよう日本」において、出生前検査の結果、陽性と判断された妊婦のうち、98％の妊婦に人工妊娠中絶が行われたことが報道された。中絶をしたある女性は、産婦人科医から「中絶するなら早いほうがいい」と中絶を促すようなことを伝えられたと語っている。手術後、その女性は後悔して閉じこもりになったが、困ったことがあったらメンタルクリニックに行くようにとその医師から伝えられ、サポートは得られなかったと語っている。このような中絶を促すような行為は、生命維持の行為と相容れない行為だと言える。

3　障害者の存在が本人や周囲の人を不幸にするという視点

　津久井やまゆり園殺傷事件の植松被告は、「障害者は不幸しか作ることができない」と発言した。また、強制不妊手術も、ある時点から、家族や本人が不幸になるという理由で手術が実施された。はたして本当に、「障害者は不幸しか作ることができない」のか。障害当事者、及び障害者の家族はそのことをどのように思っているのだろうか。

1) 障害者は不幸だという考え方を示す過去の事例

腸閉塞を合併して誕生したダウン症の子どもの手術を親が拒否した事例
　1980年代に共同通信社の斎藤茂男氏の所に、東京都内の総合病院につとめる看護婦から匿名の手紙が届いた*40。新生児室で生まれて2週間になるダウン症の赤ちゃんがいて、腸閉塞を合併している。手術をすればすぐ回復するが、このままの状態を放置すると生命の危険がある。医師は父親に、そのことを伝え、すぐ手術をする必要があることを訴えた。すると、父親からの返事は、「もし、検査の結果、ダウン症であることがはっきりしたら、手術はしないで欲しい」というものであった。

　斎藤氏は、手紙の消印を手がかりに看護婦の勤務する総合病院を探し当てる。斎藤氏はさらに取材をすすめ、両親が赤ちゃんの手術を拒否する理由を探り当てる。父親の心の内面には、本人の生育の背景からくる一種の人間不信があった。世の中、誰も助けてくれない、人生は生きる価値のないものだという暗い人生観をもっていた。だから障害を持つ子が幸福に生きていくなんて想像すらできない。そのような人だった。

　さらに斎藤氏は、この両親とかかわったケースワーカーと面接し、「障害を持って生きていくこの子がかわいそうだ、不幸だ」という理由で障害のある赤ちゃんの手術を拒否する親が多いということを知る。さらにその

ケースワーカーは「本当はそれは口実で、そういう子どもをもった自分がかわいそうだ、不幸だ」と思っている親が多いことを伝える。

兵庫県の「不幸な子どもの生まれない県民運動」
　障害をもつ子どもは不幸だ、という考えをもつのは、単に親個人だけではない。地方自治体レベルでも、県民運動としてこのような考えを広げていたことがある。
　1966（昭和41）年から、兵庫県では「不幸な子どもの生まれない県民運動」が行政主導で展開されていた*58。この施策の対象となる"不幸な子ども"は4つのグループに分類されている。そのうちの一つに「不幸な状態を負った児、遺伝性疾患をもつ児、精神薄弱児、身体障害児」を対象とするグループがあり、このような子どもについて、当時の兵庫県知事は次のように述べている。

　　　ひとりで食べることも／歩くこともできない／しあわせうすい子どもが／さみしく毎日を送っています／不幸な子どもだけは生まれないでほしい／母親の素朴な祈り／それは幸せを求める／みんなの願いでもあるのです／あすの明るい暮らしを創造するために／「不幸な子どもを生まれない施策」を／みんなで真剣に／進めてまいりましょう。

　半世紀前の兵庫県の県民運動であるが、「しあわせうすい子ども」という知事の表現と、津久井やまゆり園殺傷事件の植松被告の「車いすに一生縛りつけられている気の毒な利用者」という記述がほとんど一致する。障害児・者がいないことが県民のため、みんなの幸せである、という意図を読み取ることができる。
　障害者の存在が本人や周囲の人を不幸にするという視点は、その視点がさらに拡大して「障害者は皆苦しんでいて、死を望んでいる」という障害者観につながる危険性を内包する。

2) 本人、親は、障害は不幸であると思っているのか

　平成28年度の厚生労働科学研究の成果の一つとして、「出生前診断における遺伝カウンセリングの実施体制及び支援体制のあり方に関する研究」の成果が公表された*35。その中の第三部会では、日本ダウン症協会の協力を得て、意見聴取が可能なダウン症者を対象として、自己意識や幸福感等の調査を行った。「あなたは毎日幸せに思うことが多いですか」という問いに対して、852件の有効回答の約90％の人が肯定的に回答していた（"はい""ほとんどいつもそう"という回答）。また、「勉強をがんばることができていますか、お仕事をしていて、満足な気持ちはありますか」という問いに対しては、東京都圏の人も非東京圏の人も90％の人が肯定的に回答していた。この結果は、2011年にアメリカで行われた当事者の研究結果と一致していることが指摘されている*10。

　一方、障害児をもっていても幸福感を感じている親はどの程度いるであろうか。古い資料であるが、1996（平成8）年に京都のダウン症児・者の親の会「トライアングル」が、出生前診断試験として母体血清マーカー試験が話題になりはじめた頃、会員に対してアンケート調査を実施した。会員の134人を対象にして「ダウン症児が生まれたことについてどう思うか」という質問を行ったところ、81％の親が「良かった」と回答している*50。

　「いろんなことは起こるのですが、一緒に生活していて楽しい」「2年3カ月で亡くなりましたが、私がたとえ百歳まで生きたとしても、あの子と生きた時間にはかなわない」「出産したとき、自分ほど不幸な人間はいないと思ったのが、おかしいくらい」「この子がこの家にやってきてから、みんな優しくなりました」などの答えがあった。一方、否定的な回答は一人で、「荷が重い」という内容だった。

　ではちなみに、日本における障害のない人たちの中で自分が幸福だと思っている人はどの程度いるのであろうか。2015年12月に実施された、世界調査会社ギャラップ・インターナショナルとWIN（Worldwide

Independent Network of Market Research）の共同による「世界幸福度ランキング 2016」の調査によると、日本は世界の中で 28 位であった*110。それによると、日本人は「とても幸せ」と「幸せ」と回答した人の合計は 52% であり、そのうち、「とても幸せ」と回答した人の割合は 9% にすぎなかった。以上のように、障害のない人と比較しても、ダウン症児・者の当事者、及び親は、障害をもって不幸と感じている人はむしろ少ない。

　内閣府経済社会総合研究所では、幸福度指標試案を出している*34。主観的幸福感を上位概念として、「経済社会状況」、「心身の健康」、「関係性」をその指標としてあげている。「経済社会状況」として、基本的ニーズ、住居、子育て・教育、雇用、及び社会制度の項目をあげ、「心身の健康」として、身体面の健康と精神面の健康を、そして「関係性」として、ライフスタイル、家族とのつながり、地域とのつながり、自然とのつながりの項目をあげている。

　これらの幸福度の指標の中で障害児・者の幸福感に影響をもたらす指標はどのようなものであろうか。また、一方で、障害のある人の家族は、植松被告の指摘したように「障害者は不幸を作るしかできない」と思っているのだろうか。さまざまな事例からその点を探っていく。

3）さまざまな言葉で幸福感を表現

　「障害児もその家族も不幸だ」と主張されれば、障害児・者の家族の多くの人は即座に否定するだろう。そもそもそのような言い方は、「幸福」と「不幸」をただ一本の直線上に並べて、ここから先が幸福、ここから不幸と決めつける言い方である。幸福と不幸についての感情はそのように単純に線引きできるものではないだろう。

　事例を探っていくと、障害児・者の家族は、自分の幸福感をストレートに「幸せだ」と表現している人は決して多くないことに気づかされる。前述した京都親の会「トライアングル」の調査結果に示したように、「一緒

に生活していて楽しい」「あの子と生きた時間にはかなわない」「出産したとき、自分ほど不幸な人間はいないと思ったのが、おかしいくらい」「みんな優しくなりました」などという、様々な言葉で表現していることが多い。多くの事例の中から、その幸福感をどのように表現しているか探ってみたい。

この子を生んで良かった

　障害のある子どもをもった親は、出産や子育てを通して、多くの苦悩と葛藤を経験してきた人がほとんどである。やがて子どもの障害を受容するようになり、このような子どもをもって決して不幸せではないという考えを持つに至る。中田は、親が子どもの障害を受容する過程について欧米の障害受容の段階を、「危機反応・ショック状態」→「混乱と否認の状態」→「怒りや悲哀や抑うつなどの負の感情が持続する時期」→「適応する段階」と整理している*62。

　中田は、日本においてはさらに最終段階としてもう一つの段階が加わるという。それは「価値観の変化という状態」という段階だ。出産の時や成長の過程で、医師などから子どもに障害があると告げられた時の衝撃が大きく、ショック状態になる母親が少なくない。「どうして私の子どもが障害児なのか」と被害意識をもったり、「私に何か問題があったのだ」という自責の念にかられることもあるという。さらに、「私ばかりがどうして苦しまなければならないのか」という拒否的態度をとることもある。

　しかし、子どもの成長とともに、子どもの状態を冷静に客観的に見ることができるようになり、「この子どもはこのままでも良いのでは」、「障害は子どもの一部でありすべてではない」などと、ある種の悟りの境地に達する。このような状態になると障害受容が、子どもを生む前の状態に戻るというだけでなく、新しい価値観をもった成長した心の状態に達する。

　そして、次のような言葉が母親の口から出てくるのだと思う。35ページで紹介した神戸氏の奥さんの言葉だ。

いつのころからか私は、金佑と私たち家族が不幸と思うことはなくなりました。私の中の幸福の尺度が少し変わってきたのかもしれません。「この世に生を受けたものに無駄なものなど存在しない」と、今の私は言い切ることができます。ただ、金佑の障害告知を受けたばかりの十五年前の私がどう思うのか、今の私にはわかりません。まだまだ「金佑に障害があって良かった」とまでは思えませんが、金佑が私の元に生まれてきたことは本当に良かった、と今は思えるようになりました。

この子と一緒にいられることが幸せ

　成長しても、常に生命の危険性をもつ子どもの親の場合、今日も生きていてくれたことを感謝し、一瞬一瞬の時間が貴重に思え、子どもと一緒にいることが幸せだと感じるようだ。93ページで紹介した野田議員のお子さん真輝君の場合、常に医療的配慮を必要としている。野田議員のブログ「ヒメコミュ」には、常に真輝君の様子が報告され、野田議員の真輝君への思いが綴られている。

> ○ムスコさんを病院から受け取った時からいつも心の片隅に彼の死を抱いています。毎日毎分毎秒、いつ突然の別れが来るかもしれないという恐怖と向き合っています。仕事で離れるとき、バイバイと言ってくれる彼の笑顔が最後かもしれないと思いながら毎日過ごす。だから、そうでなかった毎日に感謝します（2017年6月25日「いつか」）。
> ○愛する者と一緒に過ごせる幸せ。あらためて今日実感しています（2016年7月6日「2歳6か月」）。
> ○すべての命には、それぞれミッションがある、ということを。ムスコさんの寝顔は、ノダにとって、心の平安を取り戻すミッションを持っているようです（2013年9月13日「静かな夜」）。
> ○新たな気持ちの中、グダグダになっているムスコさんとの一瞬一瞬を

幸せに思います（2016年8月11日「再生！」）。

　また、重度心身障害のある人の家族は、自分を「不幸」と感じているのだろうか。宮城県内の高校1年生の星日菜さんは自分の弟さんのことを次のように述べている*23。

　　私には脳に重い障害がある中学2年の弟がいます。歩くこと、話すこと、食べることもできません。自分では何もできないのですが、かわいい弟です。支援学校に行ったり親戚が集まるなど、周りに人がいてにぎやかだと笑顔になります。（中略）人々の障害者に対する見方や考え方が変われば、社会は変わります。障害者は何もできないのではないのです。家族を笑顔にしてくれます。

　野田議員も星さんも「幸せ」という表現の他に、「感謝」とか「笑顔にしてくれる」という表現で、自分の幸福感を描写している。このような表現によって自分の幸福感を表す人は意外に多いように思われる。

この子に感謝
　障害のある子どもをもつ親は、子供の障害を医師から告知された時に、そのことを家族以外の周囲の人に伝えることができず、孤立状態に陥り、孤独感にさいなまれることがある。そのような状態からやがて脱し、親は周囲の人たちと関わるようになる。その関わりの変容過程について、目黒は「社会的孤独」→「社会的開示」→「社会的参加」→「社会的自律」という過程を想定している*87。
　障害を告知された段階では、周囲の一部の人（夫等）に対してしか心を開かない状態であるが、やがて相談機関等の人たちや同じ障害をもつ親と関わるようになる。そして、親の会やセルフヘルプグループの中でいろいろな活動をするようになる。その過程で、さまざまな人と関わり、障害の

ない子どもをもつ親が経験したことがないような経験をする。その経験を通して、今までの価値観が変わり、主体的に周囲の人と関わるようになる人が多い。その様な状態になった時に、障害のある自分の子どもに、このような経験をさせてくれて「感謝」するという表現をするようになる。

　自閉症のある子どもの父親、平井さんは、息子さんの幼少の頃は、単身赴任ということもあって息子さんと関わることが少なかった。息子さんが小学校に入学してから、障害のある子どもたちと関わることが次第に多くなる。そのきっかけは、障害をもつ子どもたちを療育する「でんでん虫の家」というグループのバザーでお手伝いを頼まれたことだ。その後、「でんでん虫の家」の活動に頻繁に参加するようになる。

　さらに、障がい児スポーツ教室、町田養護わかばの会、町田おやじの会に関わり、サラリーマンだけをしていたら経験できなかったさまざまな経験をする。自宅を建てる際に地域の障害者の働く場として、パン工房「ほろほろ」を一緒に建ててしまう。また、それらの経験を通して、学校、市役所、福祉関係の機関、鉄道会社等のさまざまな人と関わることになる*83。そして、次のようなことを述懐する。

　　　秀一（息子さんの名前）はいろいろな方にお世話になって、ここまでこれた。同時に、俺は秀一がいたおかげでいろいろな経験をさせてもらった。俺は秀一に感謝している。

　同様に、仙台の「ぽれぽれくらぶ」という障害のある子どもの母親たちのセルフヘルプグループで、さまざまな人たちと多くのことを経験した井上さんも息子さんの大樹君について次のように語る*78。

　　　でも大樹のおかげで、私はたくさん得るものがありました。その中で大切なものは「ひと」です。私たちにとって一番の宝物だと思います。たくさんの「ひと」に助けられてここまで辿りつきました。本当

にありがたく、幸せなことと思います。

　以上の二つの事例をみると、親たちのセルフヘルプグループの存在が非常に重要であることが理解される。はじめの事例の平井さんは、「町田おやじの会」に所属している。「町田おやじの会」は、「でんでん虫の家」を中心に活動していた「年長おやじ」という会と、「つくしんぼ」という障害児の放課後活動の場を運営していた会の二つの会が合併した会である。
　IT会社社員、システム営業員、歯科医師、自営業等様々な職業のおやじが、障害児・者に関わるさまざまな活動を行い、リラックスして障害児をネタに酒を飲む。そのような活動をしている。
　二つ目の事例の井上さんは、「ぽれぽれくらぶ」という障害児をもつ母親の会に所属している。この会は、勉強会、映画会、お泊まり会などさまざまな活動をする。会員が最も楽しみにしているのはお菓子を食べながらおしゃべりすることだ。
　このようなグループに参加し、さまざまな活動を仲間と一緒にすることによって、他の親たちの話に耳を傾け、自分の言葉で語ったりすることによって、自分の問題を自分の言葉で把握するようになる。そして「自分だけではなかった」という安心感を持つことができる。そして、自分の子どもにこのような体験をさせてくれて「感謝する」という言葉が出てくるのだと思う。

　以上、障害のある子どもをもっても、子どもの障害を受容し、幸福感、あるいは幸福感に似た感情を持つようになり、その感情をさまざまな言葉で表現している事例を見てきた。
　一方で、障害をもつ母親たちの中には、日本の社会の中で当たり前のように存在していた「障害＝不幸」という概念を全く持っておらず、子どもを自然に受け容れている母親もいる。例えばその母親は、医師から障害の告知を受け、つらいと思う以上に子どもをいとおしいという感情のほう

が勝り、親として普通の感情をもって子どもの誕生を受け容れている。中田が紹介する母親は「子どもが無事生まれて良かったと感じましたから、障害があると聞いたときも、お乳の飲みが悪いのはそのせいだったのかとわかって、ほっとしたと思います。その後も病院で、育て方のコツみたいのを言ってくれて、これでちゃんと育つんだなーって感じでした」と話している*62。また、「障害児の親は一度やったらオモシロくてやめられない」という実感をもつ母親もいる*54。この母親にとってその実感は本物で、強がりとか、やせ我慢とか、負け惜しみとしか受け取ってもらえないのが悲しいと述べている。

　障害児の母親という点で共通していても、幸か不幸かという捉えられ方は、それぞれの親によって異なると思われる。また、障害の種類や程度によってその捉え方は影響されるであろう。

幸福とは定義が不可能で主観的なもの

　そもそも、「幸福」とはどのようなものであるのか。「岩波　思想・哲学事典」には「幸福の追求は人間にとって自然的かつ不可避の要求であるが、その内実は個々の主体のあり方に依存するため、幸福概念の一義的な規定は不可能である」と記されている*71。同じく、「事典　哲学の木」には「どのような状態を幸福と考えるかに関しては、相当個人差がありそうである」と記されている*60。すなわち、「幸福」については定義が出来ず、かつ主観的な思いに決定されるものであるということだ。また、「幸福」という概念は、時代の社会的状況によって変化し、その時々によって相矛盾することがある。

　「幸福」の反対の意味をもつ「不幸」についても同じことが言えると思う。「不幸」という概念も主観的なものであり、他者がある人を「不幸」であると断言することはそもそも無理なことである。となると、津久井やまゆり園殺傷事件の植松被告の「障害者は不幸しか作ることが出来ない」という発言や、兵庫県の「不幸な子どもの生まれない県民運動」という表現は

そもそもが不適切な表現である。

146ページに、ダウン症児・者の幸福度の調査結果と、日本人全般の幸福度の調査結果を示したが、ダウン症児・者自身が幸福であると感じる人が多いのは何故だろう。そこで想定されるのは、幸福感をもたらす要因の相違がその結果に反映されていると考えられる。

前述した内閣府経済社会総合研究所で示した幸福度指標に基づいて考えてみるなら、障害のない人の場合、「経済社会状況」、「心身の健康」、「関係性」の指標が総合的に影響していると考えられる。もちろん人によっては、その指標の比重の程度は異なるのは当然のことであろう。例えば、人によっては、「経済社会状況」の指標よりも「関係性」の指標を重視する人がいてもおかしいことではない。経済的に豊かな生活をするより、自分のライフスタイルを大事にして生活する人がいるのは今では珍しいことではない。

障害児・者においては、これらの指標のなかでどのような指標が重要視されるのであろうか。障害のない人と同じように、すべての要因に影響されると考えられる。また、一人ひとりによってその要因に比重があることも考えられる。

筆者の主観的な想定であるが、「関係性」の指標が彼らの生活の中で無意識のうちに重要視されていると考える。特に「家族とのつながり」と「地域とのつながり」が彼らの幸福感に大きく影響するのではないか。家族や地域とのつながりが良好であればあるほど、幸福感も増大するものと考える。

家族とのつながり

「家族とのつながり」に関係して、障害のある人が暖かくその家族に包まれ暮らしている事例を、筆者の体験から紹介しよう。

筆者のゼミの卒業生のS子さんから結婚式の招待状をもらった。S子さんは大学を卒業して地元に戻り、知的障害者施設の指導員をしていた。S子さんにはダウン症のお兄さんがいて、学生時代によくお兄さんのことを

友達と話していた。

　結婚式に参列し、式は滞りなく進んだ。最後に、新郎新婦が今まで暮らしてきて最も感謝したい人に花束を捧げるという場面が設定された。新郎は、幼少の頃、両親が共稼ぎだったため、自分の世話をしてくれた叔母さんに登壇してもらって花束を捧げた。新婦のS子さんはダウン症のお兄さんに登壇してもらった。「私の生きる道を教えてくれたお兄さんに」という言葉を添えて花束を捧げた。会場の参会者の多くの人は目頭を押さえていた。S子さんの中学時代の恩師が、祝辞で、家庭訪問でS子さんの家を訪れた時のことを披露してくれた。家の中に案内されるとお兄さんが座っていた。その表情はとても穏やかだった。お兄さんを包む家庭内の暖かい雰囲気が印象的だった、と披露してくれた。

　もう一つ事例を紹介する。これも筆者のゼミのK子さんにまつわる事例だ。K子さんには知的障害を伴う自閉症のお兄さんがいる。学生との食事会のことだ。私は、いつも遅刻してくるT君に、「T君、君が幸せと思うときはどのような時？」と質問した。するとT君は、「寝ているときです」と答えた。一日に何時間でも眠れるそうだ。どおりでいつも遅刻してくるのだと得心した。隣に座っていたK子さんに同じ質問をしてみた。すると「お兄ちゃんの顔を見ているとき」と答えたのだ。「私の家族はみんなそうです」と付け足した。

　S子さんとK子さんのお兄さんは、本人が自覚するしないにかかわらず家族の中で幸福感に包まれ日々を暮らしているのだと思う。

地域とのつながり

　「家族とのつながり」は障害児・者の幸福感に大きな影響を与えると思うが、「地域とのつながり」も障害児・者の幸福感に大きな影響を与えていると思われる。

　北海道伊達市は、人口35,000人規模の市である。そのうち約500人ぐらいの知的障害者が市民として地域の中で生活している。伊達市郊外に

ある北海道立「太陽の園」の入所者が、1973（昭和48）年から段階的に、伊達市内に移住し生活しているのだ。北海道社会福祉事業団と伊達市とが連携して、知的障害者の地域での生活を支えてきた。グループホームや通勤寮、下宿やアパートなど、知的障害者の生活実態に応じてさまざまな生活形態がとられている。知的障害者たちには生活支援、就労支援等の地域で生活していく上で必要な支援がしっかりなされている*49。

　地域住民の理解も進んでおり、知的障害者の余暇活動は市民のさまざまなボランティア活動によって支えられている。当初は、「太陽の園」の施設に市民が赴きボランティア活動を行っていたが、「太陽の園」の入所者が伊達市内で生活するようになっても、市民のボランティア活動は地域の中で継続されている。例えば、茶道のお師匠さんが当初「太陽の園」に赴いて茶道を教えていたが、「本格的に作法を習得させては…」とお師匠さんから誘いかけがあり、それ以降は、お師匠さんの家での茶道の学習が行われている。茶道以外にも、花道、日本舞踊、料理、手話、ストレッチ体操と余暇活動の内容が拡大していったという。

　かつては「太陽の園」の入所者が市内のショッピングストアやレストランに出かけた時には、おっかなびっくり腫れ物にさわるような市民との付き合いだったとのことだ。しかし、入所者が段階的に伊達市内に住むようになって、市民と知的障害者との交流が日常的に行われるようになると、地域の人たちとの距離も徐々に埋まっていき、市民の知的障害者に対する見方は大きく変わっていったという。

　障害者が施設を出て地域の中で生活するようになると、障害者も住民として消費者の仲間入りをすることになる。住居の確保から毎日の生活物資まですべて地元で調達することになる。そのことによって地域の人々と障害者との関係は持ちつ持たれつの関係になる。伊達市を訪れた経済学者の中島は、障害者が地域に生活することによって得られる経済効果は無視できないものがあると指摘したうえで、「結局、地域で障害者が共生できているかどうかは、障害者がどのくらい町に出ているかどうかでわかる」と

述べている*61。

　このような環境で生活する障害者は、幸福感を特に意識しなくても、周囲の人から差別的な扱いを受けることもなく、日々、充実した暮らしを送ることになるのだろう。

重度障害者の幸福感は
　重度の障害者は、一見すると幸福感とは縁遠い人たちのように見える。はたしてそうであろうか。深田は、地域の中で「自立生活」をしている身体障害者の介護をしているが、彼が出会った人たちについて次のように述べている*72。

　　　たとえどんなに重い言語障害があっても、あるいはたとえ24時間、人工呼吸器をつけていたとしても、「それがどうしたのか」という風情で自分の生活を謳歌していた。彼らの「どっこい生きている」姿にただただ圧倒されてきた。

　人工呼吸器をつけていても自分の生活を謳歌していたというのだ。なぜ、そういうことが起こるのだろう。その疑問に答えてくれるテレビ番組があった。
　NHKでは自閉症スペクトラム障害のある東田直樹さんの生活を取材し『自閉症の君が教えてくれたこと』という番組を放映した*108。東田さんは、自閉症特有の感覚障害や他人から見て奇異と思われる行動を示していた。その東田さんが、「幸せ」について語る場面があった。この番組を担当していたNHKのレポーター丸山拓也さん（33歳）は、胚細胞腫瘍があり肺や肝臓に転移していて、5年生存率は50％であると医師から告げられていた。その丸山さんが、番組の最後に東田さんに「僕の人生にとって前を向いて生きるために大切なことを教えて欲しい」とお願いした。東田さんは、パソコンに一字一字入力しながら音声で次のように答えた。「人はど

んな困難を抱えても幸せを見つけて生きることができる」と。東田さんが障害者として今まで経験してきた困難の中で得た知見であると思う。

参考・引用文献

＊1　秋朝礼恵（2014）：スウェーデン・モデルに関する一考察、地域政策研究、17（2）、87~103.

＊2　秋葉悦子（2008）：「解説」、ヨハネ・パウロ二世：『回勅　いのちの福音』、248~254、カトリック中央協議会.

＊3　秋葉聡（2005）：『カリカック家』の批判的考察、社会臨床雑誌、13（1）、2~30.

＊4　淺野成俊（1925）：カリカック家族における低能の遺伝、心理研究、64、192~209.

＊5　朝日新聞（1996）：ダウン症児、「産んでよかった」8割　親の会アンケート、10月28日付大阪版朝刊.

＊6　朝日新聞（1997）：劣った人を一掃　6万人に強制不妊手術　スウェーデンで35-76、年、8月26日付夕刊.

＊7　朝日新聞（1997）：新しい論理を求めて　成功する子　出生前診断で「生命選別」9月11日付記事.

＊8　朝日新聞（2012）：胎児異常が理由の中絶、10年前との比較で倍増　広がる出生前診断、学会が指針作りへ、4月5日付け記事）.

＊9　朝日新聞（2018）：新出生診断、拡大を検討　研究から診療扱いに　日産婦、2月14日付記事.

＊10　朝日新聞 DIGITAL（2016）：ダウン症の人、9割が「毎日幸せ」厚生労働省研究班、asahi.com.

＊11　有賀夏紀（2002）：アメリカの20世紀（上）、中央公論新社.

＊12　安藤寿康（2015）：行動遺伝学の基本原則、臨床精神医学 44（10）、1325~1332.

＊13　石田祥代（2003）：デンマークにおける断種法制定過程に関する研究、東京成徳大学研究紀要、10、19~25.

＊14　市野川容孝（1999-a）：「優生思想の系譜」、石川准・長瀬修 編著：『障害学への招待』、127~157、明石書店.

＊15　市野川容孝（1999-b）：福祉国家の優生学——スウェーデンの強制不妊手術と日本——、世界5月号、167~176.

＊16　市野川容孝（2002）：生命の「選別」「抹殺」「出口なし」のニヒリズム状況

における「倫理」を問う、図書新聞 3 月 9 日号．
* 17　鵜浦裕（1988）：社会ダーウィニズムの受容と展開──国際比較のための一枠組み──、現代英米文化、18（0）、107~114．
* 18　遠藤徹（1998）：障害胎児中絶は是か非か：人は自然を「主」とすることなしに正しさを主張し得るか、山口大学哲学研究、7、1~42．
* 19　大久保功子・玉井真理子・麻原きよみ・近藤浩子・百瀬由美子（2003）：出生前遺伝子診断による選択的妊娠中絶の語り──モノグラフ──、日本看護科学会誌、23（2）、1~11．
* 20　大瀬戸美紀（2011）：ゴッダードのアメリカに於ける活動とその影響──『カリカック家』の衝撃とその後の展開を中心として──、東北生活文化大学・東北生活文化大学短期大学紀要、42、25~30．
* 21　大林雅之（2005）：生命の淵──バイオエシックスの歴史・哲学・課題──、東信堂．
* 22　岡本悦司（2014）：知的障害児の増加と出生時体重ならびに母年齢との関連、厚生の指標、61（15）、1~7．
* 23　河北新報（2017）：東北わたしの道しるべ　障害者の平等な社会へ．、8 月 14 日朝刊．
* 24　河北新報（2018）：産科医が手術推奨　53 年の冊子「悪質遺伝」、4 月 4 日付記事．
* 25　加茂川益郎（2012）：帝国主義から福祉国家へ、敬愛大学研究論集、（82）、39~68．
* 26　紀愛子（2013）：ナチス「安楽死」作戦の正当化言説における障害者観の展開、西洋史論叢、35、47~61．
* 27　紀愛子（2014）：ヴィルヘルム期～ヴァイマール期ドイツにおける安楽死論と障害者観──ナチス「安楽死」作戦との関連において──、史論、67、101~122．
* 28　木田盈四郎（1982）：先天異常の医学、中央公論社．
* 29　木村草太（2016）：「個人の尊重」を定着させるために．現代思想 10 月号、56~62．
* 30　経塚淳子 監修（2008）：遺伝のしくみ──「メンデルの法則」からヒトゲノム・遺伝子治療まで──、新星出版社．
* 31　桐原尚之（2015）：宇都宮病院事件から精神衛生法改正までの歴史の再検討──告発者及びその協力者の意図との関係──、Core Ethics、11、47~57．

＊32　熊田佳代子（2016）：ナチス「T4作戦」番組への反響と相模原事件報道．創10月号、70~73．

＊33　黒崎剛（1996）：生命・遺伝子操作に適用された「滑り坂論」の意味を捉えるために──W．ヴァン・デア・バーグ・「滑り坂論」の紹介を兼ねて──、京都大学大学院文学研究科倫理学研究室 http://www.ethics.bun.kyoto-u.ac.jp/wp/genome/genome96kurosaki/

＊34　幸福度に関する研究会（2011）：幸福度に関する研究会報告──幸福度指標試案──、https://www5.cao.go.jp/keizai2/koufukudo/koufukudo.html／

＊35　厚生労働科学研究成果データベース（2016）：出生前診断における遺伝カウンセリングの実施体制及び支援体制のあり方に関する研究．https://Mhlw-grants.niph.go.jp

＊36　厚生省人口問題審議会（1962）：人口資質向上対策に関する決議．

＊37　国立社会保障・人口問題研究所（1960）：人口問題審議会第二十一回総会速記録．

＊38　小俣和一郎（1997）：精神医学とナチズム、講談社．

＊39　小松美彦（2012）：生権力の歴史──脳死・尊厳死・人間の尊厳をめぐって──、青土社．

＊40　斎藤茂男（1985）：生命かがやく日のために、共同通信社．

＊41　堺武男（2018）：限りないやさしさを求めて、文藝春秋企画出版部．

＊42　坂井律子（1999）：ルポルタージュ　出生前診断、NHK出版．

＊43　櫻井浩子（2008）：障害新生児の治療をめぐる「クラス分け」ガイドライン──その変遷と課題──、Core Ethics、4、105~113．

＊44　新川詔夫・太田亨（2017）：遺伝医学への招待 第5版、南江堂．

＊45　信州大学医学部附属病院遺伝子診療部：遺伝医療をすすめる際に最低限必要な遺伝医学の基礎知識．http://www.shinshu-u.ac.jp/hp/bumon/gene/genetopia/basic/basic1.htm

＊46　末広敏昭（1981）：優生保護法　基礎理論と解説、蜻蛉舎．

＊47　鈴木崇夫（1995）：「滑り坂論法」についての覚書──生命倫理とドイツの安楽死論争（一）──、医事学研究、10、1995-12-10、1~32．

＊48　曽野綾子（2013）：人間にとって成熟とは何か、幻冬舎．

＊49　太陽の園・旭寮（1993）：施設を出て町に暮らす、ぶどう社．

＊50　ダーウィン（1967）：人類の起源、世界の名著39　ダーウィン、63~560、中央公論社．

* 51 高山佳子・濱野有夏（1997）：女性障害者の現状と今後——優生保護法から母体保護法への移行のなかで——、横浜国立大学教育紀要、37、125~133.
* 52 田中達也（2001）：患者の自己決定権と医師の裁量権の定義づけ、生命倫理 11（1）、111~116.
* 53 ダニエル・J・ケヴルズ（1993）：優生学の名のもとに——「人類改良」の悪夢の百年——、朝日出版社.
* 54 玉井真理子（1995）：障害児もいる家族物語、学陽書房.
* 55 玉井真理子（1999）：「障害」と出生前診断、石川准・長瀬修 編著：『障害学への招待』、109~125、明石書店.
* 56 トレント.J.W（1997）：「精神薄弱」の誕生と変貌（下）、学苑社.
* 57 トロンブレイ・S.（2000）：優生思想の歴史——生殖への権利、明石書店.
* 58 内閣府第20回障がい者制度改革推進会議（2010）：障害者基本法・第三章障害の予防関連「不幸な子どもの生まれない県民運動」についての資料.
* 59 内閣府（2017）：平成28年度版障害者白書（全体版）、www8.cao.go.jp.
* 60 永井均・中島義道・小林康夫・河本英夫・大澤真幸・山本ひろ子・中島隆博 編（2002）：事典 哲学の木、講談社.
* 61 中島隆信（2011）：障害者の経済学 増補改訂版、東洋経済新報社.
* 62 中田洋二郎（2002）：子どもの障害をどう受容するか、大月書店.
* 63 中村満紀男（1996）:20世紀前半のアメリカ合衆国における精神薄弱者の優生断種史（2）、心身障害学研究、20、67~82.
* 64 中村満紀男・曺周希（2000）:P.ポピノーの優性断種構想における対象論——カリフォルニア州に関する研究（1927-30）を中心に——、心身障害学研究、24、99~114.
* 65 日本経済新聞（2015）：障害児出産「減らせれば」茨城県の教育委員が発言、11月20日付記事）.
* 66 日本経済新聞（2016）：新出生前診断、3万人超す　染色体異常の9割中絶、7月19日付記事.
* 67 日本精神神経学会（2014）:DSM-5　精神疾患の診断・統計マニュアル、医学書院.
* 68 野村総合研究所（2015）：日本の労働人口の49%が人工知能やロボット等で代替可能に、https://www.nri.com/jp/news/2015/151202_1.aspx
* 69 ハンナ・アーレント（1969）：イエルサレムのアイヒマン——悪の陳腐さに

ついての報告——、みすず書房．
* 70 ピーター・J・ボウラー（1997）：チャールズ・ダーウィン　生涯・学説・その影響、朝日新聞社．
* 71 廣松渉、子安宣邦、三島憲一、宮本久雄、佐々木力、野家啓一、末木文美士編（1998）：岩波　哲学・思想事典、岩波書店．
* 72 深田耕一郎（2016）：介護者は「生気の欠けた瞳」をしているのか、現代思想10月号、185~191．
* 73 藤井克徳（2016）：ナチスドイツと障害者、心と社会、No.163、p66~71．
* 74 藤田菜々子（2009）:1930年代スウェーデン人口問題におけるミュルダール——「消費の社会化」論の展開——、経済学史研究、Vol.51（1）76~92．
* 75 藤野豊（1998）：日本ファシズムと優生思想、かもがわ出版．
* 76 ヘルガ・クーゼ（2006）：生命の神聖性説批判、東信堂．
* 77 母子保健対策懇話会（1968）：母子保健綜合対策の確立に関する意見書、小児保健研究、26（3）、138~145．
* 78 ぽれぽれくらぶ（1995）：今どき、しょうがい児の母親物語、ぶどう社．
* 79 毎日新聞（1949）：優生手術と人権『断種強制できる』　法務府見解を表明、10月14日朝刊．
* 80 毎日新聞（2016）：新型出生前診断　異常判明の96%中絶　利用拡大、4月25日付記事．
* 81 毎日新聞（2016）：相模原殺傷事件　感じた嫌悪「いつか起きる…」長男が障害を持つ野田聖子衆院議員、8月17日付記事、東京朝刊．
* 82 毎日新聞（2018）：「福祉国家」も強制不妊　男性「人生戻らない」、4月15日付記事．
* 83 町田おやじの会（2004）：「障害児なんだ、うちの子」って言えたおやじたち、ぶどう社．
* 84 松原洋子（1998）：中絶規制緩和と優生政策強化——優生保護法再考——、思想、886、116~136．
* 85 松原洋子（2000）:「日本——戦後の優生保護法という名の断種法」、米本昌平・松原洋子・橳島次郎・市野川容孝：『優生学と人間社会』、170~236、講談社．
* 86 村松伸一（2006）:19世紀末文化の環境としてのロンドンと女性たち、青山学院女子短期大学総合文化研究所年報、14、111~126．
* 87 目黒達哉（2003）：障害児・者をもつ親の障害受容過程と社会的態度の変容

について、愛知新城大谷短期大学研究紀要、57~69.

* 88 森禎徳（2015）：障害新生児に対する治療差し控えの倫理的正当性、医学哲学医学倫理、33（0）、10~20.
* 89 森岡正博（1995）：日本におけるフェミニズム生命倫理の形成過程――70~80年代優生保護法改悪反対運動が提起するもの――、生命倫理、5、60~64.
* 90 森岡正博（1997）：優生保護法改正をめぐる生命倫理、日本研究　国際日本文化研究センター紀要、16、211~224.
* 91 カール・ビンディング，アルフレート・ホッヘ（2001）：「生きるに値しない命」とは誰のことか――ナチス安楽死思想の原典を読む――、窓社.
* 92 森田幸孝・氏家寛・黒田重利（2007）：統合失調症の分子病態研究について――遺伝子研究を中心に――．岡山医学会雑誌、119（2）、119~125.
* 93 森永佳江（2012）：福祉国家における優生政策の意義――デンマークとドイツとの比較において――、久留米大学文学部紀要　社会福祉学科編第12号、37~52.
* 94 安井一徳（2013）：諸外国における出生前診断・着床前診断に対する法的規制について、調査と情報、779、1~11.
* 95 矢野聡（2014）：優生学と社会政策、政経研究、51（3）、621~647.
* 96 山本起世子（2005）：戦後日本における人口政策と家族変動に関する歴史社会学的考察――優生保護法の成立・改正過程を中心に――、園田学園女子大学論文集、39、85~99.
* 97 山本起世子（2010）：障害児福祉政策と優生思想――1960年代以降を中心として――、園田学園女子大学論文集、44、13~26.
* 98 吉澤千登勢（2004）：「胎児条項」が問いかけるもの、日本大学大学院総合社会情報研究科紀要、4、51~62.
* 99 吉澤千登勢（2006）：「胎児条項」と看護職のアドボケート責務、生命倫理、16、52~57.
* 100 與那嶺司（2004）：米国における知的障害とソーシャルワークの関係――その関係の歴史的な変遷とソーシャルワーカーの役割の検証――、関西福祉大学研究紀要、7、205~226.
* 101 米本昌平・松原洋子・橳島次郎・市野川容孝（2000）：優生学と人間社会、講談社.
* 102 米本昌平（1985）：社会進化論、平凡社大百科事典、1215、平凡社.

* 103　ヨハネ・パウロ二世（2008）：回勅　いのちの福音、カトリック中央協議会．
* 104　渡部麻衣子（2015）：イギリスにおけるダウン症を対象とした出生前スクリーニングの発展と現状、南山大学ホームページ http://rci.nanzan-u.ac.jp/ISE/ja/activities/colloquia/2004watanabe.pdf
* 105　アエラ（1996）：重い宿題残すスピード通過　優生保護法改正、7月8日号
* 106　AERA dot.（2016）：衆院議員・野田聖子が語る「障害児の息子がくれたもの」、11月5日．https://dot.asahi.com/
* 107　NHK（2012）：週間ニュース深読み　出生前診断"命"をめぐる視点、9月15日放映．
* 108　NHK（2017）:NHKスペシャル　自閉症の君が教えてくれたこと、12月11日放映．
* 109　NHK（2018）:NHK福祉ポータルハートネット　生命操作　復刻版、http://www.nhk.or.jp/heart-net/life/case_study/c17.html
* 110　HUFFPOST（2016）：最新版「世界幸福度ランキング2016」の結果発表！G7の幸福度が壊滅する中、幸福度1位に輝いたのは？、https://www.huffingtonpost.jp/
* 111　UNITED STATES HOLOCAUST MEMORIAL MUSEUAM: 安楽死プログラム、https://encyclopedia.ushmm.org/content/ja/article/euthanasia-program

III
障害者の存在が健全で安らかな社会をつくる

1 「個人の尊重」という理念を定着させるために

　我が国の憲法十三条に「個人の尊重」という原理が示されている。すなわち、「すべて国民は、個人として尊重される。生命、自由及び幸福追求に対する国民の権利については、公共の福祉に反しない限り、立法その他の国政の上で、最大の尊重を必要とする」と明記されている。

　憲法学者の木村は、憲法十三条の条文に明記されている、基本的人権のベースとなる「個人の尊重」という視点の重要性を強調している*28。津久井やまゆり園殺傷事件は、私たちの社会が「個人の尊重」という憲法的価値を定着させることに失敗している可能性を示している、と主張する。

　この「個人の尊重」とはどのようなことを意味するのだろう。浦部はこのことについてわかりやすく解説している*13。人権とは、人間が人間として生きていくための不可欠のものであり、かつ人が生まれながら当然にもっている権利である。その人権の根底にあるのが「個人の尊重」の原理であるとする。

　　「個人の尊重」とは、一人ひとりの人間を、自立した人格的存在として尊重する、ということであり、平たく言えば、「一人ひとりの人間を大事にする」ということである。それは、一人ひとりが固有の価値を持っている、という認識に立って、それぞれの人がもっているそれぞれの価値を等しく認めあっていこう、というものである。だから、ここでは、人はみな、一人ひとりが違う存在なのだ、というとらえ方が前提となる。違う存在だからこそ、一人ひとりであっても、その人の価値は、「代わり」のきかない、かけがえのないものであり、尊重されなければならない、ということになるのである。

　さらに、この「個人の尊重」の原理は、人権保障の規定原理であるとい

うだけでないと付け加える。日本国憲法の三大原理である「平和」「人権」「民主主義」の原理はそれぞれ別個のものというより、「個人の尊重」という同じ根っこから派生している原理であるという。

　ここで確認しなければならないことは、「個人の尊重」は「一人ひとりが固有の価値を持っている」という認識の上に成り立っているということだ。津久井やまゆり園殺傷事件の植松被告は、「障害者は無駄だ」として、障害者の一人ひとりが持っている「固有の価値」を否定する。植松被告のこのような主張をくつがえすには、障害者を含むすべての人が「固有の価値」を持っていることを具体的に示す必要がある。

　本章においては、障害者の一人ひとりがもっている「固有の価値」をさまざまな視点から述べ、障害者は、現在の私たちが生活している社会を構築する上で不可欠な存在であることを具体例をあげながら述べていく。

1)「個人」をどのように捉えるか

　その前に、前提として確認しておきたいことがある。「個人の尊重」といった場合の「個人」とは何かということである。それは、人間一般とか、人間性とかいう抽象的な人間ではなく、具体的な生きた一人ひとりをさす、ということである。

　というのは、「個人の尊重」といった場合の「個人」を個人性や個性をさすのではなく、「人格を持った人」と、「人格」と結びつけて理解する立場があるからである。尊重できる対象は「人格」を備えた人に限られると考えるからである。そしてこの「人格」についての解釈によっては、知的障害者や重度障害者、さらに認知症の高齢者らの生存する権利が否定される危険性が発生する。

　この「人格」については歴史的にさまざまな視点からとらえられてきた。例えば、イギリス経験論の開祖ジョン・ロックは著書「人間知性論」において「人格」を自己意識と結びつけて次のように捉えている[*46]。

私の考えるところでは、人物（ないし人格人）とは、理知と省察とをもち、自分自身を自分自身と考えることのできる、思考する知能のある存有者(もの)、違う時間と場所で同じ思考する事物(もの)であり、こうしたことは、思考と分離できない、私には思考に本質的と思われる意識によってだけなされる。

　ここでは、「人物（ないし人格人）」になるためには、自分自身を自分自身と考えることができる、いわば自己意識を持つことが重要な要素となる。となると、大脳に器質的・機能的に障害をもつ人たち、例えば重度の知的障害のある人たち、認知症の高齢者たちは、「人物（ないし人格人）」から除外される危険性をもつことになる。
　このような解釈に基づいて、どのような人が生存する権利を持つかどうかが論議されることになる。実際に次のような例がある。「嬰児は人格をもつか」という論文で独自のパーソン論を展開したマイケル・トゥーリーは、自己意識を有するかどうかが生存の権利を持てるかどうかの判断基準となることを主張する*88。

　あるものが人格になる――つまり生存する重大な権利を持つ――ためには、どのような諸性質を持たねばならないか。私が擁護したいのは次の主張である。ある有機体は、諸経験とその他の心的状態の持続的主体としての自己の概念を持ち、自分自身がその様な持続的存在者であると信じているときに限り、生存する重大な権利をもつ。

　この主張に従えば、自己の概念を持つものは、生存する権利を持つが、それを持たない者は生存する権利が失われるということになる。その説明として、「普通の機械のような意識を欠く物体が諸権利を持つことができないのは、権利の概念からして明らかな真理であるように思われる」と述べる。そして、「心的状態の持続的主体としての自己意識を欠いた実体は、

生存する権利を持っていないのである」と結論づける。

　同様のことが我が国における法学の領域において主張されている。「個人」についての解釈をめぐって、ある法律学者は「人格自律」という概念を示し、「人間を尊厳をもった存在と考えようとすれば、人間を人格自律をもった存在と考えなければならない」と説明している*1。

　広辞苑の中でも「人格」を四つの観点から定義しているが、その中の一つに、「道徳的行為の主体としての個人。自己決定で、自律的意志を有し、それ自身が目的自体であるところの個人」という解釈がある。「人格自律」という概念はそれとほぼ同じ立場に立つ解釈だ。

　そのような解釈を基盤とすれば、「人権とは、人間の人格的自律に基礎を置き、そうした自律を全うせしめるためのもの」と定義づけられ、現実に人権を享受できる人は限定されてしまうだろう。なぜなら、多くの人は自分の意思に従って自律的に生活を営んでいるとは限らない。自己決定し、その結果に耐えることができるほど人間的に強くはないし、自発的に目的的適合的な行為を出来る人は多くはないと考える。もし「個人」を「人格自律」をもった存在としての人間に限定するなら、障害者や高齢者、子ども、その他多くの社会的弱者といわれる人々が、人権の享受から排除される可能性が出てくる。

　以上のような観点からの「人格」を強調することは、「人格なき人間」とか「人格の未熟な人間」と一定の人たちにレッテルを貼り、人権を享受できる対象から除外することにもなりかねない*1。前章で述べた「生きるに値しない人間」の抹殺という人間の選別になりかねない危険性を内在させることになる。

　本著では、このような「人格」の定義づけの立場に立って、「個人」をとらえない。ここでは「人間」あるいは「個人」を、単に、具体的に生きた一人ひとりの人間、いわば「ありのままの人間」として捉える。そして、広辞苑の中で示す「ある個体の認識的、感情的、意志的、及び身体的な諸特徴の体制化された総体」として「人格」を捉える。

1　「個人の尊重」という理念を定着させるために

2)「人間の尊厳」をどのように捉えるか

「人間の尊厳」についての従来の考え方

　同様に「人間の尊厳」という概念についてもその解釈が検討されなければならない。前述したように、「人格」についての解釈次第では、生存する権利を持てる人と持てない人に区別されるように、「人間の尊厳」の概念の解釈によっては、「生きるに値する人間」と「生きるに値しない人間」とに峻別される危険性を持つ[*35]。そして、「生きるに値しない人間」と判断された人の基本的人権が侵害されるという事態が生じる。というのは、「人間の尊厳」は近代立憲主義を支える基本的人権の保障を根拠づける原理と考えられているからである[*10]。もし、ある人が「人間の尊厳」をもたないと判断されれば、人格的生命から除外され、その結果、基本的人権も持たないということになり、その人の基本的人権が侵害されてしまうことになる。

　まず、今までの「人間の尊厳」の概念のなかでも主流となる考え方について概観してみよう。

　小松は、イタリア・ルネサンス期の人文主義者ジョヴァンニ・ピコ・デッラ・ミランデルが提唱した「人間の尊厳」の概念が、ヨーロッパにおいて基本的に引き継がれてきたと指摘する[*34]。

　ピコの著作「人間の尊厳について」において、ピコは「人間の尊厳」の概念と関連させて、「人間本性の卓越性」について自分の主張を披瀝している。その主張は次のようなものである。

　神は世界を創造するにあたって最後に人間を作った。しかし、神は人間に固有なものは何も与えなかった。「定まった席も、固有な相貌も、特有な贈り物も与えなかった」。それは、「おまえの望み通りにおまえの考えに従って、おまえがそれを手に入れ所有するためである」。人間に、自分自身が選び取る形を自分自身が創り出す、という自由が与えられたのだ。すなわち、地上の人間以外の動植物や物体は定まった役割を与えられ神によ

って創造されたが、人間にだけ自分の本姓を決定する自由意志が神によって与えられた。人間はいわば「自由意志を備えた名誉ある造形者・形成者」としてその存在を神によって認められたとする*45。

そして、自分の意志によって、植物的なものにも、獣のようなものにも、尊厳と栄光のある天界のもの、あるいは天使や神の子にもなれるとする。そして、尊厳と栄光のある天界のもの、あるいは天使や神の子になるには理性的なもの、知性的なものを育まなければならない。

> それぞれの人間が育むものは、成長してそれぞれの人間の中に自分の果実を産み出すでしょう。①もし植物的なものを育むならば、その人は植物になるでしょう。②もし感覚的なものを育むならば、獣になるでしょう。③もし理性的なものを育むならば、天界の生きものになるでしょう。④もし知性的なものを育むならば、天使、ないしは、神の子になるでしょう。

ここでは、理性や知性を育むことによって人間は、「天界の生きもの、天使ないしは神の子」のような尊厳ある存在になれることを示している。尊厳ある存在に必要な要素として理性や知性が重要であるとする主張がそれ以後の哲学者たちに引き継がれていく。例えば、パスカルの有名な言葉、人間は「考える葦」という言葉に代表される*79。

> 考えが人間の偉大さをつくる。人間はひとくきの葦ににすぎない。自然のなかで最も弱いものである。だがそれは考える葦である。…たとい宇宙が彼をおしつぶしても、人間は彼を殺すものよりも尊いだろう。なぜなら、彼は自分が死ぬことと、宇宙の自分に対する優勢とを知っているからである。…考える葦。私が尊厳を求めなければならないのは、空間からではなく、私の考えの規整である。…考えることによって、私が宇宙をつつむ。

1 「個人の尊重」という理念を定着させるために | 173

パスカルは、「私は、考えない人間を思ってみることはできない。そんな者は、石か、獣であろう」と、人間が石や獣、その他の動物より上位の存在であるとする。そして、人間の尊厳にとって、人間が知性・理性を有して思考することを重視する。

脳に器質的・機能的な障害を持つ人たちは「人間の尊厳」を持たないことになる
　ピコやパスカル、そしてそれ以降の哲学者たちが「人間の尊厳」について語るときには、その対象を、障害のない健康な人たちを想定していたに違いない。障害のある人たちを想定して「人間の尊厳」について考えているわけではないだろう。
　しかし、「人間の尊厳」の根拠を知性や理性に求めるのであれば、知性や理性を司る大脳に器質的・機能的な障害をもつ人たちは、例えば、重度の知的障害者や認知症の高齢者たちは「人間の尊厳」をもたない存在になってしまう。となると前述したように、「人間の尊厳」は基本的人権の保障を根拠づける原理と考えられているので、大脳に器質的・機能的な障害をもつ人たちは基本的人権が保障されない存在になってしまう。
　実際にそれと類似したことを主張をする人たちがいる。例えば、エドワード・W・カイザーリンクは、人間の生命を「生物学的生命」と「人格的生命」に分類し、「人間の尊厳原理が支えていく人間生命とは、明らかに人間の人格的生命の方である」と主張する[*14]。
　ここで示される「生物的生命」とは、「単なる生物学的な、新陳代謝をするだけの生命」を意味している。一方、「人格的生命」については、明確な定義づけは示されていない。しかし、脳に定位した死の概念を説明するときに、「人格的生命」が引き合いに出されている。それは以下のような内容である[*75]。

　①人格であるということは、単なる植物的以上のものを意味する。②単に植物的であるにすぎない生命は価値をもつことはありえても、権利は

全くもたない。③脳のような感覚と運動の中枢器官は、世界の中で経験や行為が可能となるための必要条件、つまり、世界の中で生きる人格生命にとっての必要条件である。したがって、脳が機能することのない時は人格生命の可能性はなく、人格は死んだことになる。

　この内容は脳死者について説明したものであるが、この説明に続いて、「もっとも、何らかの脳の活動（あるいは植物的機能以上の活動）があるからといって、常に人格が存在するとは限らない」と述べている。この一文から推測されるのは、大脳の機能が十分に作用していない人たちにも、「人格」があるとは限らないことになる。実際に、エンゲルハートの他の著書に、このことが具体的に示されている*76。
　「人格」は、「自分自身と自分の関心事を、自分自身の言葉で表現することができる」者が有するものであり、かつ「自分の生命のためなら、場合によっては危険もいとわずに、真剣に取り上げてみたいと考えている負担や利益の序列を自分で決定することができる」者が有するものである。
　となると、「人格」を有する対象には、「乳児やひどい知恵遅れの人や、自分にとっての負担や利益の序列を自分ひとりでは決められないようなその他の個人の場合にはあてはまらない」ことになる。「人格」をもたないということは「人格的生命」ではなく、従って「人間の尊厳」は認められない。結果として、生存する権利が認められないことになる。

すべての人に「人間の尊厳」があるとする考え
　すべての人に「人間の尊厳」が存するという考えを法的に示しているのは、ドイツ連邦共和国基本法第一条一項である。第一条の表題は「人間の尊厳、基本法による国家権力の拘束」と示され、その一条に「人間の尊厳は不可侵である。これを尊重し、および保護することは、すべての国家権力の義務である」と明言されている。この「人間の尊厳」についての解釈が連邦裁判所の判決で示されている。その判決は、「人間の生命が存在す

るところでは、これに人間の尊厳が帰属する。その担い手が当該尊厳を意識し、かつこれを自ら保持することを知っているかどうかは、決定的ではない」というものだ*72。

　このような判決が出された経緯がある。1974年に刑法改正によって中絶の不処罰化が認められるようになった。この、中絶の不処罰化とは、受胎後12週間以内に、妊娠した女性の同意に基づく医師による中絶、医師または相談所での助言を受けるという制限のもとで行われた中絶には処罰されないという刑法の改正だ。

　この改正に対して、複数の州及び連邦議会議員によって抽象的規範統制手続が行われた*55。この抽象的規範統制とは、連邦法あるいは州法が基本法に適合しうるか否かについて、意見の衝突あるいは疑いがある場合に、いくつかの政府機関が連邦憲法裁判所に判断を求めることができ、その求めに対して連邦憲法裁判所が判決を出すシステムだ*29。

　中絶の不処罰化の抽象的規範統制の論点は、中絶に関して、基本法第二条一項に示された、母親の人格の自由な発展に対する権利と同第一条一項に示された胎児の生存権との衝突に対して連邦憲法裁判所がどのような判断を示すかということである。中絶を望む母親の権利・自由と胎児の権利・自由のどちらを優先させるかの判断が求められることになる。その結果、前述したように胎児の権利・自由が優先される判決が出され、人間の尊厳と生命・健康に対して保護義務が発動された*102。

　この判決において重要なことは「その担い手が当該尊厳を意識し、かつこれを自ら保持することを知っているかどうかは、決定的ではない」という視点だ。

　前述した、自己意識を有しない者は生存の権利を持たないというマイケル・トゥーリーの主張と真逆の視点である。そしてさらに、人間の尊厳の保護が死体にも及ぶかどうかがドイツ基本法の制定後、論争されたが、人間の尊厳の保護が死体にも及ぶという意見が圧倒的に支持されている*72。

すべての人に適用される「人間の尊厳」の概念の構築を

　そもそも、「人間の尊厳」の概念を具体的に定義し、内容を確定することは非常に困難なことである。「人間の尊厳」の概念を一義的に定義すると、その定義から外れる人間は排除されることが起きてくる。定義された「人間の尊厳」に適うかどうかによって人権が保障されるかどうかも決定されてしまう。定義づけすること自体にいつも排除という機能が伏在しているという考えも成立する[*35]。

　ドイツ連邦共和国基本法においても、「人間の尊厳」の規範内容に積極的な定義づけは行わず、消極的な形で具体化している。すなわち、「人間の尊厳」によって内容的に何が意図され、何が保護されるかを明示的に決定するのではなく、どのような行為が「人間の尊厳」に対する侵害となるかを問題にすることで「人間の尊厳」の内容を決定しようとしている[*10]。

　しかし筆者は、すべての人間の存在を保障する「人間の尊厳」概念を積極的に構築することはできないだろうか、その検討が必要であると考える。その概念を特定の視点から一義的ではなく、多様な視点から様々な「人間の尊厳」の概念が創出されないだろうか、と考えている。

　その一つの例として、岡田が示す「人間的基本的尊厳」という概念があげられる[*18]。前述したように人間の生命を「生物学的生命」と「人格的生命」とに分類し、「人格的生命」を人間の精神的要素や理性、自己意識を有するものと概念化すれば、その対象から除外される人たち（例えば、脳死の人や重度の知的障害者など）が出てくることを岡田は危惧する。

　このような問題を解決するために「人格的生命」とは別に、人間の生命を身体的側面から捉えて、「人間的基本的生命」という「生命」を提示する。この「生命」は、人間を「人格形成遺伝子」をもつ存在として捉え、このように捉えることにより、胚、胎児、新生児、さらに重度の知的障害者も、「人格」と繋がりのある尊厳的価値のある存在であるとするものである。このようにして人間に固有の「人間的基本的尊厳」という概念が導かれる。

　また、「人間の尊厳」について明確な定義をしないものの、長期脳死者

においても「人間の尊厳」があるのではないかと、「感じ」のレベルの問題として「人間の尊厳」を捉える例もある*35。

小松は、脳死に近い状態にある娘の帆花さんを介護する母親の理佐さんの手記を読み、そこに記述されている母と娘との関係の中から「人間の尊厳」について思考を深めている。

帆花さんは出産時に臍の緒が切れて仮死状態で生まれてきた。「脳波は平坦、萎縮もはじまっている。目はみえない、耳は聞こえない。今後目を覚ますことも、動き出すことはありません」と生後20日目に医師から宣告された。前述した「生物的生命」と「人格的生命」との分類からすると、明らかに「生物的生命」の状態に属する。完全な脳死ではないが、脳死に近い状態にある。しかし、母親の理佐さんは、人工呼吸器をつけて反応のない帆花さんの姿に接し、たびたび帆花さんの「生きる意志」を感じ取る。それは次のように表現される*73。

* *帆花のベッドサイドに近づくと、不思議と明るいオーラとあたたかい雰囲気を感じ、それはほかでもない帆花の「生きる意志」であると感じるようになっていったのです。*
* *へその緒は切れたのに、ほのさんは10分間の心肺停止から戻ってきた。ほのさんに、大切なことを伝えていたのはへその緒じゃなかったんだ。そして、ほのさんにはその瞬間から強い意志があった。強く「生きたい」という意志。*

このように、ただ生きているだけの状態でその極限的な状態を乗り越えようとしている生命活動というものがそこにあると感じられる。それを見てしまった人との間にどんな悲惨な状態であっても「人間の尊厳」というものが成立するのではないか、小松はこのように主張する*35。

筆者も現時点で考える「人間の尊厳」について以下に示したい。それは、長年関わってきた障害児・者から教えてもらったことであるとも言える。

存在する価値を否定されることが少なくなかった障害児・者たちはそれぞれ固有の価値をもっており、その価値が、私たちが生活している社会を豊かに、そして安らかにしている、という事実に基づいている。そのような価値は、障害児・者のみならず、すべての人間がもっているのであり、そのような固有の価値をもつことが「人間の尊厳」であると考えたい。以下に具体的な例を示しながらこのようなことを顕在化する作業を行っていきたい。

2　生命が存在することそのものに価値があるという視点

1)　人間は奇跡的存在　それだけでも価値がある

仏教の教え「人身受け難し」

　仏教の教えの中の一つに、人間としてこの世に生を受けることは至難なことであり、人間に生まれたことは滅多にないこと、有り難いことだという教えがある。人間以外の生物に比べて人間に生まれることは困難なことであり、それ故、人間は価値ある存在である、という教えである[*60]。

　さまざまな経典の中で、この「人身受け難し」の説教がたびたび出てくる。例えば、相応部教典の「爪の先端」というたとえ話の中で、「人身受け難し」の教えが次のように示されている[*67]。

　　　そのとき世尊は少量の土を爪の先端にのせて、比丘たちに話しかけた。「比丘たちよ、あなたたちはどう思うか、私の爪の先端にのせた少量の土とこの大地とでは、どちらがより多いか」「尊師よ、大地の方が多いです。世尊が爪の先端にのせた土は極少量です。大地に比べて、計算するにも及びません…」「比丘たちよ、これと同じように、人の世界に再生する生ける者はわずかであり、人以外の世界に再生する生ける者は多い」

　同じように、「盲亀浮木の喩え」という説話も、「人身受け難し」の教えを示している説話として有名だ。一箇所だけ孔のあいている一つの軛を大海に投じた。一匹の盲の亀があり、百年に一度だけ海面に浮かんでくる。その亀が海面に浮かんできて、その軛の孔に首をつき込むということがあるだろうか。このような仏陀の問いに対して、比丘たちは、そのようなこ

とがあるにしてもいつのことか分からない、と答える。その後に、「一たび悪しきところに墜ちたるものが、ふたたび人身を得るということは希有であるということである」と諭す*93。

実際に、地球上に存在する動物は137万種類あるといわれる。猫や犬などのほ乳類だけでなく、カブト虫や蝶などの昆虫類も、エビやミジンコなどの甲殻類も含まれる。ちなみに、ネズミだけでも1,065~1,800種類あると言われる。その中で、人間として生まれることは奇跡的なことと言わなければならない。それ故、人間として生まれたことそれ自体に価値があることなのだ。

釈迦はなぜ人の命は存在するだけで価値があり、大切にしなければならないものと様々な機会において諭しているのだろうか。その背景には、彼が生きた時代は平気で人が殺されていた時代であり、殺伐とした社会状況であった*70。

その時代はおおよそ紀元前五世紀から前四世紀にかけてとみられ、北インドの政治状況は大きく変動していて、戦争や社会不安が激しい時代であった。このような時代状況を目の前にして、戦争や殺戮が続けば、人類が滅亡することを釈迦は予期していたのかもしれない。

釈迦はこのような社会状況の中で、生命を尊重することと、それと相対する「殺してはならぬ」ということを強く主張する。生命の尊重は「人を殺してはいけない」「私を殺してはいけない」ということと表裏一体の教えである。

梅原は、仏教の十善戒を紹介し、その十善戒の筆頭に「不殺生」が位置していることを指摘し、釈迦がこの「不殺生」を最も重視していたと主張する*12。瀬戸内も、法句経から「すべての〈生きもの〉にとって生命は愛しい。わが身にひきくらべて、殺してはならぬ。殺させてはならぬ。」という一節を引用し、相手の立場や心の痛みを想像することが「思いやり」＝「愛」であると説く*51。

津久井やまゆり園殺傷事件において、人間の生命がいとも簡単に絶たれ

るという事態は、植松被告本人の問題だけに由来させることができるだろうか。それとも、釈迦が生きた時代と同じように、現在の日本の社会状況が殺伐となっており、相手の立場や心の痛みを想像する力が人々に薄れてきていることの現れなのだろうか。

生命誕生の奇跡

　現代科学の進歩によって人間の生命誕生のメカニズムが詳細に解明されるようになった。そのメカニズムが明らかにされるほど、つくづく生命の誕生が奇跡的なものであることを思い知らされる。NHKスペシャル番組「人体」シリーズの「"生命誕生"見えた！　母と子 ミクロの会話」において、たった一つの受精卵が母親の胎内で過ごす280日の期間に、複雑で精巧な胎児の体はどのようにしてつくられていくのか、"メッセージ物質"に着目して解説されている*[110]。

　それによると、受精卵はただ分裂するだけでなく、胎児の体づくりのためのさまざまなメッセージ物質を出すという。まず、10日前後に子宮に着床するためにhCGという物質が出され、その結果、子宮の内膜が厚くなり受精卵が根づく。受精卵は分裂を繰り返しながら、心臓の細胞、眼球のレンズの細胞、血管の細胞などのさまざまな種類（200種類以上）に分かれていく。これらの多彩な細胞たちがそれぞれの体の部位でそれぞれの役割を果たすことによって臓器が機能していく。

　一つの受精卵が個性豊かな200種類以上の細胞に分裂していく過程で、WNT（ウイント）というメッセージ物質が役割を果たす。このWNTは受精卵がある程度増えていくと、一部の細胞から出される物質で、「心臓になって」というメッセージを送り心臓の細胞に変化する。すると心臓の細胞が次なるメッセージ物質FGFを放出しはじめ肝臓の細胞が生まれる。

　このようにスイッチがひとつ入るとメッセージ物質によって次々とスイッチが入り、さなざまな細胞が生まれ臓器が作られていく。いわば「ドミノ式全自動プログラム」とも言うべきメカニズムだ。

このような過程を映像で目撃すると、人体が作られるということは神秘でかつ奇跡であることを知らされる。父親の遺伝子情報をもつ染色体と母親の染色体が合わされることさえ偶然な営みなのに、さらに、「ドミノ式全自動プログラム」が支障なく機能し人体が作られていくことは奇跡的なことであるのだ。奇跡的に作られた人体は、やはりそれだけでも価値があるように思われる。

　人間の生命はそれ自体で価値をもつという価値観や、人間の生命に介入したり改変すべきではないという生命の不可侵性の概念は、上述したような生命の誕生の神秘性を目撃した人たちが生理的に、あるいは感覚的に認知して形成されたものではないだろうか。決して論理の展開によって形成された概念ではないだろう。

2）シュヴァイツァー「生命への畏敬」

「生命への畏敬」の理念が形成される時代的背景

　「密林の聖者」と呼ばれたアルベルト・シュヴァイツァーは「生命への畏敬」という倫理を提起し、今なお世界の多くの人々、多くの組織の活動に多大な影響を与えている。この「生命への畏敬」の倫理は、地球上の夥しい生命の包括的な連関の認識を先取りした環境倫理、あるいは生命倫理の一つとして重要な意義を持ち続けている[*80]。

　「生命への畏敬」とはどのような倫理であるのか。簡単に要約するとそれは、人間をはじめとして生命をもつあらゆる存在を敬い、大切にすることを意味する。

　シュヴァイツァーは、文化哲学（未来の文化の理想を掲げ、現在の文化を評価する規範を設定し、過去の文化を解釈する哲学）に関してある問題意識を持っていた。それは、第一次世界大戦によって顕在化したヨーロッパにおける物質文明の破局は、古代哲学から現代に至る世界観、人生観によってもたらされた「文化喪失」の結果であるという問題意識である。そ

の危機的状況を根本的に克服する倫理を模索していた*81。

　彼は思索を巡らせた。喪失した文化を回復するには、文化を根本から見直す必要がある。文化の根本となるのは、個人や社会が倫理的に完成することである。倫理性の回復、個々人の倫理的改造、このことこそが喪失した文化を回復することになるという考えに至る。では個人の倫理はどこからはじまるのか、ここで彼の思索は停滞してしまった*74。

「生命への畏敬」の倫理の誕生

　アフリカのオゴーウエ川を下る船が、水浴するカバの群れを避けながらその間をぬって進んでいる時、突如、いままで予感もしなかった「生命への畏敬」という言葉が心の中にひらめいた*3。

　この時の感動をシュヴァイツァーは「ついに私は、世界人生肯定と倫理がともに包含される理念に到達したのである！　いまこそ、倫理的世界、人生肯定の世界観が文化理念とともに、思考のなかに基礎づけられることが、明白となったのである！」と述べている。

　柳瀬は、シュヴァイツァーのこのような思索的体験を、ある種の"悟り"とか"覚醒、大悟"であると指摘している*101。

　彼は、生命あるものすべてには、生きようとする意志が見いだされ、この生きようとする意志は、自己を完全に実現しようとする意志である、と考える。このことを彼は「われわれは、生きんとする生命に取り囲まれた生きんとする生命である」と表現する。この生きる意志こそがこの地球に生命を保持してゆく力を創りだしている、とさらに思考を深める。そして次のように語る*106。

　　そして人間がもう一歩踏み出して、「生命への畏敬」の思いの中に「愛」と人間以外の生ける存在をも守る気持ちを注ぎ入れるなら、その時、人間は倫理的な意味において人間となり、その行為を通して自らの生を存在のより高い次元まで高めることになるのです。

このような倫理観は、すべての人が自己の生きようとする意志を大切にすると同時に、自分と生きようとしている他の生命をも尊重しなければならないとする。そして、自己と他者、および生命あるものとの共存をめざすという考え方に発展する。この考え方は、その当時の西洋倫理学において排除される傾向にあった動植物や昆虫のような人間以外の生命をも視野に入れたものである。

　シュヴァイツァーが活動するラムパレネ病院では、目的のない殺生は禁じられた。このことを知って、原住民たちは病気になった動物や、親を失ったかわいそうな動物を博士の病院に連れてくるようになった。その結果、病院はいつの間にか動物の天下になった。180頭の山羊を筆頭に、犬、猫、猿、チンパンジー、ペリカンなど病院内で放し飼いになり自然動物園というにふさわしい状態になった。生命あるものすべてが、その生命ゆえに、同等に大切にされる世界を構築した*74。

「生命への畏敬」の倫理が抱える矛盾

　一方で、シュヴァイツァーは「生命への畏敬」という倫理的理念は、ある種の構造的な罪性が存在していることを認識していた*80。その構造的罪性とは、すべての生命が他の生命を犠牲にすることによって生き延びざるを得ないという罪性である。例えば、彼は次のような体験をその著書で記述している*3。

　彼は原住民によって捕獲された一羽の若い鷲を買い取る。その鷲を生かすために無数の小魚を毎日殺すか、それとも鷲を飢え死にさせるかを決断することを迫られた。結局、鷲を生かし、小魚を殺すという決断をすることになった。しかし、魚の生命が自分自身の責任で他の生命のために犠牲にされなければならなかったことに痛恨の思いを抱くようになる。

　そのような罪性を背景にしても、すべての生命を育み、絶滅から守ることが人間に課せられた無制約の責任と課題であると主張する。その結果、彼が見いだした倫理学的根本原則は、「善とは生命を受け、促進し、高め

ることであり、それを滅ぼし、傷つけ、停滞させることは悪である」という命題に集約された。

「生命への畏敬」の今日的意義

今日においては、人間の生存が他の生命との関連に依存していることは自明のこととなっている。自然生態系の破壊は人類の、あるいは地球の生物全体の絶滅でさえあり得る。それ故、人間は、あらゆる動植物の保護、環境の保全に努めなければならない。

また、世界のどこかで常に戦争が行われ、幾百万の人を殺し、幾百万の人を苦しめ、幾百万の動物を苦しめ、また、殺している。高根は、このような惨状が続くのは現代の人間が「生命への畏敬」という最も分別のある考えを持たないからであると指摘している[*52]。

シュヴァイツァーは、「意味もなく、あるいは必要もなしに、一匹の虫を殺す者は、いつか一国民を滅ぼす道に、もう踏み出しているのである」と主張する。

津久井やまゆり園殺傷事件のような事件を二度と起こさないためにも、将来における人類の惨事を食い止めるためにも、人間をはじめとして生命をもつあらゆる存在を敬い、大切にするという理念を高く掲げることが重要になってくる。

3)「いる」ことだけで尊い

人間の生命はどのような状態であっても、生きているということだけでとてもかけがえのないもので尊いということをあらためて認識させられる事例がある。それは脳死を宣告されてから1年9か月間生き続けた、中村有里さんの様子を描いた母親の手記に示されている[*65]。

有里さんは2歳8か月まで順調に成長していたが、突然高熱が出て痙攣重積の状態になった。CTやMRI、脳波などの検査の結果、「脳死状態」

と医師から宣告される。有里さんはベッドで眠り続けるだけであったが、彼女と接する人たちは、彼女が存在し、生きていることを実感することをたびたび経験する。有里さんが亡くなる直前に両親が駆けつけた時に、動くことができなくなった心臓が正常な動きに戻るという奇跡的なことが起った。そのような様子をみてある看護師は、有里さんは最後まで生き続けようとしていると強く感じる。またある日、血圧がどんどん低下していった。その低下を医療によって食い止めることはできなかった。その時、3人の兄たちが駆けつけ有里さんに声がけする。

　　大好きな三人のお兄ちゃんたちがぬくもりのある妹の手を握り、無数の点滴につながれていた痛々しい体をさすり、「有里、お兄ちゃんだよ！　頑張れ！　元気になって早くおうちに帰ろうね！」「がんばれ！がんばれ！」と語りつづけていました。すると、下がる一方だった血圧が、少しずつ少しずつ上がりはじめたのです。

このような奇跡的なことが再度起きる。また、有里さんの存在が周囲の人たちにとってかけがえのないものになっていく。看護師たちが仕事で辛いことや悲しいことがあった時、有里さんの部屋にこっそり来て有里さんに話しを聞いてもらうということがあった。癒しのひと時を過ごし、気持ちを入れ替えてまた仕事に励むということが何度もあった。「不思議なことに、そのくらい有里といると、穏やかで、あたたかい気持ちになれたのです」と母親は述べる。そして、家族にとってもかけがえのない存在になっていく。

　　有里の存在はそれまで以上に、家族にもまわりにも大きなものとなっていきました。なくてはならない宝物になっていました。宝物は、磨けば輝く。まさに、有里との一日一日が尊い時間となり、有里の心臓の鼓動が聞こえることが、私たちの生きる源とかわっていきました。

前述したエンゲルハートの主張に従えば、有里さんは脳死しており、「脳が機能することのない時は人格生命の可能性はなく、人格は死んだことになる」のだろう（175ページ参照）。そして人格をもたない有里さんは「人間の尊厳」をもたない人間になるのだろう。しかし、有里さんが「生きている」というだけで、周囲の人たちに大きな影響を与え、その人たちの生き方を豊かなものにしていく。このような生き方をする有里さんは明らかに「人間の尊厳」をもっていると言えるのではないだろうか。
　前述した帆花さんの母親は、脳死状態にある娘が必死に生きており、「この子の生きようとする意志みたいなもの、何はさておき、このいのちが無条件に尊いことを、もう少し理解してもらえるかと思っていた」と語る。

3 人間の価値に線引きはできないという視点

1) 人間の価値に線引きできないとする根拠

「生」こそがあらゆる価値判断の基盤

　津久井やまゆり園殺傷事件の植松被告の、「障害者って、生きていても無駄じゃないですか？」「障害者は死んだほうがいい」という一連の発言は、障害者が生きていることを否定し、その存在を否定する考えである。

　この発言に対し、斎藤は、人間の生の価値判断が可能であるという考えは誤謬だ、と指摘する[*38]。その根拠として、「生」こそがあらゆる価値判断の基盤であり、それゆえ「生」そのものの価値判断は原理的に不可能である、としている。すべての生には平等に価値があるという主張である。このような主張は、前述した釈迦の教えやシュヴァイツァーの主張とほぼ同じ立場に立つものであると考える。

人間の存在への懐疑

　人間の価値に線引きできないという考えを、別な視点から論拠づけることは出来ないだろうか。筆者は戦後ベビーブームの時代に生まれた。旧優生保護法が制定された1948（昭和23）年である。5人兄弟の末子であり、仮に筆者が生まれる1年か2年前に旧優生保護法が制定されていたなら、筆者はこの世に存在していなかったかもしれない。

　成長する過程においても、筆者の周囲には同じ年代の人間が常に溢れていた。それは、自分の存在の価値を疑わせるのに十分な状況だった。すなわち、自分が存在しなくても、自分の行おうとすることは、常に他者によって代替しうることばかりである。一定の組織に所属していても、自分がいなくなってもその組織の中で必ず代わりの他者が現れて、組織はなにも変わりなく運営される。自分の存在する意味はあるのか、自分はこの世に

存在しなければならなかったものなのか、という懐疑が常にまとわりついていた。そのような時に、パスカルの次の言葉が筆者の持ち続けていた懐疑をさらに深くさせていった*79。

> 　私の一生の短い期間が、その前と後との永遠のなかに〈一日で過ぎて行く客の思い出〉のように呑み込まれ、私の占めているところばかりか、私の見るかぎりのところでも小さなこの空間が、私の知らない、そして私を知らない無限に広い空間のなかに沈められているものを考えめぐらすと、私はあそこではなくてここにいることに恐れと驚きを感じる。なぜなら、あそこではなくてここ、あの時ではなくて現在の時に、なぜいなくてはならないのかという理由は全くないからである。

現代の若者に見られる「生きる意味」の喪失

　自分の存在に懐疑を持たせる状況は、戦後のベビーブームの時代に生れた者にだけあるとは限らない。上田は、「いま日本社会のいたるところで起こっているのは、『生きる意味』の雪崩のような崩壊である。何故自分が生きているのかが分からない。生きることの豊かさ、何が幸せなのかが分からない」と現在の日本の若者の状況を描写している*11。しかし、このような状況にあるのは若者だけであろうか。1998（平成10）年以来、14年間連続して我が国における自殺者が3万人を超えている*32。

　自殺者の年齢階層を見てみると、19歳未満の年齢層では500人程度であるが、それ以上の年齢層（10歳間隔で）ではほぼ同じように2,000人から3,000人の自殺者が出ている。上田は、自殺の問題は不況や失業の問題であるとともに、それ以上に私たちの「生きる意味」の崩壊が背景にあるとしている。

　「生きる意味」の崩壊が何故起きているのだろうか。そのことと関連して、上田は「透明な存在」という概念を提示している。多くの若者において見

られるこの「透明な存在」とはどのようなものであろうか。それは、「自分の本音を絶対出してはいけない」「誰からも受け入れられるように、自分の色を自主的に消して」、自分自身を透明化することだ。

　この「存在の透明化」は、なぜ自分が自分でなければならないのか、なぜ自分が他の人間でなくて、この自分でなければいけないのか、別の他の人間と入れ替わってもかまわないのではないのか、と自分の存在を危機的状況に追いやる。自分はたやすく他の人間と置き換え可能な存在なのだ、という実感を持つに至る。

障害児・者も障害のない人も生きる価値をもって生まれてきたわけではない
　このような状況が生じるのは、そもそも人間は「生きる意味」をもって生まれてきたわけではない、すなわちその存在に意味を持たないで生まれてきたからであろう。「生きる意味」を持たないで生まれてきた人間が、現在の我が国の社会的状況によって、さらに存在の意味のなさ、あるいは存在の価値のなさを実感するようになったのではないのだろうか。

　「生きる意味」を持たないで生れてきたということは、障害のあるなしに関係なく、すべての人間について言えることである。すべての人間は存在の意味をもって生まれてきているわけではない、という視点で、障害者と障害のない人間との線引きを否定するということも可能なのではないだろうか。

2）人間の存在の価値は自分自身で創造する

生きたいという本能を人間はもっている
　「生きる意味」あるいは、「自分の存在の価値」を見いだせないがために自ら命を絶つ人たちが一定数いることは確かだ。しかし、「生きる意味」あるいは、「自分の存在の価値」を見いだせない人たちがすべて自らの命を絶っているのかといえば決してそういうことはない。それは人間の本

能が自らの命を絶つことを抑制するからだ。本来、人間も動物であるので、動物の本能として最後まで生きたいと考えるのは当然のことである。そのことが、自らの命を絶つことを抑制する。このことの例証をここで紹介する。

「ボディ・サイレント」という著書がある*107。

著者はコロンビア大学の人類学の教授だ。1972年に良性骨髄腫瘍が発症し、それが次第に身体の機能を麻痺させ1990年に死に至った。ゆっくりと沈黙（死）に向かう身体とその周りの世界をフィールドとして記録し、考察を重ねて著書を著した。その著書の中で、自ら命を絶つことは考えず、むしろ強く生きようと決意することが記述されている。その理由を、「麻痺へ向かう"旅"の中で私は熱狂的なまでの生の力が内からほとばしることを発見したのだから」と述べている。そして、「死」を次のように強く否定する。

> 死は果たして身体障害よりもましなものだろうか？　否、答えは否である。さもなけれな、我々があらゆる形の生――どのような制限を負わされていたにせよ――に見いだすことの出来る唯一の意味を否定することになるだろう。死んだ方がましという考え方は、身障者が生きることの価値とその権利を疑問視する最大の中傷だ。それでも我々身障者は生きるだろう。所詮すべての意味と価値は恣意的で、文化によって相対的なもの。例外として普遍的な価値をもつのはただひとつ、生、それ自体なのだから。…余程のことがない限りこのせっかくの贈り物を拒絶したり放棄したりすべきではない。

この述懐で注目したいことは「あらゆる形の生に見いだすことの出来る唯一の意味」を彼自身が見い出していることだ。そして「所詮すべての意味と価値は恣意的」であると断言していることだ。この述懐から導き出されることは、彼自身が死に至る病を抱えても生きる意味を自ら見いだし、その意味はもともと定められていたものではなく恣意的に自らが決めるも

のだということだ。

人間一人ひとりの存在理由、存在する価値を自ら見出す

　同じように、人間一人ひとりの存在理由、存在する価値を自ら見出す、という考え方は、哲学者によって提示されている。フランスの哲学者サルトルは「実存主義はヒューマニズムである」という講演の中で、「人間はまず先に実存し、世界内で出会われ、世界内に不意に姿をあらわし、そのあとで定義されるものだということを意味するのである」と主張する*44。

　例えば、スプーンという物質を考えてみよう。スプーンは食事をするための道具としてあらかじめ意味をもって作られる。現実に存在する前に意味が決められている。しかし人間においては、それぞれの人間の生きる意味はあらかじめ決められているわけではなく、人間は実存することが先行する存在である。だからこそ人間は自ら意味づけの行為をおこない自分自身で意味を生み出さなければならない。このような考え方に立てば、人間一人ひとりの存在理由、あるいは存在する価値を個別に見いだし、一人ひとりが自分の特徴や特質を自覚して生活することが重要となる。

価値観は多様であり、優劣は付けられない

　人の価値観は、基本的にはその人によって様々である。また、様々な要因によってその人の価値観が形成される。親から教えられる、書物に影響される、あるいはある共同体（地域的、思想的、及び宗教的共同体等）に所属することによって継承されることもある。個人的な体験が契機となることもあるし、思索することによって自分で価値観を構築することもある。

　一人ひとりがもっているその価値観は、その人にとってそれぞれ意味を持っている。その価値観どうしには優劣をつけることができず、お互いの価値観は尊重されなければならない。卑近な例を示そう。自分の配偶者を決める際の価値基準であるが、ある人は対象となる人の容貌を優先させるかもしれない。また別な人は性格を、また別な人は相性のよさを価値基準

として優先させるかもしれない。このような場合、それぞれの人が優先させる価値基準について優劣をつけることは不可能なことであり、無意味なことだ。それぞれの人の価値基準は相互に尊重されなければならない。

　それぞれの人がもっている固有の価値についてであるが、前述したように自分で創り上げていくことができる。しかし、創り上げた自分の価値は、自分自身によって評価される（価値づけられる）よりも、他者によって見いだされ、評価されることが多いと思われる。

　またある対象を価値づける人（あるいは人々）の、価値づけの視点によって、その対象の価値は異なってくる。すなわち、特定の人間の、あるいは特定の組織がもっている価値づけの視点によってその対象の価値は異なってくる。そのような意味で、価値づけとは普遍的なものではなく、恣意的なものなのだ。例えば、ナチス・ドイツという組織にとっての価値づけの視点は、全体主義国家の経済にとって利益であるかどうか、というものであれば、障害者は価値がない、ということになる。反対に、健全な社会の、安らかな社会の構築という視点に立てば、後述するように障害者は価値のある存在になる。

4　障害児・者から発信される価値

　本節から述べる内容が、本著の中で筆者が多くの人たちに最も伝えたい内容である。筆者は、障害児・者と関わってきて今年でちょうど50年になるが、この仕事に関わる動機は高校時代のある経験にある。

　筆者が在籍していた高校には通信制のクラスも併設されていた。ある日、通信制のクラスも担当していた美術の先生が、自分たち高校生に、ある1枚の絵を提示した。それはなぐり描きの絵であり、絵と言えない絵であった。先生は「この絵はどのような人が描いたか分かるか？」という質問を私たちにした。誰も分かるものはいなかった。その絵は仙台の国立病院に入院している筋ジストロフィー患者の人の絵であった。自分の意思通りにならない手で描いた絵であった。それを知って高校生であった筆者は衝撃を受けた。筋ジストロフィーは筋力低下や筋萎縮を伴いそれが進行していく病気だ。いずれ死に至る病であるということを知識としてもっていた。筆者が衝撃を受けた理由は、やがて死に至る人が、大変な思いをして通学してまで何故、「学ぶ」ことを選択したのだろうか、という疑問からだ。自分たちは進学校に在籍していて、自分も含めて、「学ぶ」理由は、一流大学に進学し、社会的に評価される職業に就き、経済的に豊かな生活を得ることを目的としていた。一枚のなぐり描きの絵が筆者の頭に焼き付き、自分にとっての「学ぶ」意味、ひいては生きる意味を深く思索させることになった。

　これから示す多くの事例は、筆者と同様に、障害児・者と関わる人たちが彼らによってどのように変革させられたかという事実を紹介していく。そこから、障害児・者の生きる価値を問い直していきたい。

1) 周囲の人たちの人生観、価値観を変える

ボランティアの「報酬」

　東日本大震災の時、多くのボランティアが被災地に入り支援活動を行った。テレビ局のレポーターがボランティアの人たちに活動をしての感想を尋ねると、異口同音に「むしろ勇気づけられた」「大事なことを教えてもらった」と被災者の人たちに感謝の言葉を言う。

　宮城県の名取市の被災地に入ったある著名大学の学生は、ボランティアに行こうとした動機について、「被災者を救おうといった立派な志は確かにあるにしろ、むしろ無気力な生活、すなわち将来の不安や日常への不満を抱きながら、社会と隔絶した『生きているのか死んでいるのかも分からないような生活』から脱却したい、そして、生きていることを実感したいという思いがあった」、と述べる。しかし被災地に足を踏み入れるとそんな私情はどうでもよくなった、と語る。ややもすると虚しさに押しつぶされそうになるのだが、屍体の沈む廃墟に入り活動する中で、空腹感、作業中の自分の心臓の拍動さえも恩寵に感じられるようになる。そして、今こうして生きていることの奇跡を心底実感する[43]。そして、東京に帰るとき多くの人が感謝してくれ、一緒に闘った仲間だと言ってくれた。家族や家を失った人々がなぜよそ者である私のことまで気遣うことができるのか。全員が仏様のように見えた、と語る。

　彼は、自分が生きてきた中で今まで経験したことがないことを経験する。そして、それらの経験を通して彼にとって貴重なもの、「価値ある」ものを被災者たちから与えてもらう。このようなことが、障害児・者と日常的に関わっている人たちにも経験されるのだ。ボランティアと支援を受ける人との相互関係と、障害児・者とその周囲にいる人たちとの相互関係には類似した現象が起きている。

　金子は、ボランティアの「報酬」について、次のように語る[22]。「その人がそれを自分にとって『価値がある』と思い、しかも、それを自分一人

で得たのではなく、誰か他の人によって与えられたものだと感じるとき、その『与えられた価値あるもの』がボランティアの『報酬』である」。ボランティアは、必ず相手との相互関係のなかで価値を見つける。

父親が障害のある子どもからもらう「報酬」
　では、障害児・者と周囲の人との相互関係の中で、障害児・者に関わる人たちはどのような報酬を貰うのだろう。父親、母親が障害のある子どもから、兄弟姉妹が障害のあるきょうだいから、なにか価値あるものを貰い、人生観や人間観が変わったと実感することが多い。あるいは、価値あるものを貰ったことを自覚されないことも多い。その事例をいくつか挙げていこう。まず、ダウン症児の母親が夫の変容について語ることから*87。

　　これはあまり大きな声では言えないんだけど、うちの主人はどっちかっていうと順調な道を歩んできた人で、いわゆる苦労知らずなのね。仕事の面でも、自分より仕事ができない人に対する見方が結構冷たかったんだけど、でも、ダウン症の子の親になったら、そのへんが少し変わってきたような気がする。最近みんな普通の人なんだから…みたいに考えて、他人の失敗に対して寛容になった。…人生に幅ができるって言うか…

　同じようなことを、ある大手企業の課長Mさんも経験している*37。ダウン症の息子さんが生まれる前は、モーレツ社員で本社の中枢部門で活躍していた。Mさんも奥さんも物欲が強く、車が欲しい、家を建てたい、と人生に対して我慢ということがなかった。そんな夫婦にダウン症の息子さんが生まれて、Mさんに心の変化が見られるようになる。

　　物欲の深さという␣か、人生に対する傲慢さというか、それがストーンと消えてきたように思えてきたんです。…あ、こんな所に花が咲い

4　障害児・者から発信される価値　｜　197

ているのか、きれいだなあと、小さなことが妙に印象深く見えてきたり…、人の話や言葉に感動したり、ああ、こういうことだったのか…と気がつくようになって、だんだん世界が違って見えて来たんです。

　このような一種の意識改革のようなことがどうして生じるのか。それは、日常的にダウン症の息子さんと一緒に生活する過程で、息子さんの姿を見て、その姿から「価値あるもの」をもらい、自分の生き方を見直すという機会を得たからではないか。

障害のある姉から妹がもらう「報酬」
　今度は、小頭症で知的障害のある姉Sさんの妹、小学4年生のYさんの作文を紹介しよう*[69]。作文の中では、障害のある姉のSさんにまつわる経験をユーモラスに描写する。
　Sさんが親戚の叔母さんの家に行って、妹のYさんと「半分ね」と言われて千円札をもらう。帰宅したSさんは、Yさんを呼んで、千円札を半分に破いてYさんに渡す。それを目の前にしてYさんは、「お姉ちゃんも半分の意味が分かるんだ」と気づく。時には、嫌なことも経験する。夏休みにSさんとプールに行った時、知らない子が「こそこそ、あの子ちょっとばかでないの」と言っているのを聞いて悲しくなる。話しことばのないSさんが自分の言いたい事をジェスチャーでうまく伝えられないと、家族の皆で、「あれなのかこれなのかと言いたいことをわかるまであてます」。あまりにわからないとお母さんが怒って、諦めさせる。そんな時、「Sちゃんもしゃべれたら、いいのになあ」と思う。このように、姉のSさんにまつわるエピソードを語り、最後で次のように述べる。

　　私は、Sちゃんは、ちえおくれだけど、一つずつ、こんきよく教えたら、なんでもできるようになると思います。また、こんなおねえちゃんでも、いてくれたほうがよいです。なぜならみんなに、やさしい

気持ちを出させてくれるから。Ｓちゃんのような人をいたわってあげようと思う気持ちを私たちに持たせてくれるからです。

　障害のある姉の良さを見つけ、姉の生きる意味を見いだし、それを尊重するという姿勢が小学４年生のＹさんにすでに形成されている。Ｙさんは姉のＳさんとの生活における相互関係の中で、人間としての「価値あるもの」を見つけ出したと言える。

母親が障害のある娘からもらう「報酬」
　生まれつき脳と筋肉の病気のために自力で呼吸ができないＡさん。母親のＭさんは、昼夜関係なく起きるＡさんの痙攣や呼吸困難の発作に振り回される毎日。母親なんだから自分ががんばるしかないという思いで介護にのめり込んでいた。
　一方で、Ａさんに生きていて欲しいと願う心のどこかで「この子が生きている限り、私はこの暮らしから解放されない、この子さえいなければ…」という思いにも悩まされる。そのようなＭさんに「にこにこ園」（肢体不自由通園施設）を紹介され、そこに通園している多くの母親たちと関わりをもつ。毎日の介護のきつさ、愚痴やわが子の障害を受け容れられない自分のこと、家族のことなどをその母親たちと話し合うようになる。そこから「ニコニコ通信」という情報誌を作成する仕事に関わるようになる。その仕事の過程でさらに多くの人たちと関わるようになり、人との関わりの大事さ、「自立」についての考え方等、新しい価値観を得るようになる*71。

　　やっぱり、なにをやるにも、基本は人と人が仲良くするってことじゃないかなあなんて、いつも思います。人って誰でも足りないところがいっぱいあるけど、そんなありのままを受け入れ合える関係の中で生きて、はじめて自分らしくやっていけるんじゃないかな…なんて、娘から教えてもらっています。…「自立」って、人の助けを借りずに

自分で何でもできるってことじゃなくて、人から助けてもらうことを待ってるんじゃなくて、自分のどこが足りないかを知ってて、自分が主体となって足りないところを補ってもらうってことじゃないかなあ。それだったら私の自立も娘の自立も、同じじゃん。ただ娘の気持ちを尊重しようとするまわりがあるかどうか、…娘に限らず、お互いの主体を尊重し合う中で生きるってことは誰にとっても大切ですよネ。

　Mさんも障害のある子どもを持たなければ味わうことができないことを多く経験している。その中から、人間同士の関係の大切さ、本当の意味での「自立」の意味、人間が生きていく上でのお互いの主体を尊重することの重要さを理解する。そのきっかけとなったのは勿論、障害のある娘のAさんである。

医師が障害のある子どもからもらう「報酬」
　障害のある子どもたちが小児科医としての自分の姿勢に大きな影響をもたらしたと述懐する医師がいる*40。前述した「さかいたけお　赤ちゃんこどもクリニック」院長堺医師だ（104ページ参照）。彼が仙台市立病院で勤務していた時の出来事である。
　出生時の重症の仮死が原因で重い脳性まひになった6歳のK君が、重症の麻疹肺炎に罹患した。当時の麻疹は日常的にみられる感染症であり、ウイルスの感染の中でも肺炎や脳炎の合併率が高く、死亡率の極めて高い最も恐ろしい疾患の一つであった。
　K君の病状は最重症といえる状態であり、唯一の救命法は、人工呼吸器を用いた呼吸管理で何とか急場をしのぎ、回復を待つという方法だ。市立病院には旧式の人工呼吸器があったが幸いにも使われておらずいつでも使える状態にあった。その時、堺医師は思い巡らした。重症の脳性まひのあるK君にこの呼吸器を使えば、使っている期間に送られてくるであろう障害のない子どもを救えなくなるかもしれない。そこで堺医師は呼吸器を

使うかどうかについて両親の意見を尋ねてみた。両親は「何をお尋ねですか」というような少し驚きをもった表情で即座に答えた。「この子が助かるならどんなことでも結構です。ぜひお願いします」と両親は返答する。その時、彼の頭の中で何かが崩れ去っていく音がしたことを鮮明に記憶していると語る。そして、堺医師はすぐにK君に人工呼吸器を装着する。
　この時のことを振り返って、堺医師は述懐する。その時の彼の脳裏には、重症の脳性まひの子どもよりも障害のない子どもを助ける方が優先であり重要であるという考えが間違いなくあった。それが医師の使命であると考えていた。しかし、両親から「わが子の命をなんとしても助けてください」と訴えられ、自分の考えの浅薄さに恥ずかしさを感じる。
　この経験を通して、命の重さに優劣はつけられないということを身をもって教えられた。そして、自分の立ち位置を、「患者を治療してあげる」医師という上下関係に近いところに置いていたと覚る。さらに、「障害のあるお子さんの家族は、そのお子さんを限りなく愛している」という事実を知った。それ以前の堺医師は、障害のある子どもの家族は苦労が絶えず、多くの不幸を背負いながら生きているのだろうという先入観を持ち続けていた。その先入観がK君とその家族に接している過程で完全に打ち壊されたのだ。
　このK君の体験から、堺医師は、小児科医としての基本的な姿勢をK君とその両親から教えてもらったと言える。さらに加えると人間としての資質も深まり、より豊かな人間に成長させてもらったとも言える。
　一方で、堺医師の「限りないやさしさを求めて」という著作には、彼の医療についての信念ともいえる考えが示されている。それは、医療者の奢りともいうべき姿勢への厳しい自戒の念である。この自戒の念が彼の医師としての姿勢に貫かれている。医療者だけの考えで生命に対する結論を導き出そうとすることがいかに独りよがりなことであるかを痛感した、と述懐している。この自責の念も障害のある子どもの医療とその家族との関わりの中から生まれてきている。

障害当事者自らが与えたと感じる「報酬」

　障害当事者が周囲の人に何かを与えたと思うことがある。感動的な詩画集を出している星野富弘さんの随筆「愛、深き淵より」にそのような体験が描写されている＊86。

　星野さんは群馬大学を卒業し、中学校の体育教師になるが体操部の部活動の指導中、墜落し頸髄を損傷し手足の自由を失う。入院中に口に筆をくわえて詩や花の絵を描き始める。そんな入院中の出来事である。毎夜、女の人の泣き声がする。すすり泣くような時もあれば狂ったような泣き声をする時もあった。泣き声がはじまると星野さん自身も体を締めつけられるような思いをする。結婚も決まっていたのに足を切断した女性の泣き声だった。ところがある夜からぴたりと泣き声が聞こえなくなる。翌日その女性の母親から星野さんは一通の手紙を受け取る。その手紙には、「看護婦さんから星野さんの話をききました。わたしは自分が一番苦しんでいると思っていたのが恥ずかしい。もう泣きません。星野さんが明るく頑張っているのを、おもいながら私も頑張ります」と書かれていた。その時、星野さんは自分も役に立っていると実感する。

> 　私は、荻原さんという私とおなじ年齢のその人が思うほど、前向きに生きているわけではなかったが、私のような者でも、明るく生きていれば人の役に立つこともあるのを知ってうれしかった。

　ほとんどの場合、障害当事者が自分の存在が周囲の人によい影響を与えていることを認識することはない。しかし、さまざまな場面、さまざまな機会に障害者の存在が周囲の人の生き方を変えたり、価値観を変えるということが実際に起こっているのだ。

　そのようにして変革された個人が、その人の周囲の人に伝播するようによい影響を与えていく。延いては、社会を変革する起爆剤にもなり得るのだ。

2）思想的な視点を創出する契機を提供する

　知的障害児の福祉と教育に一生を捧げた糸賀一雄の実践を、松葉は、糸賀が構築した思想は日本において独自の福祉思想を構築しようとした数少ない例の一つであると指摘している*94。彼のその思想を端的に表現した「この子らを世の光に」というメッセージはあまりにも有名だ。ここでは、このメッセージをめぐって、糸賀がどのようにしてこの表現にたどり着いたか、またこのメッセージをどのような意図をもって発信したのかを考察していく。

糸賀の問題意識
　1946（昭和21）年、滋賀県県庁に在職していた糸賀一雄は、戦後の混乱期の中で池田太郎、田村一二の要請を受け「近江学園」を創設し、園長となる。
　近江学園は、知的障害のない戦災孤児と知的障害のある子どもたちを収容し、それぞれのグループに分けて教育していた（知的障害のない子どもは一部に所属し、障害のある子どもは二部に所属）。しかし、遊びや作業やさまざまな行事などでは、なるべく交流するように配慮していた。学園の中で糸賀はさまざまな子どもと接し、多くの経験をする。時には、感動的な経験もする*4。
　例えば、開園以来、学園独自で行っていた中学3年生の修学旅行の計画がなされた時のことである。それまでは、知的障害のある子どもと障害のない子どもが別々に旅行に行っていた。その年の中学三年生の一部の子どもたちから、二部の子どもと一緒に修学旅行に行くべきではないかという意見が出された。「近江学園ではいつも一部と二部と手をつなぐように言われているのに、修学旅行だけなぜ別々に行うのか」という意見だった。N先生は「君たちは二部の子どもたちについて責任を持てるのか」と問う

と、一部の子どもたちは「ぼくたちが全責任をもちます」と返答する。その後、一部の子どもたちは、二部の子どもたちをどのように連れて行くかを協議し、世話をする班組織や世話役を決めた。脳性まひの友達には手押し車を作った。一緒に旅行する過程でもさまざまな困難に遭遇するが、全員で協力して無事修学旅行を終わらせることができた。子どもたちとのこのような経験を通して、近江学園の子どもたちへの糸賀のとらえ方も変容していく。

　糸賀が最も不合理であると考えていたことは、知的障害児に対する社会的なさまざまな偏見と差別である。例えば、知的障害は遺伝によって発生するという偏見、知的障害者は犯罪にかかわるという偏見、因果応報という思想による宗教的偏見等によって、知的障害児・者は現実の社会で差別されるという問題に糸賀は直面する*5。

　特に糸賀が問題視するのは能力による差別である。人間の歴史の過程で、いろいろな格差と差別を経験してきた。その過程で、今日、人間の価値がその属する階級や貧富によって左右されるものではないということは多くの人たちは理解している。しかし、人間の日常性を実際的に支配しているものは相対的価値である。富める人は貧しい人より価値があるとされ、権力を持つ人は持たない人より価値が高いとされる。「そういう問題もふくめてぎりぎりまでつきつめていくと、もっとも基本的なものとして人間の生まれながらの能力の格差につきあたる。知能もそのひとつである」と糸賀は問題の根源的な所在を探っていく。そして、知能の優劣が人間の価値観の基準となった根拠を次のように語る。

　「人間はこの知能の故に人間の生存と生活のために必要な生産手段を発展させ、文明を築き文化の花をさかせた。…人間にとって価値あるものは、そのような人類文化を創造し向上発展させる諸能力でなければならない。その諸能力の中心となるものが知能であると理解される限り、人間にとって価値あるものは知能であり…」、知能が低いということは、それだけで、人間として価値の低い存在とみなされる。このような視点が社会の通念と

なっていることを糸賀は深く憂慮する。そして、生来的な人間の能力差に対する差別感はどうしたら克服することができるか、ということが糸賀にとっての最大の課題となる。

差別の解消のために知的障害者の生産性を高めることの問題点

　知的障害者が「能力」という視点で差別を受けないようにするにはどうしたらよいか。その一つの解決方法が、知的障害者を適切な方法で教育し、生産者とすることだ。生産にかかわる能力を身につけることが可能であるにもかかわらず、これを放置しておくのは、国にしても、家庭、社会としても損失であり、本人にとっても不幸である。このような観点から、知的障害者を生産に従事できる人間にすることが課題となる。実際に、このような考えで当時の文部省、厚生省、および労働省は施策を推進していた。生産に従事することができるようにすることが社会復帰することであると理解されるようになった。学校教育では、知的障害児の職業教育が重視されるようになった。

　しかし糸賀たちは、このような考え方は方向を間違えると新たな危険をおかすことになることに気づいていた。それは、知的障害者に対する福祉的施策や資本投資を、経済的な能力が開発されるかぎり、という条件つきの考えになる可能性があるということだ。もし生産者として人的資源に見返るものがないと、知的障害者に対する施策に熱も入らなくなり、中身も粗末なものになってしまう危険性がある。生産的社会資源としての価値がないときは、なるべく金は使わないが、気の毒な状態の人に対しては、人間の同情心として支援する、という程度の施策になってしまう危険性をはらむことになる。重度心身障害児の場合がその対象になる。

精神薄弱者を世の光に

　知的障害者を社会において価値ある存在にするためには、どのような視点に立つべきか。その一つの視点として、知的障害者の人格に着目する[*6]。

昭和30年代の教育界は、知育に偏った教育観が風靡していた。試験の成績が高く知能の高い者が価値あるとされた時代である。学校の成績の基準も、社会での評価の基準も、知能の高さを問題にするという社会的状況になり、競争について行けない子どもの将来を悲観して親が子どもを扼殺するという事件も起きた。
　そのようなゆがんだ社会的状況を背景にして、「人間の値打ちが知能の高さによるものではないということ、知能はたとえどんなに低くてもその精神を正しくもって勤労のよろこびを知っているような人格を貴いとして…」知的障害児を価値づけた。
　一方で、知的障害者がもっている「善意」や「謙虚な心情」にも着目する。知的障害児と一緒に共同生活をしてみて、この子たちの限りない善意にふれて歓びよりも深い悲しみさえ覚えるという経験をする。そして、「この地上で、泥沼に咲いた白蓮のような生き方を示してくれたら、それこそが『世の光』なのではあるまいか。精神薄弱児の生まれてきた使命があるとすれば『世の光』となることである」と述懐する。また、「謙虚な心情に支えられた精神薄弱な人びとのあゆみは、どんなに遅々としていても、その存在そのものから世の中を明るくする光が出るのである。」と、人間の魂が生まれ変わるような精神的な働きをもつ「世の光」として、知的障害者を価値づけたのである。

重度心身障害児の自己実現の姿にふれて

　1963（昭和38）年に重症心身障害児施設「びわこ学園」を創設し、重症心身障害児に日常的に接することになった糸賀は、彼らをも包含した障害児・者の存在する価値は何かということを模索する。
　知的障害児・者が「世の光に」なる視点を彼らの「人格」にあてて主張していた糸賀であったが、重症心身障害児に対する保母の看護記録を読んだり、実際に彼らと接することにより、人間についての洞察を深めていく。
　糸賀は、重症心身障害のある子どもたちの必死に生きる姿に接して、驚

きとともに畏敬の念を抱くようになる*53。その姿をみて、「生命」についての洞察を深めていく。前述したシュヴァイツァーが表現した「生命への畏敬」とほぼ同質の生命観を抱くようになる。そのことを次のように記述している*6。

　　ああ、それは何という輝きであろうか。何という幸福であろうか。生きとし生けるもの凡て、存在する一切がそのままでよいのである。「私が今ここに生きている」という事実、この私の本体が自覚される時に…

　そして、重症心身障害児の「今ここに生きている」姿を、「ちょっと見れば生ける屍のようだと思える重症心身障害のこの子が、ただ無為に生きているのではなく、生き抜こうとする必死の意欲をもち、自分なりの精一ぱいの努力を注いで生活している…」と描いている。さらに重症心身障害児の生命について、「ひとりひとりかけがえのない生命をもっている存在であって、この子の生命はほんとうに大切なものだということがわかった。『人間』という抽象的な概念でなく、『この子』という生きた生命、個性のあるこの子の生きる姿のなかに共感や共鳴を感ずるようになるのである」と主張する。

　糸賀の洞察はさらに深まっていく。「うまれた生命は、どこまでも自己を主張し自己を実現しようとする」ということに思いを至らせる。ここで述べる、重症心身障害児の「自己実現」とはどのようなものであろうか。第一びわこ学園の園長を務め、小児科の医師でもある高谷は、重症心身障害児の「自己実現」の意味を理解するうえで、重要な情報を提供してくれる*54。それは、高谷の医師としての経験を通しての実感からくるものだ。重症心身障害児は、感覚や身体を通じて外界の環境の影響を受ける。また、彼らを介護してくれる他者からも大きな刺激を受ける。その他者は介護という営みを通して、重症心身障害児の身体の維持に取り組み、心に働きか

ける。その過程で重症心身障害児に「快」や「不快」が生じる。原初的な「快」や「不快」は、徐々に複雑な感覚になり、やがて感情といえる何かが育っていく。さらに、その人の「その人らしさ」が、すなわち「自己」が形成されていく。それは「個性」といってもよいものかもしれない。

　筆者も、多くの重症心身障害児・者とかかわる機会があったが、一人ひとりに「その人らしさ」と思えるものが表現されていた。ある人は、おっとりした性格で、その人と一緒にいるだけで癒されるという感覚になる。ある母親は、首の上部をわずかに随意的に動かすことしかできない自分の子どもが「この子は冗談を言うんですよ」と微笑みながら筆者に伝える。全く話しもできず、手も動かせない彼がどのようにして冗談を言うのであろう。父親がそろそろ帰宅するという時間になると、母親にスイッチの方向を見て、家の電気を消せというメッセージを送るというのだ。家の明かりを消して、父親を驚かそうという意図でそのような行為をするとのことだ。そのようなユーモアあふれる人もいる。

　重症心身障害のある人たちは、一見するとまったく反応がないように見えるが、彼らの内面ではさまざまな感覚や感情が活発に作用していて、その人なりの反応を他者に示し、「個性」を表現しているのだ。かけがえのない個性的な自己を実現しようとしているのだ。

重症心身障害児・者と療育者との「共感の世界」
　糸賀は、重症心身障害児・者と彼らを療育する人との間に「共感の世界」が成立していることに深い感銘を受ける。そのきっかけになった保母の記録を読み、次のように著作で記している*6。

　　びわこ学園に運ばれた一人の青年は、ひどい脳性麻痺で、足も動かず、ベッドに寝たきりで、知能は白痴程度であった。しかも栄養失調で骨と皮になり、死相があらわれているのではないかと思わせるほどであった。半年あまりしたある日のこと、いつものように保母がおむ

つをかえようとすると、彼は、息づかいをあらくしてねたまま、腰を、心もちあげているのであった。保母は手につたわってくる青年の必死の努力を感じて、ハッとした。これは単なる本能であろうか。人間が生きていく上になくてはならない共感の世界がここには形成されているのであった。

　糸賀が指摘する「共感の世界」はどのような過程を経て形成されるのだろうか。重症心身障害児の療育者が、彼らの表情やちょっとした反応の中から、彼らが「生き抜こうとする必死の意欲をもち、自分なりの精一ぱいの努力を注いで」生きていることを目の前にする。それだけでなく、無表情に見える顔の内側に、周囲の環境に反応し、自ら発信し、かかわろうとする意欲や、療育をしてくれる職員に対する気持ちを表現し、「こころ」をつなごうとしている。そのような姿に気づき、療育する職員は、共感や共鳴を感ずるようになる。と同時に、重症心身障害のある人が「人間」として存在していることを感じ、ともに人間として生きていくという気持ちが育っていく。共感することは人間の特質であり、療育する人も、される人も人間として存在し、それぞれ人間的な「こころ」が成熟していく。そのような状態を高谷は、排他的でない「他者実現とともにある自己実現」と表現している*54。

この子らを世の光に

　糸賀は、重症心身障害のある人と、彼らを療育する人とが形成する「共感の世界」を日常的に眼に触れて、次のように語る*5。

　　基本的な人権の尊重ということがいわれる。しかしその根本には、ひとりひとりの個人の尊重ということがある。おたがいの生命と自由を大切にすることである。それは人権として法律的な保護をする以前のものである。共感と連帯の生活感情に裏づけられていなければなら

ないものである。

そして、重症心身障害のある人たちがもっている「生産」についても論究する。「この子らはどんなに重い障害をもっていても、誰ととりかえることもできない個性的な自己実現をしているものなのである。人間と生まれて、その人なりの人間となっていくものなのである。この自己実現こそ創造であり、生産である」と述べ、この「生産」をさらに社会的な「生産」へと発展させようとする。「私たちのねがいは、重症な障害をもったこの子たちも、立派な生産者であるということを、認めあえる社会をつくろうということである」と述べる。

糸賀が、重症心身障害のある人の「生産」を、社会的な「生産」へと発展させる意図があったことを別の著書では、「もうひとつの別な新しい生産活動をしている」という表現をしていることを遠藤は指摘している*16。

糸賀が意図する「もうひとつの別な新しい生産活動」とは、「…ひとがひとを理解するということの深い意味を探求し、その価値にめざめ、理解を中心とした社会形成」の理念を提示するという生産活動である*7。すなわち、すべての人間が個人として尊重される社会、人間としての尊厳が大事にされる社会を形成しようとする理念を、重症心身障害のある人の存在が示していてくれると糸賀は考えていたのであろう。牧野が指摘したように、糸賀の思想は、「人間の尊厳」と「個人の尊重」についての画期的な理解を含んでいる*92。重症心身障害児・者の存在が健全な社会を形成する理念を提供している。このような糸賀の思想が背景にあるから、「この子らを世の光に」という言葉が生み出されるのだ。

わが国の障害者福祉の仕事に従事している人の中には、「この子らを世の光に」というメッセージを胸に刻み、自分の仕事は社会を変革させる営みであるという意識をもって仕事に邁進している人が多い。また、わが国の障害児・者関連の施設においては、このメッセージを施設の理念として掲げている施設が多い。そのような観点から、糸賀はこのメッセージによ

ってわが国の「福祉の思想」を提示したと言える。この「福祉の思想」を創出する契機を提供したのが重症心身障害のある人たちの存在である。

3）障害児・者に触発された人が社会に影響を与える

　障害のある子どもがその能力を発揮して、かつ安心して地域で生活することができるように、多くの親が地域の行政や関係機関に働きかけている。そのことを契機として、その地域に変革がもたらされる、ということがしばしば起きている。以下に、その事例を紹介する。

下呂市　特別支援学校設立の訴えを契機として
　知的障害のある子どもの存在が、最終的に地域における福祉の意識を高めるという役割を果たすことがある[*49]。
　人口33,000人の岐阜県下呂市に実際にあったことだ。知的障害がある中島光陽さんは、現在、下呂市にある企業「ハウテック」の社員だ。この会社は大手在宅メーカーの木製のドアの製造を業務としている。全国で500名の従業員がいるが、そのうち15名が障害者だ。光陽さんは木製製品の塗装の仕事にかかわっている。下呂特別支援学校の生徒として現在の職場に実習に来た時、その働きぶりや彼の色彩感覚が優れていることを会社側が評価して、光陽さんを採用した。
　幼少時、光陽さんは歩き始めると同時に多動で、毎日のように外を歩き回り、何処に行ったかわからなくなるという状態だった。4歳の時に初めて言葉が出た。小学校では2年生まで通常学級に在籍していたが、勉強についていくことができず、3年生からは特別支援学級に在籍した。中学校も特別支援学級に在籍したが、上級生からいじめを受けたり悪口を言われたりした。下級生からもからかわれたりした。支援学級の担任にそのことを伝えても「ふざけるな」と言われ、相手にされなかったそうだ。小・中学校の時は、学校には居場所がなく、毎日のようにトラブルを起こしてい

た。父親の茂美さんは、家では何も問題なく生活しているのに、不審に思っていた。

　光陽さんは、中学校卒業後、下呂特別支援学校に進学した。作業学習で企業の下請作業に取り組み、わかりあえる友達もでき、充実した高校生活を送ることができた。

　父親の茂美さんは、光陽さんが小学生のころ、地域で気軽に参加できる親の会がなかったので、周囲の親に働きかけて、親の会「ホープフルハーツ」を設立した。光陽さんが中学校卒業を控え、通学できる地域に特別支援学校がなかったので、他の親の会やPTA連合会と連携して、下呂市に特別支援学校を設置するための署名活動を開始した。

　人口が3万人強の下呂市であるが、65,000人の署名が集まった[*89]。市民が市外にいる知り合いにも声がけをして65,000人分の署名が集まったのだ。その署名を古田肇県知事に提出した。県では3年後に下呂市に特別支援学校を新設する予定だったが、その時期を3年早めて、廃校した益田清風高校の旧下呂校舎を改修して飛騨特別支援学校下呂分校を開設することにした。署名活動が効を奏して、多くの市民が達成感を味わうことができた。廃校した高校を改修する時には多くの市民が環境整備に参加してくれた。

　その頃、市会議員選挙があり、候補者全員が父親の茂美さんに挨拶に来たとのことだ。その後の市議会では、福祉に関する質問が多くなった。市会議員の意識が変わったのだ。市民のこの署名活動の成果が近隣の市にも波及して、新たに吉城特別支援学校を開設することができた。

　知的障害のある光陽さんの存在が父親の茂美さんを突き動かし、茂美さんの活動が市民を動かし、さらにその成果が近隣の市民をも動かしたのだ。

医療的ケア児への支援体制の整備へ

　自分の子どもが障害をもっていることを契機に、親の意識が変化し、その親の意識の変化が社会を変化させるということが少なからず見受けられ

る。前述した野田聖子議員の場合もそうだ。息子さんの真輝くんは常に医療的配慮を必要とし生活している。

野田議員は真輝くんのお陰で政治家として成長したと考えている。そのことを次のように伝えている*109。

> 私も息子のおかげでプラスになった。息子が生まれてきてくれたことで、自分に一番欠けていた政治家の資質を手に入れることができた。これまで弱者のための政治というのを頭でわかっていても、理解できていなかった。それが、この子によってストンとわかるようになった。差別は、こういう嫌な思いをするんだとかね。当事者感覚で受け止められるようになった。

野田議員は、議員の仕事を継続できるように、気管切開し胃ろうがある医療的ケア児である真輝くんを保育園や幼稚園に預けようとした。そしてそのような保育園や幼稚園を探したが見つからなかった。一方で、共稼ぎの夫婦が仕事を継続しながら、障害をもつ子どもを育てられるかどうか様々なことを試みた。しかし、それは困難であることが明らかになる。その時点で、旦那さんが仕事を辞めることになった。

野田議員は真輝くんを育てる過程で医療的ケア児への支援体制が未整備である現実を知ることになる。医療的ケア児への支援の法律を整備することが重要な課題であることを認識する。

折しも、民進党の荒井聰議員も医療的ケア児の問題に取り組んでおり、その他の議員にも声がけし、超党派で「永田町子ども未来会議」を設立する。そして、超党派の議員、厚労省・文科省の担当者が一堂にそろって議論することになった。何度も議論や視察が行われ、その結果、改正障害者総合支援法案の中に医療的ケア児の支援体制の整備が盛り込まれることになった。

その法律案の第五十六条の六　第二項に「地方公共団体は、人工呼吸器

を装着している障害児その他の日常生活を営むために医療を必要とする状態にある障害児が、その心身の状況に応じた適切な保健、医療、福祉その他の関連分野の支援を受けられるよう、…」と、「医療を必要とする状態にある障害児」という文言が明記された*30。痰の吸引や胃に穴をあけてチューブで栄養を摂取する胃ろうや人工呼吸器の装着などを必要とする医療的ケア児を表す言葉だ。

　全国医療的ケア児者支援協議会の事務局長を努める駒崎は、改正障害者総合支援法案に「医療的ケア児」という言葉が記載されたことは、非常に画期的なことであると評価する*33。それは、医療的ケア児はマンツーマンの支援が必要な重度の障害児であるにもかかわらず、重症心身障害児のように知的にも身体的にも重い障害とはみなされていなかった経緯がある。そのためにマンツーマンの支援に必要な補助金が医療的ケア児には支給されない状態にあった。

　病院で集中治療を終えたあと、実社会の中で生活することになっても、ほとんどの子どもたちは保育園も幼稚園にも預かってもらえていない。通所施設は数時間しか使えず、ヘルパーもたくさん使えない状態にあった。そのため親（特に母親）は社会的に孤立し、24時間365日の看護に困憊しきっている。

　厚生労働省社会・援護局障害保健福祉部障害福祉課障害児・発達障害者支援室の調査によると、主な介護者の負担感では、「介護、見守りのための時間拘束に係る負担」について「負担感がある」「やや負担感がある」と回答したひとの割合が約8割となっている*30。また、主な介護者の睡眠時間は「5~6時間未満」「6~7時間未満」でそれぞれ3割であるが、睡眠時間の取り方については約1/4の介護者が「断続的に取っている」という状況であった。野田議員も、真輝くんが2歳3か月で退院したときの様子を次のように語っている*109。「胃ろうで数時間おきに食事を取ったりして、気管切開しているのでこまめな痰の吸引が必要でした。夜中『あ、ご飯だ』『あ、アラームが鳴っている』という状態。一睡もできない日もあるし、3

時間寝られたら御の字という生活でした」。

　現在、新生児医療の進歩などで医療的ケア児が増加傾向にある。実際に、特別支援学校における医療的ケアが必要とされる児童生徒数は、平成18年度には5,901人だったのに対し、平成24年度には8,116人まで増大している[*98]。19歳以下の医療的ケア児は約17,000人に上る。しかし、子どもや家族への支援は不十分で親が24時間体制で世話をしている例が多く、親の離職で経済的負担も大きくなる。そのため、ショートステイや放課後ケアの施設の拡大が急務となっている。

　しかし、ショートステイ等で医療的ケア児を預かるには、看護師らの人手に人件費がかさむ。そこで、2017（平成29）年9月に、野田議員たちを中心とする「永田町子ども未来会議」の議員たちはデイサービスなどの受け入れ施設に支払われる報酬加算（障害福祉サービス費）を新設するよう国に提言する方針を決めた[*90]。

　その後、厚生労働省は、障害児向けデイサービスなどの事業所が医療的ケア児を受け入れた場合、2018（平成30）年4月から看護師の配置などに応じて報酬を加算する方針を決めた[*91]。

　「今年度改正された障害者総合支援法に『医療的ケア児』の言葉が入ったのは、息子の存在が大きかった」と野田議員は語る。野田議員の場合も、障害のある真輝くんという存在によって、政治家としての成長がもたらされ、さらにその活動によって、真輝くんのみならず、日本全国のすべての医療的ケア児への支援が整備されることになった。障害児に触発された親が原動力になって、社会に変化をもたらした良い事例であると考える。

4）障害者の存在が会社を活性化させる

　近年、障害者の雇用は徐々に改善されてきている。平成16年度には障害者の実雇用率は1.46であったが、平成28年度にはその雇用率が1.92にまで達している[*31]。このように障害者雇用が改善されてきたのは、ノーマ

ライゼーションの理念の定着などによる人びとの意識改革の側面と、障害者雇用促進法による法定雇用率制度などの法的強制による側面の両方の作用によって推進されていると考えられる*26。具体的には、障害者雇用の義務化とあわせて導入された特例子会社の制度が、障害者雇用の増大に大きな影響を与えている*62。

　この制度は企業が自ら障害者を雇用しなくても、障害者を専門に雇用する子会社を設立すれば、その子会社での障害者雇用を企業（グループ）全体の雇用として認めるというものである。

　平成28年度には障害者雇用率が1.92にまで達するようになった。しかし、法定雇用率の2.0に達している割合は、48.8％であり、まだ半数以上の企業が法定雇用率を充足していない状況にある。さらに問題が深刻なのは、中央省庁が42年間にもわたって、障害者雇用率を水増ししてきたことだ。民間企業の模範となるように、国や自治体の障害者雇用率は民間の企業より高い2.5％に設定されている。ところが、障害者手帳交付に至らない比較的障害の程度が軽い職員などを障害者雇用率のなかに合算していたという事実が明らかにされた。対象外の人数を除くと、実際の雇用率が1％未満になる省庁がほとんであった*25。

　障害者の雇用を阻害する要因は様々である。例えば、それぞれの障害に合わせた物理的な設備を整備するのが大変だ、各人の障害の種類や程度に合わせた仕事の選択が困難だ、労働生産性が低い、障害者を扱うのが難しい、等々のことを挙げ、障害者をマイナス要因として捉えている企業がまだ相当数にのぼっているものと考えられる。法定雇用率を達成していない場合、納付金（罰金）を納めなければならないにしても、雇用すればするほど経営に負担になるのであれば、納付金を払った方がましだ、と考える企業も少なくない。

　しかし、近年、障害者を雇用して、会社が活性化したという報告が次々となされるようになった。例えば、障害者を雇用して、「職場の雰囲気が良くなった」「業務が整理された」「業務効率が上がった」等のことが調査

結果からも明らかになっている*105。では、障害者を雇用することによって会社がどのようにプラスの影響を受けているのか、具体的に見ていこう。

調査結果に見られる障害者雇用への社内効果

障害者雇用について、企業を対象に行った二つの調査の結果から障害者雇用による効果について概観していこう。まず、「障害のない社会をつくる」ということを会社の理念としている「LITALICO」が2014（平成26）年に実施した調査の結果を見てみよう（図3参照）。

障害者雇用を行っている企業300社の雇用部署担当者へメールでアンケートを依頼した結果、120社から回答があった。「障害のある方を雇用して、どのように感じますか」という質問に対して、「とても良かった」という回答が45.0％、「まあまあ良かった」という回答が46.7％、「あまり良くなかった」という回答が7.5％、「良くなかった」という回答が0.8％であった*105。

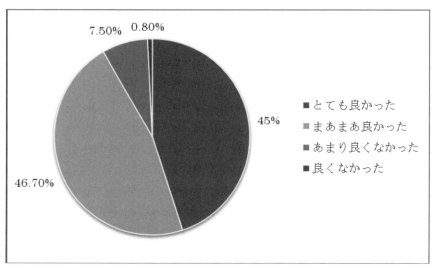

図3　「障害のある方を雇用して、どのように感じますか。」という質問への回答

大多数の企業は障害者雇用を肯定的に捉えていることが理解される。さらに「障害のある方を雇用したことで良かったと感じた点を教えてください」という質問に対しては、最も多かったのが「社員の障害理解が深まった」(70社)、次に多かったのは「本人が期待通りの活躍をしてくれた」(44社) であった。さらに、「業務整理がされた」が 25 社、「職場の雰囲気が良くなった」が 17 社、「業務効率が上がった」が 13 社、そして「業務成果 / 成績があがった」が 5 社であった。

もうひとつの障害者雇用調査は障害者職業総合センターが 2010（平成 22）年に行った調査である*57。この調査は二つの方法によって実施された。一つの方法はアンケート調査である。企業の障害者雇用の実態や障害者雇用に対する意識等を把握し、雇用拡大に向けた支援方法を検討することが調査の目的である。さらにアンケート調査の結果から読み取れない実情や背景を検討するために聞き取り調査を実施している。常用労働者数 101 人以上の企業 5,000 社に調査票を郵送し、1,063 社（回収率 21.3％）から回答を得た。この調査から非常に興味深い結果が明らかにされた。それは、前述の調査結果と同様、障害者を雇用してマイナスの認識をしている企業は少なく、プラスの認識をしている企業が多かったということである。

マイナスの認識の各調査項目において、「特に強く感じる」と「感じる」と回答した合計の割合について以下に概観する。

「障害者雇用時の金銭的負担感」について
　「バリアフリー化などの職場の物理的な環境改善」:57.0％、
　「障害を補うための機器の改良や導入」:45.5％、その他の負担感 :10％ 以下
「人的負担感」について
　「障害者雇用促進に関する従業員の理解促進」:25.5％、
　「障害状況に応じた作業内容、方法」:25％、その他の項目 :20％ 以下
「時間的負担感」について

「障害者雇用促進に関する従業員の理解促進」:19.1%、
「上司や同僚による作業遂行のための実地指導（OJT）」:16.9%

　このように、「金銭的」にも「人的」にも、さらに「時間的」にも負担感があるとしている。しかしそれ以上にプラスの効果が多いということが次の結果でわかる。プラスの認識の各調査項目において、「特に強く感じる」と「感じる」と回答した合計の割合について概観してみる。

「障害者雇用の効果」について
　「企業の社会的責任（CSR）を果たすことができる。」:96.9%、
　「法令を遵守することができる」:94.4%
「社内全体に対する波及効果」について
　「職場のコミュニケーションが活性化する」:44.2%、
　「従業員のモラール（士気）が向上する」:48.5%、
　「従業員全体の自社に対する帰属意識や信頼が高まる」:44.1%、
　「従業員全体の作業方法・作業工程が改善される」:33.7%

　「障害者雇用の効果」についての項目は、企業としての価値や企業イメージの向上など、社会的効果と言えるものである。一方、社員や企業、社員同士の良好な関係構築、従業員の仕事に対する姿勢や職場の全体の雰囲気の向上など、「社内全体に対する波及効果」についても波及効果が大きいという結果が導き出されている。
　このように、障害者を雇用することによって、障害のない従業員の意識を変えるなどの影響を与えたり、作業工程が見直されたり、職場の雰囲気を良くするなどの効果が現れていることが理解される。
　さらにこの調査において、興味深い結果が得られている。聞き取り調査の結果を、それぞれの企業の障害者雇用の取り組みレベルによって、障害者雇用の直接的な影響と職場全体への波及効果を分析している。

第一のレベルの会社は、「障害雇用の意識づけ」をしている段階の会社、第二のレベルの会社は、「障害者雇用の計画」をしている段階の会社、第三のレベルの会社は、すでに障害者を雇用し「雇用時の配慮」を模索している段階の会社、そして、第四のレベルの会社は「雇用後の戦力化・定着」を図っている段階の会社である。

　調査結果の分析によって、直接的な効果（障害のある従業員の能力開発への効果）は障害者雇用の取り組みのレベルが進むに従ってメリットを感じる会社が多くなるということが明らかになった（図4参照）。また、職場全体への波及効果（職場全体の作業方法・工程の改善）については、第四のレベルまで実施できた会社において大きなメリットが表れている（図5参照）。

　このようなことから、障害者雇用が会社にとっても、障害のある従業員にとってもメリットが表れるためには、戦力化のレベル（第四のレベル）まで進まないと効果が表れないことが理解される。

障害者雇用がなぜ会社全体を活性化させるのか

　障害者を雇用することによって、実際にそれぞれの会社がどのように改善していくかを事例に基づいて紹介していく。

　まず、知的障害のあるNさんと、知的・精神・身体障害のあるEさんを採用した株式会社バニーフーズ[*20]。この会社は弁当屋でデリバリーと店舗でのテイクアウトの両方を扱っている。2003（平成15）年にNさんを、半年後にEさんを採用したことを契機として障害者雇用を開始した。食材を切る、具材を弁当に詰めるといった比較的単純な作業や、キャベツを大量に刻み続けるといった単純ではあるが手間がかかり、根気の必要とされる仕事を、障害者が分担している。

　二人を採用した時点のこの会社は、女性社員の派閥ができており、言い争いも頻繁に起きていた。社内の雰囲気は悪く、殺伐としていた。ところが、NさんとEさんが入社し、任された洗い物の仕事がうまくできなくても、

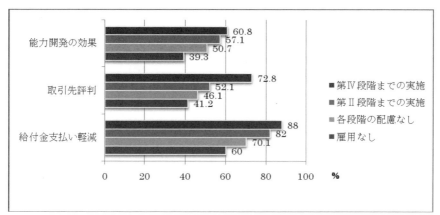

図4　障害者雇用の取り組みのレベルによる直接的な効果の違い

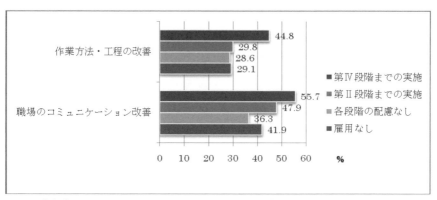

図5　障害者雇用の取り組みのレベルによる職場の波及効果の違い

ひたむきに取り組む姿勢に、他の社員の心が解きほぐされていく。そして、社員同士に互いを思いやる気持ちが生まれ、チームワークが良くなっていく。当然、職場のコミュニケーションが活性化することになる。その後、職場の雰囲気は改善され、それと比例して業績も向上していった。2013（平成25）年の時点で従業員66名の内に障害者が26名採用されるまでになっている。

　前述した調査の結果として、「業務効率が上がった」と回答した会社が

13社あったことを示したが、労働生産性が低いと思われる障害者を雇用することによって何故業務効率が上がるのだろう。中島は経済学で用いられる「比較優位の原則」の考え方を企業内の人材配置を決める場合に活用することによって、障害者を有力な戦力とすることができるという事例をいくつも示している*62。

　この「比較優位の原則」とは何か。それは貿易に関する原則で、各国が相対的に生産費の低い（比較優位な）製品や産物のみを生産して輸出すれば貿易でメリットが得られるという原則である。この考え方は障害者雇用に適用しやすいと中島は指摘する*63。例えば、食品トレーメーカーのエフピコはトレーのリサイクル事業を行う特例子会社で、トレーの選別作業に障害者を配置している。高速で動くコンベアーに流れてくる未仕分けのトレーを、ものすごい速さで選別していく作業をする。このような作業を障害のない人が行えば集中力も持続力も落ちてしまい生産性は低いものになってしまう。障害者ができる仕事の中でも、その障害者の中で相対的に得意な仕事に特化して担当することによって生産性を上げることができるのだ。

　また、ある製薬会社の特例子会社では、自閉症の従業員たちが研究所で大量に用いられる実験器具の洗浄を一手に引き受けている。自閉症の人たちは、決められたことを着実に繰り返し行うことが得意である。「試験管の洗浄はブラシを3回出し入れること」と作業の仕方を明示すれば完全に仕事をやりこなすことができる。障害のない人たちの場合、要領よく洗浄しようとして、完全に洗浄することは難しい。障害のない人には、その人の比較優位な仕事、例えば研究とか計画作成などの仕事に専念してもらう。自閉症の人にも比較優位な仕事（試験管の洗浄）に専念すれば、会社全体としての生産性は上がることになる。

　現在、正社員を中心に、採用時に業務範囲を明確にしない会社が少なくない。採用されて実際に職務についてみると、周辺業務に時間が取られ、本来業務がはかどらないことに気づく。そのような場合に、周辺業務

を障害者の従業員に割り当て（その障害者がその業務に比較優位であること）れば、正社員は本来業務に専念でき、会社全体の生産性は上がるはずだ。実際に、運送会社「翔和サービス」（横浜市）では、障害のあるパートの女性に周辺業務（出荷用の商品集め）を担当してもらって生産性を上げている*24。

　運送会社「翔和サービス」の場合、週20時間未満でも障害者を雇用し、周辺業務を担当してもらっている。精神障害者の場合は、長時間の労働は苦痛に感じられる場合がある。それぞれの障害を考慮して働きやすい雇用を見いだすことが、障害者のみならず、会社全体の働き方の多様性を促進することになる*63。これからの我が国は労働人口が減少していく状態にある。会社の経営を維持していくためには、会社全体の働き方の多様性を促し、労働人口を確保していかなければならない。

　前述の調査で、「従業員全体の作業方法・作業工程が改善される」という回答が得られている。なぜ障害者を雇用するとこのようなことが起こるのだろうか。優れた障害者雇用を行っていると評価されている日本理化学工業株式会社の例を紹介しよう。この会社は主にダストレスチョーク（粉の飛ばないチョーク）を製造しており、従業員の7割が障害者で占めている*42。知的障害の従業員の中には数字を読めない人もいる。そのような人には量りの目盛りが読めなくても使えるように、必要な材料の分量分の重りを作って「青い容器の材料は青い重りで量って混ぜる」と教えれば間違うことなく仕事を遂行することができる。機械を何分動かすかがわからない従業員に対しても、稼働時間分の砂時計を用意して一目でわかるようにする。そして、「スイッチを入れたら砂時計をひっくり返し、砂が全部落ちたら機械を止める」と指示すれば間違いなく作業を行うことができる。

　このように障害者が適切に作業を遂行できるように工夫した方法が、実は障害のない人の作業にも適用することができるのだ。そうすれば、従来の作業方法よりも効率があがり、生産性が高まるということが生じる。すなわち、障害者の作業を支援するための工夫が、会社全体の作業方法や作

業工程を見直し改善する視点を提示してくれるのだ。

　また、前述した調査の結果、44%の会社が「従業員全体の自社に対する帰属意識や信頼が高まる」と回答している。障害者を雇用すると何故このようなことが起こるのだろうか。障害者雇用率を達成している会社は社会的責任を果たしているということで企業イメージが好意的に受け止められる。好意的に受け止められるのは社外の人に対してばかりではない。社内の従業員も経営者に信頼感を持つことができ、従業員自身の福利厚生を含めた将来の不安感をも払拭することができるのだ。その結果、「従業員全体の自社に対する帰属意識や信頼が高まる」ということが生じるのだ[*26]。

　障害者の生産性は個人レベルでみると、障害のない人と比較すると確かに低いと評価されるだろう。しかし、社内の雰囲気が良くなる、従業員間のコミュニケーションが高まる、作業方法や工程が改善されるなどによって、費用対効果や労働生産性が改善されることがあるのだ。すなわち、会社全体として生産性が向上するということがもたらされるのだ。

5）障害のない人の生活へプラスの影響を及ぼす

　障害者の生活を支援する方法が障害のない人たち、すなわちすべての人たちの生活へプラスの影響を与えることが少なくない。障害者の生活を支援する視点がすべての人の生活にも適用され、改善させるという状況が発生する。そのようなことの代表的な事例がユニバーサル・デザインの考え方だ。

ユニバーサル・デザインはどのようにして生まれたか
　現在、我が国のいたる所でユニバーサル・デザインの考え方が施設の整備や製品の開発、及び移動手段の改良などに適用されている。例えば、人が多く利用する建物内の多目的トイレ、車いすでも乗り降りできる低床バス、誰でも安全に使用できる文房具などがその代表的な例だ。銀行の

ATMや自動販売機などもユニバーサル・デザインの視点で年々改良されている。

　ユニバーサル・デザインの視点をベースにして、多くの市町村で町づくりを行うようになっている。その町づくりは、すべての市民の多様なニーズを考慮して、性別・年齢・身体的特性・国籍などの違いにかかわらず、すべての市民が安全かつ安心して生活できることを目標としている。建物・施設、公共交通、製品、もの・サービス、情報など公共的空間・機能を中心に、市民の参加と協同によって、計画的に実現していくこと、という理念で推進されている*50。このような町づくりは、神奈川県、新宿区、秩父市、大垣市等の多くの市町村で実施されている。

　国連もこのユニバーサル・デザインを重視しており、「障害者の権利に関する条約」の中でユニバーサル・デザインの定義を「調整又は特別な設計を必要とすることなく、最大限可能な範囲で全ての人が使用することのできる製品、環境、計画及びサービスの設計をいう。ユニバーサル・デザインは、特定の障害者の集団のための補装具が必要な場合には、これを排除するものではない。」と明記している*19。

　このユニバーサル・デザインの考え方はどのような経過を経て生まれたのであろうか。この考え方の提唱は、アメリカ・ノースカロライナ州立大学デザイン学部の建築家ロナルド・メイスによるものだ。彼はポリオ（急性灰白髄炎）に罹患し身体障害を負い、車椅子を使用して生活している。1970年代中頃、メイスは全米基準協会（ANSI）が提示したA117.1（建築物及び設備を身障者にも近づきやすく、使用できるものにするための米国基準仕様書）と呼ばれる設計基準やノースカロライナ州の建築基準作りに携わっていた。この頃に、ユニバーサル・デザインのアイデイアが構想された*27。

　この頃に、設計基準A117.1や建築基準作りが行われた深刻な背景がアメリカ国内にあった。第二次世界大戦や朝鮮戦争、さらにベトナム戦争などで多くの兵士が傷を負い帰国していた。また、1940年代後半から1950

年代前半にポリオが大流行し、それにより身体障害を負った子どもが多数いた。メイスもその一人であった。さらに交通事故の多発などによって障害児・者が急増していった。このような人たちに行政はリハビリテーションを行い、社会生活が可能になるように施策を推し進めていた。しかし、それを阻んだのが建築をはじめとした社会に存在する障壁（バリア）であった。

　当時の大統領ジョン・F・ケネディが建築障壁によって多くの障害者の雇用が阻害され、多くの障害児から教育の機会を奪われている事実を憂慮した。この問題に関心を寄せているさまざまな団体に呼びかけ、会議を招集した[*100]。その後、1968年に設計基準A117.1を受けて、「建築障壁撤廃法」が制定され、それが、連邦政府の資金を受けて建築、改修、賃貸される建物へのアクセスを求めた最初の連邦法になった。

　このような一連の改革は、公民権運動に代表される社会変革運動と連動していた。1964年の公民権法では「人種、皮膚の色、宗教、出身国、性別をもとにした差別」を禁じていたが、「障害をもとにした差別」は含まれていなかった。そこで1973年にリハビリテーション法を成立させ、同法504条によって政府及び政府の補助金を受けた機関による障害者差別が禁止されるようになった。しかし、民間については規定がなかったので1990年にADA法（The Americans with Disability Act: 障害のあるアメリカ人法）が制定され、差別禁止規定が民間にも拡大していった。

　このような、アメリカ国内での障害者の社会参加や差別解消にかかわる仕事の一つとして、メイスは設計基準A117.1や建築基準の改訂の作業に携わっていた。「建築障壁撤廃法」に基づいて、障害者が利用できるように建物の入り口がスロープ化される、広いスペースのトイレが用意されるなどの建物の改修が実施されるようになる。

　我が国においても1994（平成6）年に「高齢者、身体障害者等が円滑に利用できる特定建築物の建築の促進に関する法律」（通称「ハートビル法」）が制定され、病院や駅など不特定かつ多数の人が利用する公共施設におい

て、出入り口、廊下、階段、トイレなどを高齢者や身体障害者が支障なく利用できるように施策が進められた。

しかし、このような改修でできた設備は障害のある人、特別な人のためのものであり、決して自分たちのものではないという意識を障害のない人たちに植え付けることになる。例えば、車いすマークのついたトイレは障害者の専用のものだと思われてしまう。また、特別な人のために高価な代償を支払うという負担感を伴わせることにもなる。このような施設・設備は高額な費用がかかり、「特別」というラベルを貼ることになった。しかし、メイスはそれらの施設・設備によって障害のない人も恩恵を受けることに気づいていた。障害のある人だけに必要なものだと考えられていたものは、実は他の人にも必要なのではないかという考えに至るようになる。

一方でメイスがユニバーサル・デザインの考えを提示し始めたときの主要な主張の一つに、市場のことがあった。彼は、「一般市場」と「特殊市場」に区別されてきたことに不満をもっていた。「一般市場」とは、多くの消費者を相手にして生産規模も大きく、安価に入手できるこれまでの市場である。一方、「特殊市場」とは限られたニーズのために小量しか生産されず、デザインも洗練されておらず、入手手段も限られている市場である。彼はそういった市場の区別を生まないようにすることもユニバーサル・デザインの考え方の重要な目的とした*96。

そこで、すべての年齢や能力の人びとに対し、可能な限り最大限に使いやすい製品や環境をデザインすることに思い至る。それは、大人と子どもの違いへの配慮、性差への配慮、加齢への配慮、外国人への配慮、そして障害者への配慮が盛り込まれたデザインである*104。それは、はじめから差別や区別が存在しない環境を設定するという理念である。

メイスの職業は建築家であり、かつ製品デザイナーである。ユニバーサル・デザインの理念がこのような専門家としての視点から発想されたことは間違いない。と同時に車椅子を使用していたメイスは社会環境を利用する使い手という視点も持っていた。ユニバーサル・デザインの理念を考え

るとき、メイスが車椅子使用者であったことは無視できず、車椅子使用者であったからこそユニバーサル・デザインの理念を発想することができたと考えられる*96。

障害児への教育方法が障害のない子どもの教育の質を高める

　教育界においても、障害児への教育方法が、障害のない子どもへ適用され、効果を上げている、という事例がある。一つは、ベルギーのオヴィッド・ドクロリーの教育実践であり、もうひとつは、同時代に活躍したイタリアのマリア・モンテッソーリの教育実践である。

　19世紀末から第一次世界大戦後にかけて、ヨーロッパを中心に「新教育運動」が展開された。この運動は、それまで行われていた教科中心、教師中心の教育から脱し、児童の自主的で、主体的な活動を尊重するという児童中心主義の考え方を基礎にして展開した運動である。そのような時代にベルギーでは、オヴィッド・ドクロリーの「生活による生活のための学校」という理念に基づいた教育実践が行われた。

　ドクロリーは、精神神経病理に通じた医者であり、同時に20世紀初期の児童心理学の発展を支えた心理学者でもあった*36。彼は、臨床に基づく組織的観察や実験、教育効果の客観的評価などを身につけ、知的障害児の教育に取り組む。

　1901年に夫人とともにブリュッセル郊外の自宅を開放し、特殊教育学院を設立した。この学院での彼の教育は大きな効果をあげ、周囲の人びとの熱心な勧めに従って障害のない子どもを対象とした学校、エルミタージュ校を開設した。この学校で行われたドクロリー法の教育実践は、特に初等教育において大きな成果を上げた。我が国の東京市富士小学校校長上沼久之丞は、1926（大正15）年にエルミタージュ校を視察しているが、「児童の学習力」の観点から「この学校は欧州で最も学習力の高い学校であった」と評価している*108。

　ドクロリーがヨーロッパの新教育運動の推進者としても活躍していたこ

とから、ドクロリーの教育方法の影響は、フランス、スペイン、ラテンアメリカ諸国まで及んだ。我が国においても、東京女高師範小学校、明石女子師範学校附属小学校、成城小学校、そして、前述した富士小学校で、実践校としてドクロリー教育法の研究に取り組んでいる*15。

　知的障害児を対象としたドクロリー法が障害のない児童を対象とした教育に適用されて、どのような点でその教育効果を発揮することができたのだろう。ドクロリー法における教育課程は、日常生活のなかで児童がその年齢に応じて示す興味の対象を中心（「興味の中心」）にして、それと関連するさまざまな内容を学習していくという方法が採用される*39。あるテーマを中心とした学習が総合的に関連づけられて展開される合科主義の教育法である。

　その例として、ドクロリー法に準拠して知的障害児を対象として実践したデクードルの指導を見てみよう*2。

　デクードルはドクロリーの直弟子であり、ドクロリー法をスイスで実践し、その理論を発展させた人物である。彼女の教育論の多くはドクロリー法の「生活との結合」といった考え方に依拠している。例えば、「郵便に関する実物教育」という指導であるなら、ある子どもが田舎で病気をしている祖父から葉書で通知を受ける。その子どもは貯金を出してお見舞いのお菓子を買う。そして、郵便でそれを送るのだ。郵便で送るということを中心テーマにして、それと関連する様々なことを学習していく。郵便物が実際にどのような過程を経て送られるか、郵便局を実際に見学する。子どもたちは郵便局で眼に触れるものを注意深く観察する。そして郵便箱や集配人の制服や郵便車などを絵に描く学習をする。さらにお見舞いの手紙を書くために文章を書く学習を行う。また、切手に描かれている絵を見て歴史に関すること、地理に関することを学習する。

　このように、郵便物を送るということを中心テーマとして、様々なことを総合的に、かつ体験的に学習していく。環境や生活のなかで子どもの活動を通して、生きた知識を習得するという考え方を基盤としている。この

ような学習方法が、教科書を使って言語を媒介として学習することが苦手な知的障害児に行われた。実は、この方法は障害のない低学年の児童にも有効であることが実証される。

　現在の我が国の小学校低学年の生活科においてもこのような教育方法が採用されている。生活科の学習指導要領解説には、生活科の内容の取り扱いとして、「低学年の児童の発達の特性として、具体的な活動や体験を通して思考する特徴があり、直接体験を重視した活動を行うことで、意欲的な学習や生活することが引き続き期待されること」、「身の回りの事象を一体的にとらえ、生活者の視点から対象を全体的にとらえ、考えることが求められること」ということが示されている＊99。

　知的障害児の教育をベースとして、障害のない子どもの教育を実践し成果をあげたもう一人の人物は、イタリアのマリア・モンテッソーリだ。彼女はローマ大学の医学部で学び、イタリアの女性で初めて医師になったことで有名だ。彼女はローマ大学の精神科クリニックで研究しながら、精神病院に入院させられていた知的障害児に関心を深めた＊78。知的障害児の治療を行ううちに、彼女は教育学に関心を移していく。その過程で、イタールやセガンの治療教育に関する思想と実践に出会い大きな影響を受ける。

　イタールとセガンは、フランスで知的障害児の教育を行っていた人物で、イタールは「アヴェロンの野生児」の教育で名を馳せ、セガンはイタールの弟子であり、フランスで本格的に知的障害児の教育を行っていた。モンテッソーリは、セガンが考案した教具を適用することによって、知的障害児の教育に大きな成果をもたらす。病院を退院した多くの知的障害児に読み書きを教えることに成功したので、障害のない子どもたちと一緒に公立学校の入学試験を受けさせた。知的障害の子どもは首尾よく試験をパスした。彼女は、知的障害児の行動は医療的な治療ではなく教育によって改善されると確信するようになる。

　「私は同僚と異なり、知的障害は主に医学上の問題であるというより、むしろ主として教育学上の問題であると直感していた」と彼女の著書に記

している*97。早田は、医師であったモンテッソーリはやはり医師であったセガンの影響のもと、医師の問題としてよりもむしろ教育学の問題としてとらえることによって、知的障害児の行動の改善についての発想の転換を果たしたと指摘している*77。

一方で、彼女は、公立学校の健康な子どもたちが、彼女が教育した知的障害児と大差のないほど低いレベルにとどまっているのは何故か、という疑問を抱くようになる。

そして、「私は知的障害児に利用したのと似通った方法を、障害のない子どもの人格を発達させるために開発し、それによって素晴らしく驚くべき力を解放させることができると確信」するようになる*83。

彼女は、自分の確信をもとに、ローマのスラム街の子どもたちに、セガンの教材を修正し作製した教材・教具を使用して、自分の教育方法を展開していく。その子どもたちの両親は昼間仕事に行き、子どもたちは好きなように放任されて育っていた。

貧困地区の共同住宅に開設した3歳から7歳までの幼児・児童が生活する「子どもの家」において、モンテッソーリ法が実践された。そこでも大きな成果を上げることができ、「子どもの家」の教育方法は瞬く間に欧米を中心に世界各国に広がっていった。特にアメリカでは2度にわたってモンテッソーリ・ブームが起こり、アメリカ全土にその教育法が波及していった。我が国にもモンテッソーリ法は大正時代に紹介されたが、軍国主義の台頭とともに姿を消す。

しかし、1968（昭和43）年にモンテッソーリ協会が設立され各地に「子どもの家」が建てられた。同時に一般の多くの幼稚園や保育所でもモンテッソーリ法を適用するようになる*8。2002（平成14）年の時点で、600弱の幼稚園、保育所でモンテッソーリ法が導入されている*41。

知的障害児を対象としたモンテッソーリ法が障害のない幼児を対象とした教育に適用されて、どのような点でその教育効果を発揮することができるのだろう。モンテッソーリ法が導入されている幼稚園をのぞくと次のよ

うな光景が目に入る。

　教室の壁には、モンテッソーリ教具がたくさん並べられている。色、形、大きさ、触感などが異なる様々な教具、円柱さし、木の階段、幾何学図形、はめ込み板、数棒、砂文字などの教具が並べられている。それらは、子どもがひとりで持ち運ぶことができ、操作することができる大きさや重さのものだ。また、ひとりでその教具を使って学習しているときに、もし間違ったら自分で誤りが発見でき、「誤りの訂正」ができるように製作されている。子どもたちはそれぞれ学習したいときに教具を持ってきて一人で取り組む。非常に集中して取り組んでいる子どもたちの姿が見られる。子供たちの自主性や集中力が引き出される。伝統的な時間割とクラス集団は廃止され、賞罰も廃止されている。

　教師の役割は、教材・教具を準備して、子どもが自由にそれらを選択して活動できるよう支援することだ。活動中に誤りや失敗したときには、安易に解決法を教えたり訂正せず、その教具に内在している「誤りの訂正」を子ども自ら発見し解決するように待つことが求められる。指導者としての教師の役割を最小限なものにしてある。

　モンテッソーリ教育の基本原理は、自己教育の原理である。子どもは発達への要求をもち、「知識への本能的な愛」、「学習のための学習に対する愛」を本来的にもっているという認識をベースにしている。その要求や愛は、吟味されて作成された教具によって引き出される。教師は適切な環境を用意し、子どもの自己教育の力を発揮させなければならない[*64]。

　以上のように、知的障害児を対象として制作されたセガンの教具を、モンテッソーリがさらに改良し、それが障害のない幼児に適用されるという経緯を経ている。その教具が幼児の自己教育力を引出し、教育効果を上げることになった。

5 障害者は、健全で安らかな人間社会を存続させるために必要な存在

　障害児・者が存在する意味や価値を、人間社会のなかでどのように位置づけたらよいのだろうか。あるいは、障害児・者は人間社会においてどのような役割を果たし、その価値を示しているのだろうか。このことを考えるうえで理解しやすい例を以下に二つ示していく。

1) 障害者は人間社会を構成する一単位として機能を果たしている

人間社会と類似した森の構造
　森の構造は人間の社会と類似している。自然の森は、その土地本来の高い木、中木、低い木、下草など多様な植物が限られた空間でそれぞれの種類の能力に応じて精一杯生きている生物共同体である。それぞれの植物がその種固有の花を咲かせ、実を実らせて生涯を終えていく[*95]。

　また、森の中では植物だけではなく、様々な小動物や哺乳動物や野鳥もいる。さらに土の中には分解者としてダニ類、ミミズ類などの様々な土壌動物や無数のカビ、バクテリア類などの微生物が、地表の落ち葉の中やすぐ下の土の中で共生している。

　木々や草花などの植物は、光合成をおこない成長し、枝や葉を広げ、花を咲かせ実を実らせる。これらは、鳥や動物、虫たちの食糧となる。それらの動物たちもやがて死に、それらの死骸や落ち葉や倒木は微生物によって分解される。そして、土に還元され、植物の栄養分となる無機物となり、また光合成が始まり循環していく。森を構成する多くの生物は、それぞれの役割を果たし、互いに食物連鎖の関係でつながっている。このように多くの動植物は互いに依存しながら生きている。

　人間の社会もまた、相互に依存しあい、連帯しながら、労働や対人関係

や自然との交流を通して、それぞれの人がそれぞれの役割を果たして生きていく。そして、自分自身も社会にいくばくかのものを還元して、人間社会が存続していけるように循環を繰り返す*56。障害児・者も人間の森の中の一つの生物として循環の一つに埋め込まれ、役割を果たしているのだ。その役割は歴史的に見て、他者に意識されない、あるいは重要視されないことが多かったが、人間社会を存続させるために重要な役割を果たしてきたと思われる。

　前述したように「個人の尊重」の理念を構築する原点を認識させる役割であったり、周囲の人たちの人生観・価値観を変える役割であったり、時として会社を活性化させる役割を担うこともある。そのような役割を果たし、自分の存在の価値を示しているのだ。

　一方で、このような自然の森林とは反対に、杉、檜、松などの人工林といわれる森林は、人間の必要に応じた木材だけを整然と単一に植えられている。根の浅い針葉樹など同じ樹種ばかり規則的に植えた森林は美しく見えても、生態学的視点からすると、一般的には抵抗力が劣り、台風、地震、虫害などの自然災害にも敏感で弱く、永続しない森林であるとされている*95。このことも人間社会と類似している。

　ナチス・ドイツは、ドイツ民族（アーリア系）を世界で最も優秀な民族にするために、支障となるユダヤ人や障害者などの絶滅を図った。一方で長身・金髪碧眼の結婚適齢期の男女を集めて強制的に結婚させ、ドイツ民族の美林を作ろうとした。しかし、ナチス・ドイツは脆い社会であったことを歴史が証明している。

社会を構成する「関係の網」の重要な網目

　仏教の「華厳教」の中核的教えに「法界縁起」という教えがある。それは、個別的に見える事と事、事物と事物が決して無関係ではなく、目の見えないところで結ばれている、真理の世界ではお互いに寄りあって起こっている、という教えである。つまり、相互に依存して、相互に限定し、相

互に助け合いながら成立している、と万物の事象をとらえている*66。

そのような関係性を喩えとして次のように示している。「網の目が、互いにつながりあって網を作っているように、すべてのものは、つながりあってできている。一つの網の目が、それだけで網の目であると考えるならば、大きな誤りである。網の目は、他の網の目とかかわりあって、一つの網の目といわれる。網の目は、それぞれ、他の網が成り立つために役立っている」*82。

障害児・者は人間の共同体が成立した時点からすでに存在していたはずである。その時点から、人間社会という網の目の一つとして、障害児・者は食い込まれていて、大きな網を維持する一単位として役割を果たしてきたはずである。大きな網の一つの目が破れれば連鎖的に伝播し、やがて大きな網は破壊してしまう。そのようなことを食い止める働きを障害児・者も担ってきたと言える。大きな網の一つの目が破れれば連鎖的に伝播するということは、前述したナチスドイツの「T4作戦」の結果を見れば容易に理解できる。初めに、「障害のある子ども」という網目を破り（虐殺し）、次に障害のある大人、さらに殺戮の対象をユダヤ人、ロマ族、及びジンシティ（ジプシー）と拡大していった。次々と網目が破れていったのだ。

多くの場合、障害児・者という一つの網目は過去、現在において、また世界の至るところで重要な網目として捉えられてこなかったと思う。その主な理由は、我が国では明治政府開闢以来、戦時には軍隊として必要な戦力とはなりにくいということ、ある時期には民族の存続と繁栄に悪影響を及ぼす可能性があると考えられてきた。そして現在では社会や企業が求めている生産活動が劣ると評価されてきたことであろう。人間社会の片隅で在るかないかという影の薄い存在であったと思う。しかし、その存在の影は薄いが、人間社会が成立した時点から共同体を維持・存続する上で障害者は一定の役割を果たし、その存在の価値を示していたと思われる。

我が国の歴史において、障害児・者の存在について、排除・疎外されてきたことだけがことさら強調されてきたように思える。

5　障害者は、健全で安らかな人間社会を存続させるために必要な存在

例えば、古代であるなら蛭児神話が有名である。「古事記」や「日本書紀」に記されている国生みの段の中で出てくる話である*21。男神であるイザナギノミコトと女神であるイザナミノミコトが結婚して最初に誕生した子は蛭のように軟体、あるいは手足をもたない先天性の障害児と思われる「蛭児」であった。この「蛭子」は3年経っても足が立たず、葦船にのせて川に流されるという神話である。

　新村は、原始および古代初期の社会においては、障害は罪、あるいは罪の結果であるとし、障害児・者を共同体から排除することが一般的であるとしている*48。

　また、「間引き」による障害児の排除・抹殺も伝え聞かされている。「間引き」は、農村において、不作などによって食糧事情が悪化した時などに口減らしのために、生まれて間もない子どもの命を奪う行為である。その「間引き」の対象がまず真っ先に障害新生児に対してなされたという。生産性の低い農村の共同体が障害児・者を抱え込むことで、共倒れを回避するために行われたとされている*58。

　このように、障害児・者が歴史的に排除されてきたことが強調されて伝えられている一方で、むしろ逆に、地域によっては障害児・者を共同体の中に受け入れてきたという事実も明らかになっている。

　例えば、律令制が整備された飛鳥時代後期から平安時代前期にかけて行われた「班田収受法」は、人民に口分田を与えその生産物の一部その他を収めさせる法であるが、その制度の対象には障害者も含まれている*47。すなわち、障害者も人民の一人として口分田が与えられていたのだ。しかも、障害の程度によって税の減免も行われていた。障害を「残疾」、「癈疾」、「篤疾」と障害の程度を区分し、その程度に応じて減免措置を規定していた。さらに、重度障害者である「篤疾」には土地を耕したり身の回りの世話をしたりするための手助けとして侍丁（じてい）と呼ばれる者も与えられていた。斉藤は、「律令体制下の収取体系においては、障害者は多大の課役が減免される存在であった」ことを指摘している*39。

また、中世より地域によって、「福子伝説」が共同体のなかで語り継がれ、障害児・者がむしろ大切に支えられてきたということも明らかにされている*47。この「福子伝説」においては、障害児・者はその家族の不幸を一心に背負ってくれるので、障害児・者のいる家庭には不幸がやってこないとされた。また、障害児・者である福子は、家に福をもたらすカミであるから、大事に育てればその家は富んでいくと語り継がれている。

　大野と芝は、1983（昭和58）年に「『フクゴ』、『タカラゴ』などに関する調査」を行っているが、そのアンケートの結果によると、多くの回答者が祖父母から「福子伝説」を聞いていると回答している*17。

　実際に、ある地域ではこの調査が行われた昭和50年代まで「福子伝説」によって、障害児・者が大切に育てられてきたということがうかがい知れる。前述したように、ある共同体では障害児・者は組織の重荷であるとして、放逐、あるいは抹殺されたかもしれない。しかし、その一方でそのような障害児・者の放逐や抹殺を思いとどまることもあったはずだ。それは、現在でも多くの人たちがそうであるように、生きた人間である障害児・者の死を黙して看過することを本能的にあるいは感情的に押しとどまらせようとするものが私たちの中に存しているからである。そのような感情はいつの時代の人々も抱いたはずである。

　山本は、「福子伝説」の発生について「障害のある子の間引きや捨て子を少しでも思いとどまらせるための言い分として、福子思想は出てきたのではないかと思います」と指摘している*103。

　やがて、そのような共同体では、障害児・者を放逐あるいは抹殺するのではなく、共同体の中で彼らの生存を支えていくメカニズムを形成していったのではないだろうか。

　そしてこの「福子伝説」は、「伝説」としてではなくやがて、共同体の維持・存続を促す理念的支柱として伝承されていったのではないだろうか。滋賀県の法蔵寺住職渓逸郎氏は、「福子」の伝承の背景について次のように語っている*17。

5　障害者は、健全で安らかな人間社会を存続させるために必要な存在

> 人生の不幸に対する諦観から出発し、不幸を背負った人への思いやりを込めた周囲の対応、さらにその行動から生まれてくる共同の連帯感よりくる生き甲斐、高度の幸福感といったことが、こうした伝承を生んできたのではないでしょうか。

渓逸郎氏のこの指摘からうかがい知れることは、地域の共同体の中で、障害児・者への思いやりのある対応によって、共同体に連帯感が生じる、そして、その連帯感によって、共同体のなかの住民に生き甲斐や幸福感がもたらされる、ということではないだろうか。地域共同体の中で障害児・者を受け入れ、支えていこうとする意識が住民の間で暗黙の了解のうちに形成され、その意識によって共同体に連帯感が生じていったのだろう。このような連帯感は都市部よりも農村部、山間部、漁村部の共同体に多く形成されていると思われる。

前述した「『フクゴ』、『タカラゴ』などに関する調査」において、秋田県立博物館の嶋田氏は自分が育った部落の様子を回想して次のようにアンケートの中で語っている。

> 個人の経験ですが、実家の部落には二人ほど精薄者がいましたが、住民はほとんどこのことを知っていて、道で会ったりすると、普通の人と同等あるいはそれ以上に懇切に言葉をかけ、子ども心に不思議に感じたものでした。まさに相互扶助の精神と感じています。

連帯感が住民の中で形成されている共同体では、障害児・者への住民のこのような対応が一般的であったと思われる。筆者も、小学生の頃、岩手県の漁村の部落で育ったが、その住民の人たちは嶋田氏の実家の部落の住民と同じような対応を障害児・者にしていたことを記憶している。

慎は、我が国の古代・中世・近世においては、障害者の一部は排除されていたことはあったとしても、それは副次的な状況であり、本質的には障

害者と障害のない人は「共に生きる」状況が一般的であったと指摘している＊47。

　障害者と障害のない人が「共に生きる」状況が存する共同体において、結果的に共同体に連帯感が生じたのであろう。そのような視点からも、人間社会という網の目の一つとして障害者は、大きな網、すなわち人間社会に連帯感をもたらし維持・存続する一単位として役割を果たしてきたのだと思う。

2) 基本的人権がその社会で尊重されているかどうかを評価する試金石

　最後に、筆者が考える、障害児・者が存在する重要な普遍的価値について述べたい。それは、憲法で明示されている基本的人権が我が国において本当に尊重されているかどうかを判断する際の「試金石」としての役割を担っているのではないかということである。あるいは、基本的人権が侵される傾向が現れたときの、「警鐘」としての役割と言ってもいいかもしれない。

憲法第九十七条が意図していること

　憲法第九十七条の条文には、「この憲法が日本国民に保障する基本的人権は、人類の多年にわたる自由獲得の努力の成果であって、これらの権利は、過去幾多の試練に堪へ、現在及び将来の国民に対し、侵すことのできない永久の権利として信託されたものである」と明示されている。

　この九十七条の条文は、第十一条の「国民は、すべての基本的人権の享有を妨げられない。この憲法が国民の保障する基本的人権は、侵すことのできない永久の権利として、現在及び将来の国民に与へられる」という条文をさらに強調している。

　第九十七条は、「第十章　最高法規」の冒頭に規定されている。この第十章は憲法が我が国の最高法規であることを規定する章である。第十章の

冒頭に第九十七条を位置させることにより、憲法がなぜ最高法規なのかの実質的根拠を示していると解釈されている*84。すなわち、この憲法は人権や自由を保障することを最優先している法であることを強調したと理解される。

　第九十七条の条文中の「人類の多年にわたる自由獲得の努力の成果」とは、人権は人類の歴史の過程で苦闘のすえに獲得されたものであるということを伝えている。イギリスのマグナカルタ、権利章典、アメリカの独立宣言、フランス人権宣言などをめぐる市民革命、その後の全体主義との闘いを経て生み出されたものである。わが国の憲法が保障する基本的人権もそうした人権獲得の闘いの延長線上にあることを示している。

　また、第九十七条には「現在及び将来の国民に対し、侵すことのできない永久の権利として信託された」という文言が示されているが、この文言は次世代の人たちのために、基本的人権の尊重を保持し続ける責任が、現在の私たちに課せられているということを示していると理解される。

第九十七条が基本的人権の尊重をなぜ現在の私たちに信託したのか

　では、第九十七条が基本的人権の尊重を、なぜ現在の私たちに信託する必要があるのだろうか。それは、過去の歴史において、法によって保障されているにもかかわらず、社会情勢の変化により、基本的人権が侵害されてきた歴史があった、という事実に基づいている。

　例えば、アメリカでは、独立宣言において、「すべての人間は平等につくられている。創造主によって、生存、自由そして幸福の追求を含むある侵すべからざる権利を与えられている」という文言が明示されているのにもかかわらず、断種法が成立し拡大し、多くの人たちの人権が侵害されてきた（113ページ参照）。

　アメリカにおける断種法の立法化は当初は順調に進行したとは言えない。断種法立法化への関心は全国的に旺盛であったが、容易にアメリカ社会では受容されなかった。それは、独立宣言の精神が一定の歯止めとなってい

たものと考えられる。可決法案に対する州知事の署名拒否があったり、州議会を通過した断種法が法律とは成らなかった州もあった。司法による反対や州及び連邦裁判所により、断種法案に対する違憲判決が出たこともあった。しかし、断種法の実施を要求する運動とともに、その運動を推進する勢力が、立法、司法、行政及びその背後に存在していたことで断種法が成立したものと推測される*68。

　断種法の成立を強力に推進していたポピノーは、「すべての人間は生まれながらに平等だという、アメリカの独立宣言と憲法の人権規定は生物学の誕生以前に考えだされたものであるから、もう必要ない。ダーウィン以降、遺伝法則の厳格さを考慮しない、政治的・社会的理論はすべて、論証可能な確かな原理に基づかない感傷的な空論となったのだ」と述べる*61。

　このように、人権を真っ向から否定する主張が大きくなり基本的人権の理念が骨抜きにされた。

　同じようなことが、ドイツのヴァイマル期（1919~1933）にも起きる。ドイツ革命の後に建国されたヴァイマル共和国は、社会主義的な生存権的基本権を定め、その後の世界各国の先駆となった憲法を立法化する。その憲法は、国民主権の保障、国民の基本権について50カ条をこえる規定を設け、法の下の平等の原則を認め、また、伝統的な自由権を保障する内容を盛り込んでいる。憲法によって福祉国家に形を与えた社会を形成しようとした。

　しかし、第一次世界大戦の敗北によって、30年にわたって天文学的な賠償金の支払い義務が課せられ、多くの歳入を賠償支払いにあてがわねばならない事態となっていた。さらに、1929年には世界恐慌が勃発し、大戦の痛手からようやく立ち直りかけたドイツに大きな打撃を与えた。

　このような苦境の中で経済合理主義的な主張が勢いを増し、利益をもたらさないとされる生命が共同体の重荷として、いっそう差別視される状況が生じた。そして、ドイツ初の断種法「遺伝病子孫予防法」が制定されたり、障害児を対象とした「T4作戦」（78ページ参照）が隠密裏に実行され、

次に障害のある大人の人も対象にされ、障害児・者の排除が次々と拡大していった。

　我が国においても同様のことが起きている。憲法第十三条で「個人の尊重」が謳われているにも関わらず、「不良な子孫の出生の防止」という名目のもとに旧優生保護法が制定された。この法律が制定された頃の日本の社会情勢は混乱した状況であった。連合軍の占領下にあって混血児の出生、復員兵によるベビーブーム、食糧難、住宅難等があり、そのような情勢の中で非合法的に中絶等が横行している状態であった。そのような問題を解消するために人口減少対策が緊急の課題となった。このような背景があって、旧優生保護法が制定されたのだ。また、本人の同意に基づかない強制不妊手術が実施された。旧優生保護法という法の下で、「合法」的に基本的人権が侵害され続けていたのだ。

　このように、それぞれの国において法によって基本的人権が擁護されているにも関わらず、その時代の社会的情勢によって、公的に人権侵害が行われるようになる。そのような事態にならないように、憲法九十七条で現在の私たちに、基本的人権の尊重の理念を持ち続けることを信託したものと考えられる。

基本的人権が尊重されているかどうか障害児・者が教えてくれる

　基本的人権が侵害されるのは、必ずしも険悪な社会情勢が背景にある時だけとは限らない。人々の気づかないところで、基本的人権を否定する主張がなされる場合がある。

　例えば、新しい優生学の必要性を主張する井上は、特定の遺伝病が重篤で子孫に伝えないよう社会的要請が強く、国民的合意が得られれば、遺伝病の患者あるいは保因者に対し、断種、産児制限、出生前診断、人工妊娠中絶を含む強制手段を国家制度として発動し得るようにすることは、憲法の下においても許容される、と主張する[*9]。

　そして、「人権もまた他の利益と衝突の可能性のある以上、相互の調和

を図る途中で制約することはやむをえないので、絶対視することはできず、この点は人権の最高位に位置すべき人命さえも公益の前に擁護しないことのありうるのは、死刑制度に見るとおりであることからも納得することができるであろう」と、人権の擁護は絶対的ではないという見解を示している。

この主張のなかで疑問点がある。まず「人権」についての考え方である。「人権」という言葉は「Human Rights」の訳語である。「Right」とは「正しい」ということであるので「人権」とは本来「人間として正しいこと」を意味する[*13]。「人権侵害」というのは「人間として正しいことを行うことが妨げられている状態」をさす。井上は「人権もまた他の利益と衝突の可能性のある」と述べているが、「人間として正しいこと」は衝突することは考えにくい。衝突するのは利益であり、井上の主張する文脈では公益であると推測される。この場合の「公」とは誰を、あるいは何を指すのであろうか。

また、死刑制度を例にして、人命さえも公益の前に擁護しないことは在りうることを主張するが、死刑制度を実施している我が国は世界の中で少数派に属するのだ。

このように、消え途絶えたと思われた優生学が幽霊のように復活しているのだ。そして、人権の擁護を否定するような主張が浸透していく危険性をはらんでいる。

我が国の現在の社会情勢は必ずしも険悪な状態にあるわけではない。しかし、障害者への人権侵害は増加する傾向にある。平成28年度の「人権侵犯事件」の件数が286件で過去最高を記録している[*85]。前年度と比較しても7.6%増加している。また、障害者の人権侵害の事件がたびたび報道されている。

筆者の地元の仙台で、2017（平成29）年10月に仙台国際ホテルの洋食部門に勤務する障害のある女性が、男性料理長ら3人から暴行を受けるという事件が起きている。「お前の触った物を触ると障害がうつる」と暴言を吐かれたり、左頬を右手で殴られ鼻血を出したこともあったという[*23]。

本著の契機となった津久井やまゆり園殺傷事件は2016（平成28）年に

起きている。そして、植松被告の行為を支持するメッセージがネット上で行き交うという事態が生じている。このような状況をみると、我が国においては、基本的人権の尊重という理念がまだ十分に定着しておらず、木村が指摘するように、津久井やまゆり園殺傷事件は、我が国の社会が「個人の尊重」という憲法的価値を定着させることに失敗している可能性を示していると言える[*28]。

　津久井やまゆり園殺傷事件の19名の被害者は、わが国が現在、そのような状況にあることを身をもって「警鐘」してくれたものと思える。

　障害児・者の人権が侵害されるということは、障害児・者だけではなく、さらに社会的弱者といわれる高齢者、子どもらへの人権侵害へと拡大していく可能性がある。より不要とされる人に悪意や攻撃が向かいやすくなる。障害のない人も、いつ自分が不要な存在になるか不安にさらされる。すべての人々が安心して暮らしてゆけない方向に社会が向かっているよ、と障害児・者の存在が「警鐘」してくれるているのだ。

　このように障害児・者の存在は、憲法で明示されている基本的人権が我が国において本当に尊重されているかどうかを判断する際の「試金石」としての役割を担っており、一方で、基本的人権が侵害される傾向が表れたときの「警鐘」としての役割を担っていると言ってもよいかもしれない。

　最後に、「はじめに」においても述べたが、本来であるなら、障害者の存在する普遍的価値をことさら強調することは不自然なことである。特に、障害当事者、及び障害のある人と日常的に関わっている人たちには違和感をもたれるかもしれない。しかし、我が国では、障害児・者が存在することによって健全で安らかな社会が構築されていることがまだ十分に認識されておらず、いまだに障害児・者の存在を否定し、排除しようとする論理が潜伏していることも事実だ。

　障害児・者が存在することによって健全で安らかな社会が構築されていることを多くの人に認識してもらうためにも障害児・者の存在する普遍的価値を強調することが必要であると思われる。個人の尊重という理念が一

般社会で定着した時点で、障害児・者が存在する価値をことさら強調する必要はなくなるであろうか。将来、そのような状況がわが国で実現することを願ってやまない。

参考・引用文献

* 1 青柳幸一（1996）：個人の尊重と人間の尊厳、尚学社．
* 2 アリス・デクードル（1943）：異常児の教育（上巻）、博文館．
* 3 アルベルト・シュヴァイツァー（1959）：わが生活と思想より、白水社．
* 4 糸賀一雄（1965）：この子らを世の光に、柏樹社．
* 5 糸賀一雄（1968）：福祉の思想、日本放送出版協会．
* 6 糸賀一雄（1982）：精神薄弱者と社会、糸賀一雄著作集Ⅱ、16~170．
* 7 糸賀一雄（1983）：福祉の思想、糸賀一雄著作集Ⅲ、17~118．
* 8 井田範美（1982）：現場のためのモンテッソーリ障害児教育、あすなろ書房．
* 9 井上薫（1997）：遺伝子からのメッセージ、丸善出版．
* 10 井上典之（1993）：いわゆる「人間の尊厳」について──その具体的規範内容と現代的課題についての概観──、阪大法学、43（2・3-617、1045~1064．
* 11 上田紀行（2005）：生きる意味、岩波書店．
* 12 梅原猛（2006）：梅原猛の授業　仏になろう、朝日新聞社．
* 13 浦部法穂（2000）：憲法学教室．日本評論社．
* 14 エドワード・W・カイザーリンク（1988）：「生命の尊厳と生命の質は両立可能か」、H.T.エンゲルハート他：『バイオエシックスの基礎』、3~18、東海大学出版会．
* 15 遠座知恵・橋本美保（2014）：大正新教育の実践に与えたドクロリー教育法の影響──「興味の中心」理論の受容を中心に──、Forum on Modern Education、23、297~309．
* 16 遠藤六朗（2010）：重症心身障害児（者）との共生、その実践的存在構造──糸賀一雄「この子らを世の光に」と木村素衛、波多野精一、西田幾多郎の哲学（1）──、びわこ学院大学研究紀要、2、3~13．
* 17 大野智也・芝正夫（1983）：福子の伝承、堺屋図書．
* 18 岡田弘二（2009）：人間の二つの命──人格的生命と生物学的生命──、PHP PUBLISHING．
* 19 外務省（2018）：障害者の権利に関する条約、http://www.mofa.go.jp/mofaj/gaiko/jinken/index_shogaisha.html
* 20 影山摩子弥（2013）：なぜ障がい者を雇う中小企業は業績を上げ続けるのか？中央法規出版．

*21 河野勝行（1973）：障害者差別の成立と階級支配――古事記・日本書紀の蛭児の「神話」の批判的検討を通して――、障害者問題研究、1、60~70．

*22 金子郁容（1992）：ボランティア　もうひとつの情報社会、岩波書店．

*23 河北新報（2017）：仙台国際ホテル　障害者女性　被害届け出　料理長らから暴行・暴言、10月7日付朝刊．

*24 河北新報（2017）：障害者に「超短時間雇用」、11月8日付夕刊．

*25 河北新報（2018）：障害者雇用率42年水増し　中央省庁　実態は半数か、8月17日付朝刊．

*26 茅原聖治（1996）：障害者雇用企業の現状と費用――便益分析について、大阪府立大学経済研究、41（2）、71~92．

*27 川内美彦（2001）：ユニバーサル・デザイン――バリアフリーへの問いかけ――、学芸出版社．

*28 木村草太（2016）：「個人の尊重」を定着させるために、現代思想10月号、p56~62．

*29 クヌート・ヴォルフガング・ネル（2009）：裁判理由の拘束力について――ドイツ連邦憲法裁判所を例として――、桐蔭法学、15（2）、109~123．

*30 厚生労働省社会・援護局障害保健福祉部障害福祉課障害児・発達障害者支援室（2016）：医療的ケア児について、http://www.mhlw.go.jp/file/06-Seisakujouhou-12200000-Shakaie

*31 厚生労働省職業安定局（2016）：平成28年障害者雇用状況の集計結果、http://www.mhlw.go.jp/stf/houdou/0000145259.html

*32 厚生労働省自殺対策推進室（2017）：平成28年中における自殺の状況.https://www.npa.go.jp/news/release/2017/20170321001.html

*33 駒崎弘樹（2016）：改正障害者支援法成立の意義を解説～歴史上初めて、医療的ケアの文字が入る～、https://www.komazaki.net/activity/2016/05/004801/．

*34 小松美彦（2012）：生権力の歴史――脳死・尊厳死・人間の尊厳をめぐって――、青土社．

*35 小松美彦・香川知晶・市野川容孝・荒川迪生・金森修・小泉義之・片山容一（2013）：生を肯定する――いのちの弁別にあらがうために――、青土社．

*36 斎藤佐和（1985）：「ドクロリーと生活主義」、津曲裕次他 編著：『障害者教育史』、69~74、川島書店．

*37 斎藤茂男（1996）：生命かがやく日のために、講談社．

＊38　斎藤環（2016）：「日本教」的NIMBYSMから遠く離れて、現代思想10月号、44~55.
＊39　斉藤博久（1990）：日本古代律令籍帳障害者考、古代史の研究、6、21~46.
＊40　堺武男（2018）：限りないやさしさを求めて、文藝春秋企画出版部.
＊41　坂井泉著、松村禎三監修（2003）：「モンテッソーリ教育」で子どもの才能が見つかった！、中央アート出版社.
＊42　坂本光司（2008）：日本でいちばん大切にしたい会社、あさ出版.
＊43　さんエリ（2016）：［熊本地震ボランティアに向けて］東日本大地震のとき、この言葉が私を動かした、www.soumushow.com/2016/04/20
＊44　ジャン・P・サルトル（1955）：実存主義はヒューマニズムである、実存主義とはなにか、35~81、人文書院.
＊45　ジョヴァンニ・ピコ・デラ・ミランドラ（1950）：人間の尊厳について、創元社.
＊46　ジョン・ロック（1974）：人間知性論、岩波書店.
＊47　愼英弘（2017）：障害者の歴史試論──本質と副次──、四天王寺大学大学院研究論集、11、5~21.
＊48　新村拓（1989）：死と病と看護の社会史、法政大学出版局.
＊49　杉山章・田口めぐみ・中島光陽・中島茂美・神野幸雄（2017）：地域で生きるということ　民間企業で働く知的障害のある青年とその父親の語りから学ぶ、日本特殊教育学会第55回大会発表論文集、シンポジウム3-18.
＊50　鈴木誠（2010）：ユニバーサルデザインのまちづくり―断片化する生活を修復するための地域政策―.http://www.city.ogaki.lg.jp/cmsfiles/contents/0000009/9047/teikyoushiryou.pdf
＊51　瀬戸内寂聴（2011）：いま、釈迦のことば、朝日新聞出版.
＊52　髙根義三郎（1973）：シュヴァイツァーと生命への畏敬、亜細亜法學、8（1）、63~79.
＊53　髙谷清（2005）：異質の光、大月書店.
＊54　髙谷清（2011）：重い障害を生きるということ、岩波書店.
＊55　武市周作（2007）：基本権上の保護請求権に関する一考察、中央学院大学法学論叢、21（1）、73~99.
＊56　暉峻淑子（1989）：豊かさとは何か、岩波書店.
＊57　独立行政法人高齢・障害者雇用支援機構障害者職業総合センター（2010）：企業経営に与える障害者雇用の効果等に関する研究

* 58 豊島よし江（2016）：江戸時代後期の堕胎・間引きについての実状と子ども観（生命観）、了徳寺大学研究紀要、10、77~86．

* 59 ドクロリー（1977）：ドクロリー・メソッド、明治図書．

* 60 友松圓諦（1936）：仏教聖典　法句経講義、第一書房．

* 61 トロンブレイ・S.（2000）：優生思想の歴史――生殖への権利、明石書店．

* 62 中島隆信（2011）：障害者の経済学 増補改訂版、東洋経済新報社．

* 63 中島隆信・道添進（2013）：障害者を含めた人材配置が日本のビジネスと働き方を変える、人材教育、June、30~33．

* 64 中田尚美（2015）：1910年代イギリスのモンテッソーリ教育法導入過程に関する一研究、大阪総合保育大学紀要、195~210．

* 65 中村暁美（2009）：長期脳死　娘、有里と生きた一年九カ月、岩波書店．

* 66 中村元（2003）：現代語訳大乗仏典 5『華厳経』『楞伽経』、東京書籍．

* 67 中村元 監修（2012）：原始仏典Ⅱ　相応部経典　第二巻、春秋社．

* 68 中村満紀男（1996）：20世紀前半のアメリカ合衆国における精神薄弱者の優生断種史（2）、心身障害学研究、Vol.20、p67~82．

* 69 永野由枝（1985）：さなえちゃん、作文みやぎ

* 70 奈良康明（1998）：原始仏典の世界、NHK出版．

* 71 ニコちゃん通信の会（1997）：「障害児」の親って、けっこうイイじゃん、ぶどう社．

* 72 西岡祝（1995）：ボン基本法と人間の尊厳の保障――2 完――、福岡大学法学論叢、39（2）、265~316．

* 73 西村理佐（2010）：ほのさんのいのちを知って――長期脳死の愛娘とのバラ色在宅生活――、エンターブレイン．

* 74 野村實（1955）：人間シュヴァイツェル、岩波書店．

* 75 H.トリストラム・エンゲルハート（1988）：「医学における人格の概念」、H.T.エンゲルハート他：『バイオエシックスの基礎』、19~32、東海大学出版会．

* 76 H.トリストラム・エンゲルハート（1989）：バイオエシックスの基礎づけ、朝日出版社．

* 77 早田由美子（1999）：モンテッソーリによる知的障害児教育研究――.E.セガンの思想との関連から――、甲子園短期大学紀要、17、55~66．

* 78 早田由美子（2002）：モンテッソーリ教育思想の誕生（2）：障害児治療教育から方法の基礎をえて、幼児の教育、101（1）、30~37．

* 79　パスカル（1966）：パンセ、世界の名著24 パスカル、63~447. 中央公論社
* 80　福嶋揚（2008）：生命への畏敬と死生観──哲学的倫理と神学的倫理の交差──、倫理学紀要、16、98~120.
* 81　福嶋揚（2009）：生命への畏敬の根拠をめぐって──アルバート・シュヴァイツァーの中心思想についての一考察──、Annuals of ethics、57、173~185.
* 82　仏教伝道協会（1975）：仏教聖典 和英対照、仏教伝道協会.
* 83　ヘルブルッゲ（1979）：モンテッソーリ治療教育法、明治図書.
* 84　法学館憲法研究所：日本国憲法の逐条解説、http://www.jicl.jp/old/itou/chikujyou.html#097
* 85　法務省（2017）：平成28年度における「人権侵犯事件」の状況について（概要）〜法務省の人権擁護機関の取り組み〜、http://www.moj.go.jp/JINKEN/jinken03_00209.html
* 86　星野富弘（1981）：愛、深き淵より、立風書房.
* 87　ぽれぽれくらぶ（1995）：今どき、しょうがい児の母親物語、ぶどう社.
* 88　マイケル・トゥーリー（1988）：嬰児は人格を持つか、H.T. エンゲルハート他：『バイオエシックスの基礎』、94~119、東海大学出版会.
* 89　毎日新聞岐阜地方版（2008）：特別支援学校　下呂に来年4月開校　県が条例改正へ、9月12日付朝刊.
* 90　毎日新聞（2017）：医療的ケア児：超党派議員、報酬親切提言　施設受け入れ促進狙う 9月20日付朝刊.
* 91　毎日新聞（2017）：医療的ケア児支援：報酬加算の方針決定　厚労省、9月26日付東京夕刊
* 92　牧野広義（2014）：いま、あらためて「個人の尊重」を考える──「福祉の思想」糸賀一雄生誕100年によせて──、学習の友11月号、56~63.
* 93　増谷文雄（1985）：仏教百話、筑摩書房.
* 94　松葉ひろ美（2013）：福祉思想と生命、千葉大学人文社会科学研究、26、116~128.
* 95　宮脇昭（1999）：森よ生き返れ、大日本図書.
* 96　村田純一 編（2006）：共生のための技術哲学、未來社.
* 97　モンテッソーリ（1974）：モンテッソーリ・メソッド、明治図書.
* 98　文部科学省（2017）：平成28年度特別支援学校等の医療的ケアに関する調査結果について、http://www.mext.go.jp/a_menu/shotou/tokubetu/material/__icsF

*99　文部科学省（2008）:小学校学習指導要領解説　生活編、日本文教出版．

*100　八代英太・冨安芳和 編（1991）:ADA の衝撃、学苑社．

*101　柳瀬正人（2016）:シュバイツァーの〈生命への畏敬〉倫理の源泉、シュバイツァー研究、31、3~44．

*102　山崎栄一（1997）:基本権保護義務とその概念の拡大、六甲台論集 法学政治学編、43（3）、189~222．

*103　山本正志（2005）:ことばに障害がある人の歴史をさぐる、文理閣．

*104　ユニバーサルデザイン研究会 編（2007）:新・ユニバーサルデザイン――ユーザビリティ・アクセシビリティ中心・ものづくりマニュアル――、日本工業出版．

*105　LITALICO（2014）:障害者雇用を行った企業担当者を対象とした調査を実施、http://litalico.co.jp/news/9149

*106　ルイーズ・ジレック＝アール（1998）:シュヴァイツァー博士とともに、河合出版．

*107　ロバート・F.マーフィー（2006）:ボディ　サイレント、平凡社．

*108　渡邊優子（2012）:東京市富士小学校における教育実践とドクロリーの教育思想、東京大学大学院教育学研究紀要、52、23~32．

*109　AERA dot.（2016）:衆院議員・野田聖子が語る「障害児の息子がくれたもの」、11月5日．https://dot.asahi.com/

*110　NHK（2018）:"生命誕生"見えた！　母と子　ミクロの会話、3月18日放映．

おわりに

　本著の主要な目的は、障害者が存在することによって、私たちが暮らしている社会が健全で安らかのものになっているということを主張することだ。そのことをもっと多くの人に認識してもらうことを願って本著を執筆した。
　障害者の存在を否定し、排除しようとする論理は今でも私たちの社会の根底に潜在している。そして、障害者殺傷事件や強制不妊手術問題という形になって顕在化してくる。顕在化してくるたびに今までも、障害者の存在を否定し排除する人たちに対して多くの非難が投げかけられてきた。しかし、それらの非難によっても障害者の差別や排除は少なくなる傾向は見られない。障害者を排除する人たちを非難すること、障害者を排除する論理の問題点を指摘しただけでは本質的な問題は解消されないということを物語っている。
　本質的な問題を解消するにはどのようなことをすればよいか。解消する有効な方法として、障害者の存在が私たちの社会に不可欠なものであることを多くの人に認識してもらうことではないかと考えた。より長い時間を要するかもしれないが、そのことが一般社会の通念になれば、反比例的に障害者の差別や排除が減少するものと推測する。そのような視点で、障害者が存在することの普遍的な価値を積極的に肯定する論述を探索した。そこで気づいたことは、そのような論述が意外に少ないということだ。障害者の差別や排除を非難してきた今までの人たちも、障害者が存在することの普遍的な価値についてあまり認識していなかったのではないだろうかと疑念すら持った。
　そこで筆者は、障害者が存在することの普遍的な価値を肯定する事例を探って、第三章で可能な限り紹介することにした。しかし、筆者が知らない事例が数多く埋もれているにちがいない。それらの事例を掘り起こし、

さらに、障害者が存在することの普遍的な価値を肯定する著述が拡大することを願っている。
　障害者が存在することによって、私たちの社会が健全で安らかのものになっているということを述べたが、人類の進化にも障害者の存在が影響したことを示唆する報告がなされている。NHK総合で「人類誕生　未来編　こうしてヒトが生まれた」という番組が放映された。人類の進化において180万年前のホモ・エレクトスが居住したジョージアのドマニシ遺跡で、歯のない頭蓋骨が発見された。ジョージア国立博物館のデビッド・ロルドキパニゼ博士は、この頭蓋骨の人は歯のない状態で何年も生きながらえたことを発見している。何故、歯のない状態で長く生きられたのか。それは、この頭蓋骨の人は仲間に助けられていたからだとデビッド博士は語る。人類の連帯感や思いやりの心が芽生えていた痕跡だと分析する。ホモ・エレクトスはそれまでの人類とは異なる人間的な性質を持ち、集団で支え合い、助け合って暮らしていたと推測する。
　もしこのことが事実であるとすれば、歯のない人、すなわち弱者がその仲間たちに人間的な思いやりの心を持たせる契機を作ったことになる。歯のない人だけでなく障害者も仲間に助けられて暮らしていた可能性がある。障害者を含む弱者が存在したことによって、共同社会の仲間に思いやりの心を芽生えさせ、その後、心をもったヒトとして進化していったのだろう。
　この著作を、理念をもって編集・出版してくださった批評社スタッフのみなさん、それから執筆にあたり励ましのことばをくださったせんだんホスピタル名誉院長浅野弘毅先生に感謝を申し上げます。最後に、私の価値観を変革させ、人間についての洞察を深めさせてくれた障害のある子どもたち——私の教え子になってくれた多くの子どもたち——に感謝の意を表したいと思います。

著者略歴

阿部芳久（あべ　よしひさ）

　東北大学大学院教育学研究科修士課程修了（心身欠陥学専攻）。
　宮城県立光明養護学校（教諭）、仙台市立荒町小学校（教諭、自閉症児の学級担任）を経て、東北福祉大学教授。
　東北福祉大学在任中は、社会福祉学科長、認知症介護研究研修仙台センター副センター長、特別支援教育研究センター長を兼任する。
　現在、東北福祉大学名誉教授、NPO法人ひよこ会理事、発達支援ひろがりネット顧問。
　著書に『入門 障害児教育の授業』『障害児教育 授業の設計』『知的障害児の特別支援教育入門』『知的障害を伴う自閉児の特別支援教育』（以上、日本文化科学社）、『はちみつレモンでバトンタッチ』（中央法規）、『詩集　奇異雑譚』（書肆山田）。

障害者排除の論理を超えて
──津久井やまゆり園殺傷事件の深層を探る──

2019年3月25日　初版第1刷発行
2020年1月10日　初版第2刷発行

著　者……阿部芳久

装　幀……臼井新太郎

発行所……批評社
〒113-0033　東京都文京区本郷1-28-36　鳳明ビル201
電話……03-3813-6344／FAX……03-3813-8990
郵便振替……00180-2-84363
e-mail:book@hihyosya.co.jp／http://hihyosya.co.jp

印刷・製本……モリモト印刷（株）

乱丁本・落丁本は小社宛お送り下さい。送料小社負担にて、至急お取り替えいたします。
Ⓒ Abe Yoshihisa 2019 Printed in Japan　ISBN978-4-8265-0694-6 C3036

JPCA
日本出版著作権協会
http://www.e-jpca.com/

本書は日本出版著作権協会（JPCA）が委託管理する著作物です。複写（コピー）・複製、その他著作物の利用については、事前に日本出版著作権協会（電話03-3812-9424、e-mail:info@e-jpca.com）の許諾を得てください。